全球价值链如何影响出口绩效

◆蒋庚华 李铭雍 曹张帆 著

吉林大学出版社

·长 春·

图书在版编目(CIP)数据

全球价值链如何影响出口绩效 / 蒋庚华，李铭雍，曹张帆著. --长春：吉林大学出版社，2025.4.
ISBN 978-7-5768-5314-8

Ⅰ.F752

中国国家版本馆 CIP 数据核字第 2025ZG3628 号

书　　名：全球价值链如何影响出口绩效
QUANQIU JIAZHILIAN RUHE YINGXIANG CHUKOU JIXIAO

作　　者：	蒋庚华　李铭雍　曹张帆
策划编辑：	黄国彬
责任编辑：	杨　宁
责任校对：	闫竞文
装帧设计：	姜　文
出版发行：	吉林大学出版社
社　　址：	长春市人民大街 4059 号
邮政编码：	130021
发行电话：	0431－89580036/58
网　　址：	http://press.jlu.edu.cn
电子邮箱：	jldxcbs@sina.com
印　　刷：	天津鑫恒彩印刷有限公司
开　　本：	787mm×1092mm　1/16
印　　张：	14.25
字　　数：	220 千字
版　　次：	2025 年 4 月　第 1 版
印　　次：	2025 年 4 月　第 1 次
书　　号：	ISBN 978-7-5768-5314-8
定　　价：	88.00 元

版权所有　翻印必究

前 言

改革开放以来，随着中国对外开放程度的加深，中国对外出口的数量、结构均有了较大幅度的提升，中国对外出口额也由改革开放之初的1978年的97.5亿美元上升到2021年的33 630.2亿美元，44年间，增了约344倍，对外贸易出口额年均增长率达到了19.1%，截至2022年底，中国已连续6年保持世界第一货物贸易国地位。在中国出口快速发展的同时，我们也应该看到，虽然中国出口数量较大，但中国出口的收益，与中国作为世界第一出口大国的地位仍不相符。仅从作为出口利得的衡量指标之一的出口国内附加值率来看，根据 UIBE GVC 数据库的相关统计，2021年，虽然中国各行业出口国内附加值的均值为351.95亿元，最高为制造业的84.42亿元，最低为初级产业的6.73亿元，与2000年相比，增长了327.1亿元；但从出口国内附加值率来看，2021年中国各行业出口国内附加值率平均为87.17%，相较于2000年，仅增长了0.02个百分点，与中国世界第一出口国的地位并不相符。其中的原因何在，需要从理论和实证两个方面进行研究。对这一问题的研究，也将有助于在未来通过更加合理地融入全球生产分工体系，提升中国在出口中的利得。

出口绩效，即一国在出口中取得的利益，一直以来都是各国在对外贸易中所关注的重点问题之一。提高一国出口绩效，意味着一国在出口过程中，能够通过付出更少的成本获得更多的收益。在全球价值链（global value chain, GVC）背景下，全球价值链对出口绩效的影响，可能存在两种截然相反的可能。一方面，一国通过融入全球生产体系，获得相关收益，促进了世界上绝大多数国家出口的增加和经济的增长。另一方面,一国参与全球价值链后其在出口中会存在大量的进口中间品成分,这将首先导致一国出口中存在"所见非所得"现象,即出口更多并不代表收益更大;加之全球价值链更多是由发达国家的跨国公司所控制,各国在全球价值链中,依据其在不同生产环节的比较优势来进行生产和出口,这将导致对外贸易面临"低端锁定"的风险,阻碍发展中国家的产业升级,降低一国,特别是发展中国家的出口绩效。

根据上述分析,本书力图回答如下问题:首先,在全球价值链背景下,参与全球价值链,将对一国出口绩效产生何种影响?究竟是促进了一国出口绩效提高,还是由于"低端锁定",阻碍了一国出口绩效的提高?其次,从中国的角度来说,在政策方面,中国应如何在充分利用参与全球价值链对中国出口乃至社会、经济各方面带来的积极影响的同时,避免在参与全球价值链过程中受制于发达国家跨国公司给中国所可能带来的"低端锁定"问题,利用相对合理、有效的政策措施,规避参与价值链带来的负面效应,促进中国向全球价值链的中高端移动,提高中国出口绩效?

本书主要分为8章内容。

第一章,引言。主要对本书所要研究的问题,即参与全球价值链对出口绩效的影响的研究背景、研究意义、研究内容、研究方法、研究重点和难点、研究创新和不足等内容进行论述。

第二章,概念界定、文献综述和相关理论。在本章中,首先,对与本书密切相关的概念做了界定,主要包括全球价值链参与率、前向参与率、后向参与率、出口绩效、出口产品质量、出口国内附加值率、出口技术复杂度、全球价值链位置等相关概念;其次,对与本书密切相关的文献进行梳理,主要包括全球价值链的测算方法、出口绩效的测算方法以及出口绩效的影响因素三个方面的文献,并对文献做出简要述评;再次,基于国际贸易领域的相关理论,对国际贸易领域中研究出口绩效的相关理论,包括绝对优势理论、比较优势理论、要素禀赋理论、新贸易理论、异质贸易理论、全球价值链理论等相关理论的主要内容及其与出口绩效之间的关系进行论述;最后,基于相关理论,分析了参与全球价值链对出口绩效可能产生的影响,重点分析了参与全球价值链对出口绩效的正面影响与负面影响,并提出了参与全球价值

前言

链影响出口绩效的机制。

第三章，参与全球价值链与出口绩效变化的趋势。在本章中，首先将基于相关数据，具体分析2000—2014年世界主要国家和地区的主要行业参与全球价值链的程度和以出口技术复杂度、出口国内附加值率、出口产品质量和全球价值链位置为代表的出口绩效的变化趋势；在此基础上，基于相关系数矩阵，初步分析全球价值链参与率和出口产品质量、出口技术复杂度、出口国内附加值率和全球价值链位置之间的相关性，初步分析参与全球价值链与出口绩效之间的关系。

第四章，参与全球价值链对出口产品质量的影响。本章在第二章中的相关理论和第三章中对相关数据所进行的分析的基础上，以出口产品质量作为衡量出口绩效的指标。首先基于相关文献，提出参与全球价值链对出口产品质量影响的研究假说；其次，采用计量经济学的相关方法，实证研究参与全球价值链对出口产品质量的影响。

第五章，参与全球价值链对出口国内附加值率的影响。考虑到在全球价值链背景下，出口收益更多的是基于出口国内附加值而非出口总量，因此，在本章中，将以出口国内附加值率作为衡量出口绩效的指标，再基于相关文献，提出参与全球价值链对出口国内附加值率影响的理论机制，采用计量经济学的相关方法，实证研究参与全球价值链对出口国内附加值率的影响。

第六章，参与全球价值链对出口技术复杂度的影响。由于出口技术复杂度高的产品，其出口成本加成率更高，往往能够获得更高的收益，因此，本章以出口技术复杂度作为衡量出口绩效的指标。首先基于相关文献，提出参与全球价值链对出口技术复杂度影响的理论机制；其次，采用计量经济学的相关方法，实证研究参与全球价值链对出口技术复杂度的影响。

第七章，参与全球价值链对全球价值链位置的影响。在全球价值链背景下，处于全球价值链不同位置的国家和行业，其在出口中的收益往往存在差异。因此，在本章中，以全球价值链位置作为测算出口绩效的指标。本章首先基于相关文献，提出参与全球价值链对全球价值链位置影响的理论机制；其次，采用计量经济学的相关方法，实证研究参与全球价值链对全球价值链位置的影响。

第八章，主要结论和政策启示。对前文理论分析和实证分析中得到的研究结论进行归纳总结，在此基础之上提出相对应的政策建议。

通过理论分析与基于现有样本的实证检验，得到的主要结论如下。

第一，一国积极参与全球价值链能够显著提高该国出口产品质量；发展中国家参与全球价值链对出口产品质量的促进作用要大于发达国家；2008年金融危机前参与全球价值链对出口产品质量产生的促进作用大于2008年金融危机后；知识密集型行业参与全球价值链对出口产品质量的影响最大，其次是资本密集型，最小的是劳动密集型；参与全球价值链通过影响中间品进口和生产率进而影响出口产品质量；前向参与率促进了一国出口产品质量的提升，后向参与率由于受到"低端锁定"的影响，对出口产品质量产生了负向作用；基于中国样本的研究表明，参与全球价值链能够显著提高中国出口产品质量。

第二，参与全球价值链能够显著促进该国出口国内附加值率的提升；参与全球价值链对于发展中国家出口国内附加值率的促进作用大于其对发达国家的促进作用；参与全球价值链在2008年金融危机前对出口国内附加值率的促进作用要大于2008年金融危机后其对出口国内附加值率的促进作用；在参与全球价值链过程中，知识密集型行业出口国内附加值率受到的影响最大，劳动密集型行业受到的影响最小；嵌入全球价值链程度较低的国家出口国内附加值率受参与全球价值链的促进作用更大；全球价值链参与率对出口国内附加值率的影响存在边际差异，随着全球价值链参与程度的增加，其对出口国内附加值率的促进作用是逐渐减小的；参与全球价值链通过影响中间品进口和生产率进而影响出口国内附加值率；前向参与率和后向参与率均能显著促进出口国内附加值率的提升，且前向参与率的影响作用大于后向参与度；对中国样本的分析表明，参与全球价值链能够显著促进中国出口国内附加值率的提升，且这一结果经过一系列稳健性检验后依旧成立。

第三，参与全球价值链能够显著促进一国出口技术复杂度的提升；参与全球价值链对发展中国家出口技术复杂度的促进作用大于其对发达国家出口技术复杂度的促进作用；参与全球价值链在2008年金融危机前对出口技术复杂度的促进作用要大于其在2008年金融危机后对出口技术复杂度的促进作用;参与全球价值链对劳动密集型行业出口技术复杂度的影响为正,但不显著,对资本密集型行业和知识密集型行业的出口技术复杂度的影响显著为正;参与全球价值链通过影响中间品进口和生产率进而影响出口技术复杂度;前向参与对出口技术复杂度的促进作用要大于后向参与对其所产生的影响;参与全球价值链能够显著提高中国出口技术复杂度。

第四,参与全球价值链能够显著提高一国在全球价值链中的位置;发展中国家参与全球价值链对其全球价值链位置攀升的影响作用要大于发达国家;参与全球价值链对制造业的全球价值链攀升的影响作用最大,对农业全球价值链位置的影响最小;参与全球价值链对初级产品行业位置攀升的促进作用不显著,对知识密集型行业的影响作用最大,资本密集型行业次之,劳动密集型行业最小,对教育服务行业的影响为负,但不显著;对于不同时间段而言,由于2008年金融危机前世界经济全球化进程正处于快速发展的阶段,该时期内参与全球价值链对一国全球价值链位置攀升的影响作用要大于2008年金融危机后;参与全球价值链通过影响中间品进口和生产率进而影响一国在全球价值链中的位置;前向参与率对一国全球价值链位置的提升存在显著的促进作用,后向参与率能够促进全球价值链位置的提升,但不显著;使用中国样本进行实证检验可知,参与全球价值链能够显著提高中国在全球价值链中的位置。

目 录

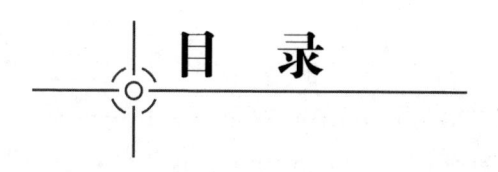

第一章 引言 …………………………………………………… (1)

 第一节 研究背景 ………………………………………… (1)

 第二节 研究意义 ………………………………………… (3)

  一、理论价值 …………………………………………… (3)

  二、应用价值 …………………………………………… (3)

 第三节 研究内容 ………………………………………… (4)

  一、研究对象 …………………………………………… (4)

  二、研究目标 …………………………………………… (4)

  三、总体研究框架 ……………………………………… (5)

 第四节 研究重点和难点 ………………………………… (7)

  一、研究重点 …………………………………………… (7)

  二、研究难点 …………………………………………… (7)

 第五节 研究思路和方法 ………………………………… (7)

  一、研究基本思路 ……………………………………… (7)

  二、研究方法 …………………………………………… (8)

 第六节 创新和不足之处 ………………………………… (9)

  一、主要创新 …………………………………………… (9)

· 1 ·

二、不足之处 …………………………………………………… (9)

　第七节　未来研究展望 ………………………………………… (10)

第二章　概念界定、文献综述和相关理论 ……………………… (12)

　第一节　概念界定 ……………………………………………… (12)

　　一、出口绩效的概念 …………………………………………… (12)

　　二、出口绩效指标之间的联系与区别 ………………………… (15)

　　三、与全球价值链相关的概念 ………………………………… (16)

　第二节　文献综述 ……………………………………………… (18)

　　一、全球价值链测算方法的相关研究 ………………………… (18)

　　二、出口绩效测算方法的相关研究 …………………………… (31)

　　三、出口绩效影响因素的相关研究 …………………………… (34)

　　四、简要述评 …………………………………………………… (37)

　第三节　国际贸易领域中对于出口绩效决定因素的相关理论 …… (39)

　　一、绝对优势理论 ……………………………………………… (39)

　　二、比较优势理论 ……………………………………………… (40)

　　三、要素禀赋理论 ……………………………………………… (41)

　　四、新贸易理论 ………………………………………………… (42)

　　五、异质贸易理论 ……………………………………………… (43)

　　六、全球价值链理论 …………………………………………… (44)

　第四节　全球价值链对出口绩效影响的理论分析 …………… (46)

　　一、参与全球价值链对出口绩效影响的正面效应 …………… (46)

　　二、参与全球价值链对出口绩效影响的负面效应 …………… (47)

　　三、参与全球价值链对出口绩效影响的渠道 ………………… (48)

　第五节　本章主要结论 ………………………………………… (49)

目 录

第三章 参与全球价值链与出口绩效变化的趋势 …………………… (51)

  第一节 全球价值链参与率的变化趋势 ………………………… (52)

    一、测算方法和数据来源 ………………………………………… (52)

    二、全球价值链参与率的变化趋势 ……………………………… (53)

  第二节 出口产品质量的变化趋势 ……………………………… (57)

    一、测算方法和数据来源 ………………………………………… (58)

    二、出口产品质量的变化趋势 …………………………………… (59)

  第三节 出口国内附加值率的变化趋势 ………………………… (61)

    一、测算方法和数据来源 ………………………………………… (61)

    二、出口国内附加值和出口国内附加值率的变化趋势 ………… (61)

  第四节 出口技术复杂度的变化趋势 …………………………… (67)

    一、测算方法和数据来源 ………………………………………… (67)

    二、出口技术复杂度的变化趋势 ………………………………… (68)

  第五节 全球价值链位置的变化趋势 …………………………… (71)

    一、测算方法和数据来源 ………………………………………… (71)

    二、全球价值链位置的变化趋势分析 …………………………… (72)

  第六节 参与全球价值链与出口绩效的相关性分析 …………… (75)

    一、计算公式和数据来源 ………………………………………… (75)

    二、整体参与全球价值链与出口绩效的相关性分析 …………… (76)

    三、发达国家与发展中国家参与全球价值链与出口绩效的

        相关性分析 …………………………………………………… (78)

    四、不同要素密集度行业参与全球价值链与出口绩效的

        相关性分析 …………………………………………………… (81)

  第七节 本章主要研究结论 ……………………………………… (88)

第四章　参与全球价值链对出口产品质量的影响……………………（92）

第一节　参与全球价值链对出口产品质量影响的理论机制………（92）
一、参与全球价值链对出口产品质量的促进作用……………（92）
二、参与全球价值链对出口产品质量的抑制作用……………（93）
三、前向参与和后向参与对出口产品质量的影响分析…………（94）

第二节　计量模型的设定和数据来源………………………………（95）
一、计量模型的设定……………………………………………（95）
二、变量选取……………………………………………………（95）
三、数据来源……………………………………………………（97）

第三节　计量结果及分析……………………………………………（99）
一、基准回归结果及分析………………………………………（99）
二、稳健性检验…………………………………………………（101）
三、内生性问题…………………………………………………（104）
四、异质性分析…………………………………………………（107）
五、机制检验……………………………………………………（110）
六、进一步分析…………………………………………………（112）

第四节　本章主要结论………………………………………………（116）

第五章　参与全球价值链对出口国内附加值率的影响………………（117）

第一节　参与全球价值链对出口国内附加值率影响的理论机制…（117）

第二节　计量模型的设定和数据来源………………………………（119）
一、计量模型的设定……………………………………………（119）
二、变量的选取…………………………………………………（119）
三、相关数据来源………………………………………………（121）

第三节　计量结果及分析……………………………………………（123）
一、基准回归结果及分析………………………………………（123）

目 录

　　二、稳健性检验 ……………………………………………… (124)

　　三、内生性问题的处理 ………………………………………… (127)

　　四、异质性分析 ………………………………………………… (129)

　　五、机制检验 …………………………………………………… (134)

　　六、进一步分析 ………………………………………………… (136)

　第四节　本章主要结论 …………………………………………… (139)

第六章　参与全球价值链对出口技术复杂度的影响 …………… (140)

　第一节　参与全球价值链对出口技术复杂度影响的理论机制 … (140)

　第二节　计量模型的设定和数据来源 …………………………… (142)

　　一、计量模型的设定 …………………………………………… (142)

　　二、变量的选取 ………………………………………………… (143)

　　三、相关数据来源 ……………………………………………… (144)

　第三节　计量结果及分析 ………………………………………… (146)

　　一、基准回归结果及分析 ……………………………………… (146)

　　二、稳健性检验 ………………………………………………… (148)

　　三、内生性问题的处理 ………………………………………… (151)

　　四、异质性分析 ………………………………………………… (154)

　　五、机制检验 …………………………………………………… (157)

　　六、进一步分析 ………………………………………………… (158)

　第四节　本章主要结论 …………………………………………… (162)

第七章　参与全球价值链对全球价值链位置的影响 …………… (164)

　第一节　参与全球价值链对全球价值链位置影响的理论机制 … (164)

　第二节　计量模型的设定和数据来源 …………………………… (166)

　　一、计量模型的设定 …………………………………………… (166)

　　二、变量的选取 ………………………………………………… (166)

第三节 计量结果及分析 ……………………………………… (170)
 一、基准回归结果及分析 ………………………………… (170)
 二、稳健性检验 …………………………………………… (171)
 三、内生性问题的处理 …………………………………… (173)
 四、异质性分析 …………………………………………… (175)
 五、机制检验 ……………………………………………… (179)
 六、进一步分析 …………………………………………… (181)
第四节 本章主要结论 ………………………………………… (183)

第八章 主要结论和政策启示 …………………………………… (185)
第一节 主要研究结论 ………………………………………… (185)
第二节 政策启示 ……………………………………………… (188)

参考文献 …………………………………………………………… (192)

后记 ………………………………………………………………… (210)

第一章 引言

第一节 研究背景

改革开放以来，随着中国对外开放程度的加深，中国对外出口的数量、结构均有了较大幅度的提升，中国对外出口总额由改革开放之初的 1978 年的 97.5 亿美元上升到 2021 年的 33 630.2 亿美元，44 年间，增了约 344 倍，中国对外贸易出口总额年均增长率达到了 19.1%[①]，截至 2022 年底，中国已连续 6 年保持世界第一货物贸易国地位[②]；从出口结构来看，由改革开放之初的以初级产品出口为主转向当前的以工业制成品出口为主，其中工业制成品出口占中国出口的比重则由 1980 年的 49.7% 上升到 2021 年的 95.8%。但在中国出口贸易快速发展的同时，我们也应该看到，虽然中国出口数量较大，但中国出口的收益，与中国作为世界第一出口大国的地位仍不相符。仅从作为出口绩效的衡量指标之一的出口国内附加值率来看，根据 UIBE GVC 数据库的相关统计，2021 年，中国各行业出口国内附加值的均值为 351.95 亿元，最高为制造业的 84.42 亿元，最低为初级产业的 6.73 亿元，与 2000 年相比，增长了 327.1 亿元。

[①] 数据来源：根据历年中国统计年鉴的相关数据计算而得。
[②] 资料来源：我国进出口规模首次突破 40 万亿元 连续 6 年保持世界第一货物贸易国地位[N]. 人民日报，2023-01-14.

全球价值链如何影响出口绩效

改革开放以来，作为经济"三驾马车"之一的对外贸易，始终在中国经济发展过程中扮演着十分重要的角色。相关统计数据表明，2021年中国对外贸易依存度、出口依存度和进口依存度分别为24.32%、13.41%和10.91%，虽然与2000年的26.99%、14.07%和12.92%相比有所下降①；但是如果考虑到在全球价值链背景下，一国更应关注其参与全球价值链的程度而非外贸依存的变化，那么，根据对外经济贸易大学全球价值链数据库中的相关数据，2021年，中国全球价值链参与率为35.04%，高于2000年的30.26%②。这一结果也说明，如果从创造价值的角度来看，近年来，中国通过参与全球价值链，融入全球生产分工体系的程度是在不断提高的。

出口绩效，即一国在出口中取得的利益，一直以来都是各国在对外贸易中所关注的重点问题之一。一国出口绩效的提高，意味着一国在出口过程中，能够通过付出更少的成本来获得更多的收益，从而提升一国在出口中的利得。党的十九大报告中明确提出，要"促进我国产业迈向全球价值链中高端"，"培育具有全球竞争力的世界一流企业"，在对外贸易上，通过"拓展对外贸易，培育贸易新业态新模式，推进贸易强国建设"③；党的二十大报告进一步提出了要"推动货物贸易优化升级"④；党的二十届三中全会强调"完善高水平对外开放体制机制"⑤，其本质都是要通过对外贸易结构的优化升级来提升我国的出口绩效和在对外贸易中的利得。

在全球价值链(global value chain，GVC)背景下，一方面，一国通过融入全球生产体系，获得诸如技术进步、经济增长、就业增加等收益。另一方面，一国参与全球价值链后其在出口中会存在大量的进口中间品成分，这将首先导致一国出口中存在"所见非所得"现象；其次，各国依据其在不同生产环节的比较优势来进行生产和出口，这会导致对外贸易面临"低端锁定"的风险，

---

① 数据来源：根据历年中国统计年鉴的相关数据计算而得。
② 数据来源：根据UIBE GVC数据库中基于ADB2022计算的全球价值链参与率整理而得。
③ 资料来源：习近平：决胜全面建成小康社会 夺取新时代中国特色社会主义伟大胜利——在中国共产党第十九次全国代表大会上的报告.[EB/OL]中国政府网，2017-10-27.
④ 资料来源：习近平：高举中国特色社会主义伟大旗帜 为全面建设社会主义现代化国家而团结奋斗——在中国共产党第二十次全国代表大会上的报告[EB/OL].中国政府网，2022-10-25.
⑤ 资料来源：中国共产党第二十届中央委员会第三次全体会议公报[EB/OL].中国政府网，2024-07-18.

第一章 引言

阻碍发展中国家的产业升级，降低发展中国家的出口绩效。根据上述分析，本书所要研究的主题如下：在全球价值链背景下，参与全球价值链，将对一国出口绩效产生何种影响；从中国的角度来说，在政策方面，中国应如何避免参与全球价值链给中国所可能带来的"低端锁定"，促进中国向全球价值链的中高端移动，提高中国出口绩效。

第二节 研究意义

一、理论价值

本书在全球价值链的视角下，基于附加值贸易体系，在采用多种指标、多层面对一国参与全球价值链程度和中国出口绩效测算的基础上，从理论和实证两个方面研究参与全球价值链对一国出口绩效的影响，将丰富和完善现有全球价值链贸易领域的相关研究成果。

二、应用价值

当前，中国经济的推动力正由依靠数量向依靠质量转变。对内，通过供给侧结构性改革提高中国产品质量，实现产业升级；对外，通过融入全球价值链，向价值链中高端攀升，促进中国结构优化，增加出口利得。2016年11月，商务部、发展改革委、科技部、工业和信息化部、人民银行、海关总署、统计局等7部门联合专门下发了《关于加强国际合作提高我国产业全球价值链地位的指导意见》，提出"以建设贸易强国为目标，以创新发展为核心，坚持市场导向，加快提升我国产业在全球价值链中的地位，支撑制造强国建设"[①]。本书的研究，一方面，力争找到在通过积极参与全球价值链来获得相关收益的同时避免陷入"低端锁定"、提高中国出口绩效的路径，从而有助于提高中

---

① 资料来源：7部门下发《关于加强国际合作提高我国产业全球价值链地位的指导意见》[EB/OL] 中国政府网，2016-12-06。

国出口绩效、优化中国产业结构和对外贸易结构；另一方面，在本课题研究结论基础上提出的对策建议，有助于中国在未来更有针对性地通过融入全球价值链、参与全球治理，提高中国对外贸易利得。

第三节 研究内容

一、研究对象

目前，以增加值贸易为基础的全球价值链的研究已成为国际贸易和世界经济领域研究的热点。本课题基于全球价值链框架，研究参与全球价值链对中国出口绩效的影响，研究对象包括世界主要国家和地区各行业参与全球价值链程度的变化和特点、在全球价值链背景下出口绩效的变化和特点、参与全球价值链对世界主要国家和地区出口绩效的影响等几个方面。鉴于目前尚无单一指标对参与全球价值链程度和出口绩效进行测算，考虑到研究的可行性，无法将与参与球价值链和出口绩效相关的测算指标全部纳入研究范围，因此，本书主要从国家-行业层面分析参与全球价值链对出口绩效的影响。其中，参与全球价值链程度通过全球价值链参与率（GVC参与率）来衡量；出口绩效通过出口国内增加值率、出口技术复杂度、出口产品质量、全球价值链位置等指标来衡量。

二、研究目标

在全球经济一体化程度逐渐加深，中国全方位融入全球价值链、参与全球化的背景下，在通过多个指标全方位地对中国参与全球价值链程度和出口绩效进行测算的基础上，从理论和实证两个维度，探究参与全球价值链对出口绩效的影响，提出迈向价值链中高端，促进中国产业结构升级和对外贸易结构优化的对策建议。

第一章　引言

三、总体研究框架

基于理论研究—现状研究—实证研究—对策研究的分析范式，课题由 5 大板块建构框架。

第一，参与全球价值链对一国出口绩效影响的理论机制。以国际贸易理论中贸易与一国技术变迁和出口绩效关系的相关理论为基础，基于相关文献，考察在全球价值链背景下，不同国际贸易理论在全球价值链条件下的适用性问题，在此基础上，从理论上分析参与全球价值链对出口绩效的影响。

第二，世界主要国家和地区参与全球价值链程度的变化趋势和特点。首先，构建衡量一国参与全球价值链程度的一般分析框架；其次，基于附加值贸易统计体系，以国家间非竞争型投入产出数据为基础，采用 GVC 参与率作为测算一国参与全球价值链的指标，在国家-行业层面对世界主要国家和地区的主要行业参与全球价值链程度进行分析；最后，通过区分不同类型国家和地区[OECD(Organizationfor Economic Co-operation and Development)国家/非 OECD 国家]、不同产业类型(农业/制造业/服务业)、不同要素密集度行业部门(劳动/技术/资本密集型)，测算不同国家和地区、不同类型行业参与全球价值链的程度。该部分内容通过准确测算一国或地区不同行业参与全球价值链的程度、结构和特点，可以为本书的实证研究提供数据准备。

第三，出口绩效的变化趋势研究。基于贸易附加值体系框架，首先对世界主要国家或地区的出口国内增加值率、出口技术复杂度、出口产品质量、全球价值链位置等用于衡量出口绩效的指标，通过用出口增加值代替出口总量指标，进行改进；其次，基于改进后的指标，对世界主要国家和地区的出口绩效进行较为全面、准确的测算；最后，通过区分不同类型国家和地区(OECD 国家/非 OECD 国家)、不同产业类型(农业/制造业/服务业)、不同要素密集度行业部门(劳动/技术/资本密集型)，测算不同国家和地区、不同类型行业出口绩效的变化。

第四，参与全球价值链对出口绩效影响的实证研究。以相关文献为基础，对参与全球价值链对出口绩效影响的逻辑进行阐释，用得到的理论假说，实证研究参与全球价值链对一国出口绩效的影响。该部分研究的作用在于：一是验证理论研究所提出的理论假说,二是通过定量研究参与全球价值链对中国出口绩效的影响,结论可以为课题的对策研究提供支撑。该部分分为4个子内容。

一是,参与全球价值链对出口产品质量的影响。出口产品质量越高,其在出口中所获得的收益越大,相应地,其出口绩效也越高。因此,在该部分中,基于相关研究假说,将对参与全球价值链对出口产品质量的影响进行实证研究。

二是,参与全球价值链对出口国内附加值率的影响。在全球价值链背景下,由于出口中的大量中间品来自进口,存在"所见非所得"的现象,一国在出口中获得的收益,已无法基于出口总量来衡量,而是应该采用出口国内附加值率,即单位出口产品中真正由本国生产的附加值来衡量,因此,本书将出口国内附加值率作为测算全球价值链背景下出口绩效的测算指标之一。全球价值链参与程度的差异,直接影响到一国使用进口中间品的数量和质量,因此,会对出口国内附加值率产生影响。基于上述分析,本书将其单独作为一章,对其进行实证研究。

三是,参与全球价值链对出口技术复杂度的影响。出口产品的技术越复杂,其在出口中越难以被模仿,越有可能获得垄断收益和较高的成本加成,相应地,其出口绩效也越高。因此,本书将采用计量经济学的相关方法,实证研究参与全球价值链对出口技术复杂度的影响。

四是,参与全球价值链对全球价值链位置的影响。在全球价值链背景下,处于价值链不同生产环节的行业和企业,技术水平不同,出口国内附加值不同,相应地,出口绩效也存在差异。参与全球价值链程度的差异,往往也会对一国全球价值链位置产生影响,本书将其作为一个研究内容,进行实证研究。

第五,融入全球价值链促进中国出口绩效提升和中国向产业链高端攀升的对策研究。结合上述理论分析和实证检验的结果,提出在贸易政策、产业政策等方面,从积极融入全球价值链的角度,通过迈向价值链中高端,促进中国产业结构升级、对外贸易结构优化,从而提升中国出口绩效的有针对性的对策建议。

第一章 引言

第四节 研究重点和难点

一、研究重点

第一,理论研究的提出是实证分析的基础。基于相关文献,提出既可以反映参与全球价值链对一国出口绩效的影响,又可以用于实证检验的研究假说,是本书第一个研究重点。

第二,通过对现有测算指标改进,采用多指标,从不同层面,对一国参与全球价值链程度和出口绩效进行测算,是本书第二个研究重点。

第三,能否找到合适的计量方法验证理论模型提出的理论假说,直接关系到实证研究结果是否可信,这是本书第三个研究重点。

二、研究难点

第一,在对相关数据进行分析时,存在不同数据来源的数据的统计口径不一致的问题,需对原始数据进行调整和计算,构建适用于本书研究的数据库。

第二,基于相关文献,提出可经实证检验的研究假说,该研究假说既要符合逻辑、合乎实际情况,又要与现有数据相吻合,这是本书的第二个研究难点。

第五节 研究思路和方法

一、研究基本思路

在全面、系统地梳理有关全球价值链对一国出口绩效影响的国内外文献的基础上,通过以下四步对本课题进行研究。

第一步，基于相关文献，对国际贸易领域中全球价值链影响出口绩效的相关理论进行分析和总结，总结国际贸易领域中对全球价值链背景下不同理论关于参与全球价值链对出口绩效影响的差异，构建参与全球价值链对一国出口绩效影响的理论框架。

第二步，采用多种指标，基于增加值贸易核算体系，对世界主要国家和地区整体、不同行业参与全球价值链程度和出口绩效进行测算，重点分析不同国家和地区、不同行业参与全球价值链程度和出口绩效的变化趋势。

第三步，基于相关文献提出的研究假说，采用实证研究的方法，研究参与全球价值链对出口绩效的影响。

第四步，在贸易政策、产业政策等方面，从积极融入全球价值链的角度，提出通过迈向价值链中高端，促进中国产业结构升级和对外贸易结构优化，最终促进中国出口绩效提升的有针对性的对策建议。

课题的基本思路示意图如图1-1所示。

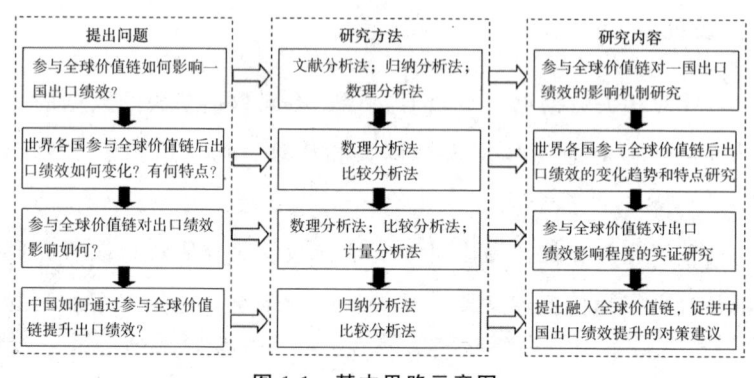

提出问题	研究方法	研究内容
参与全球价值链如何影响一国出口绩效？	文献分析法；归纳分析法；数理分析法	参与全球价值链对一国出口绩效的影响机制研究
世界各国参与全球价值链后出口绩效如何变化？有何特点？	数理分析法；比较分析法	世界各国参与全球价值链后出口绩效的变化趋势和特点研究
参与全球价值链对出口绩效影响如何？	数理分析法；比较分析法；计量分析法	参与全球价值链对出口绩效影响程度的实证研究
中国如何通过参与全球价值链提升出口绩效？	归纳分析法；比较分析法	提出融入全球价值链，促进中国出口绩效提升的对策建议

图1-1　基本思路示意图

二、研究方法

本项目采用定性分析与定量分析相结合的研究方法，主要研究方法如下。

第一，系统分析和比较分析法。通过查阅相关文献，从不同层次、不同角度系统分析参与全球价值链对出口绩效的影响机制，论述不同贸易理论在分析参与全球价值链对出口绩效影响的演变和差异，在对这一问题进行探讨时，将运用系统分析法和比较分析法对不同层次、不同主体间的差异进行

第一章 引言

比较。

第二，投入产出法。本书的主要数据来源之一是国家间非竞争型投入产出表，基于国家间非竞争型投入产出表测算一国（行业）参与全球价值链的程度，因此，投入产出法将是本研究的一个主要分析方法。

第三，计量分析方法。在实证研究参与全球价值链对中国出口绩效影响时，使用的计量分析方法主要包括面板数据的固定效应模型、差分广义矩估计、系统广义矩估计、工具变量法等计量方法。

第六节 创新和不足之处

一、主要创新

第一，研究视角创新。将出口纳入全球价值链这一背景下，将世界主要国家和地区的不同类型行业参与全球价值链程度和出口绩效分别分解为多个指标，较为全面、系统地研究参与全球价值链对一国出口绩效的影响。

第二，测算方法创新。在对出口绩效的测算上，基于附加值测算体系，改变目前已有的基于贸易总量的计算方法，对已有测算指标进行改进，从国家、行业两个层面重新测算世界主要国家和地区行业层面的出口绩效，根据新的测算方法得出的测算结果更符合实际。

二、不足之处

第一，本书的研究只集中在跨国行业层面，没有深入到企业层面，没有基于微观企业数据来研究参与全球价值链对企业出口绩效的影响。

第二，本书在研究过程中，只是基于相关文献从总体上分析了参与全球价值链对出口绩效的影响，更多的是从不同方面，提出参与全球价值链影响出口绩效的研究假说，没有基于假说，提出相对严谨的参与全球价值链影响出口绩效的数理模型。

第三，在测算指标的选择方面，一是现有测算参与全球价值链和出口绩效的指标众多，本书没有将所有测算全球价值链和出口绩效的指标均纳入到研究中，只是选择将全球价值链参与度作为测算参与全球价值链的指标，将出口国内附加值率、出口技术复杂度、出口产品质量和全球价值链位置作为测算出口绩效的指标；二是没有将上述4个用于测算出口绩效的指标整合为单一指标来测算出口绩效。之所以没有采用这种方法，主要考虑如下：首先，上述4个指标均从不同方面来衡量全球价值链背景下的出口绩效，如果合成一个统一的指标，可能无法反映全球价值链背景下一国在行业层面出口绩效的全貌；其次，指标体系的建立，往往需要一级指标、二级指标，但上述4个指标中，没有二级指标，导致计算结果可能有偏。

第四，考虑到基于现有指标和数据，参与全球价值链影响出口绩效的机制仅能归结为少数几个机制，且有些机制无法基于现有数据进行实证检验，因此，在机制检验部分，本书仅对中间品进口机制和劳动生产率机制进行了实证检验，分析参与全球价值链如何通过提高中间品进口比重和劳动生产率促进出口绩效的提升，而没有对其他可能的机制进行实证检验。

第七节　未来研究展望

本书认为，未来在参与全球价值链对出口绩效影响的研究上，可能的发展方向包括以下几个方面。

首先，随着全球价值链的发展和可使用数据的丰富，在未来，参与全球价值链对一国出口绩效的影响，是否会呈现一种非线性的特征，即在何种情况下，参与全球价值链可能会对一国出口绩效产生负的影响。虽然基于现有数据的研究表明，参与全球价值链对出口绩效的影响为正，但随着数据量的增加，这一结论是否仍然有效，仍然是一个需要进一步研究的问题。

其次，衡量出口绩效的指标不只是本书中所列的出口国内附加值率、出口技术复杂度、出口产品质量、全球价值链位置等，还包括大量的行业和企业层面的指标，那么，参与全球价值链会对不同的测算出口绩效的指标产生什么影响，可能会是未来研究参与全球价值链对出口绩效的影响的一个重要

第一章 引言

方面，这也将作为本书作者的未来重点研究方向之一。

最后，数字经济在影响参与全球价值链和出口绩效上有什么样的作用。以 ICT(information and communications technology)为代表的数字技术的快速发展，使数据成为继资本、劳动、土地等生产要素之外的新的生产要素。数字技术在推动数字经济的发展、提高世界各国的生产率的同时，由于其所具有的信息传输便捷的优势，一方面提高了一国参与全球价值链的能力，促进了一国参与全球价值链的程度；另一方面，数字经济也通过数字技术，提升了一国的数字化水平，进而提高一国的技术水平和出口绩效。那么，数字经济在影响参与全球价值链和出口绩效上有什么样的作用，这可能会是一个未来在全球价值链和出口绩效方面值得研究的问题，也是本书作者未来的研究重点之一。

第二章 概念界定、文献综述和相关理论

在本章中,首先将对接下来要使用的主要的相关概念进行界定;其次,对与本书密切相关的文献进行梳理和简要述评;最后,对本书在接下来的实证研究中使用的相关理论,主要是国际贸易领域中,全球价值链对出口绩效影响的相关理论做出简要梳理和评价。

第一节 概念界定

本书中使用的概念从大的方面来看,包括全球价值链和出口绩效两个概念。从小的方面来看,对于出口绩效而言,包括出口国内附加值率、出口产品质量和出口技术复杂度;对于全球价值链而言,包括全球价值链参与率、前向参与率、后向参与率。

一、出口绩效的概念

出口绩效(export performance),从英文直译的角度来看,即一国在出口中的表现;从字面含义出发,出口绩效包括出口和绩效两部分;出口是指参与国际贸易、销往国际市场的行为活动,出口可以分为货物贸易出口和服务贸易出口。其中,货物贸易出口是指物质性商品的出口,也称为有形贸易出口,是将本国生产和加工的商品运往他国市场销售的行为;服务贸易出口是指一国的法人或自然人在其境内或进入他国境内向外国的法人或自然人提供

第二章　概念界定、文献综述和相关理论

服务的行为。绩效，可以从经济学和管理学两个学科对其做出定义，在本书中，特指经济学角度的绩效，更详细地可分为"绩"和"效"两部分，是指主体行为或结果中的投入产出比，指经济与资源分配及资源利用的效率评价，反映社会经济管理活动的结果和成效反映这一系列行为活动所取得的收益。

目前国内学者对于出口绩效的定义并不一致，总的来说，可以从企业和行业-国家层面来对出口绩效做出定义。

从企业的角度来看，出口绩效可以定义为在特定的经济环境和一定的管理组织结构下，企业为实现盈利目标向国外市场销售产品或服务，在国际运营中获得的收益总和。在实证研究过程中，往往使用企业出口规模（许和连等，2018）、进入出口市场概率（岳云嵩、李兵，2018）、企业出口的集约边际和广延边际（蒙英华 等，2015；王永进 等，2017；李小平 等，2022）、出口额增长率（蒋为 等，2016）、出口技术复杂度（许家云，2022）等指标衡量。

从行业和国家的层面来看，出口绩效，本质上衡量的是一个国家出口的能力以及在出口中获取收益的能力。因此，在行业和国家层面，可以从一国出口规模、出口增长率（龙晓柏 等，2014；雷日辉 等，2015；汪琦，2016；阚澄宇 等，2017）、出口质量（唐青青 等，2023；李文霞 等，2023）、出口二元边际（项松林 等，2022）等方面来衡量出口绩效。在全球价值链背景下，由于不同生产环节分布于不同国家和地区，因此，一国出口的能力不再单纯地以该国出口什么、出口多少来衡量，国内附加值和出口国内附加值率也成为衡量一国出口绩效的指标之一。

鉴于本书的研究，主要是在全球价值链背景下的研究，因此，在本书中，仅从国家-行业层面出发，采用出口产品质量、出口产品技术复杂度、出口国内附加值率和全球价值链位置这 4 个指标作为衡量全球价值链背景下出口绩效的指标，而没有将其他可以用于测算出口绩效的指标纳入研究之中。之所以选择上述 4 个指标，一是由于在全球价值链背景下，上述 4 个指标的测算方法与传统贸易模式的测算方法存在较大差异，如果仍以传统的测算方法来计算出口绩效，可能存在一定的偏误；二是上述 4 个测算指标的计算方法相对成熟，争议较小；三是如果将所有与出口绩效相关的指标均纳入本书的研究之中，可能导致文章的篇幅过长。

全球价值链如何影响出口绩效

出口产品质量(export product quality)，是指一国出口产品品质的高低，用以考察出口产品之间的垂直差异(李璐，2021)。Hallak 和 Schoot(2011)认为产品质量是指能够提高消费者对产品评价的任何有形或无形的属性。产品质量作为企业重要的出口竞争优势，成为促进出口和经济增长的重要来源(李小平 等，2015)。出口产品质量越高，往往越难以模仿，越容易形成垄断，出口产品加成率越高，出口价格越高，出口所能得到的收益也越高，因此，可以将出口产品质量作为衡量出口绩效的指标之一。

出口技术复杂度(export technological complexity)，其概念主要源自学术界关于一个国家或地区的经济发展水平是否与生产和出口的产品类型有关，以及欠发达国家是否可以通过增加某类产品的出口和生产来提高经济发展水平这一问题的讨论。每一种产品都有其内含的生产率水平，经济体内从事生产率水平高的行业的企业比例越高，往往越接近产业价值链的顶端，越容易在国际贸易中占据有利地位。人们将这种生产率水平类比为"复杂度"。学者们基于不同的国家层面、省级层面和城市层面的数据，证实了总体出口技术复杂度的增加具有经济增长效应。国内外学者通常将出口产品的整体复杂性称为"出口技术复杂度"。在全球价值链背景下，该指标用于衡量一个经济体的出口技术结构水平及其在全球价值链中的位置。出口技术复杂度的提高往往意味着出口产品从低端产品向高端产品转变、出口产品的复杂度逐渐提高的过程。

出口国内附加值率(export domestic value-added rate)，表示国内附加值在出口中的占比。一般来说，由于出口技术水平更高的产品，更难以被模仿，成本加成率更高，相应地，其出口国内附加值率也更高，因此，出口国内附加值率，能够一定程度上体现一国的产业升级程度和出口绩效。但是，出口国内附加值率并非越高越好，需要考虑国家实际所处的发展阶段、开放程度和产业结构。由于国际分工的广泛存在，当一国基于比较优势，专注于某一生产环节的生产和出口时，其出口的产品中，包括大量的进口中间品，这势必要降低出口中来自国内的附加值份额。对于后发国家而言，通过国际贸易和垂直分工实现的经济腾飞，一般要以牺牲出口国内附加值率为代价。后续的产业升级需要实现中高端中间品和生产设备的进口替代，由此提升出口国

第二章　概念界定、文献综述和相关理论

内附加值率。

全球价值链位置(global value chain position)，这一概念更多是与"微笑曲线"相联系的[①]，将某一行业或企业在全球各生产环节上的位置与获得价值增值联系起来。在经济学领域，目前用于测算全球价值链位置的方法，主要基于Koopman等(2010)提出的"GVC地位指数"来进行衡量，其测算方法为基于前向联系计算的生产长度与基于后向联系计算的生产长度之比。但这一测算方法同样没有考虑到各生产环节的价值增值等因素，因此，目前全球价值链位置这一概念，并不能完美地代替"微笑曲线"，而且在全球产业链中，也不存在"微笑曲线"[②]。马盈盈(2019)基于Koopman等(2010)构建的关于GVC分工地位方法，测算一国的全球价值链位置，一国GVC分工地位指数越高表明越靠近价值链的上游[③]。

二、出口绩效指标之间的联系与区别

由前文的分析可知，在对出口绩效的测算方法中，既可以从企业层面测算，如采用资产收益率、净资产收益率、托宾Q等指标，也可以从行业层面或国家层面，对出口绩效进行测算。由于本书使用的是国家-行业层面的数据，因此，采用出口国内附加值率、出口产品质量、出口技术复杂度和全球价值链位置作为衡量出口绩效的指标。出口国内附加值率，是从出口所包含的国内增加值的角度来测算、分析出口对一国所带来的价值；由于出口产品质量越高，往往越难以模仿，越具有垄断特征，出口的成本加成率越高，相应地，出口价格越高，因此，出口产品质量是从出口价格的角度和成本加成

[①] 施振荣于1992年提出了"微笑曲线"，它是以生产工序为横轴，以每道生产工序的附加值为纵轴的两端向上的曲线，犹如一张微笑的嘴型，由此而被称为"微笑曲线"。"微笑曲线"中间是制造业中的加工、组装生产环节，主要是劳动密集型生产环节，技术水平要求较低；左边(上游)是研发环节；右边(下游)是营销环节。"微笑曲线"的左右两端都属于资本和技术密集型的生产环节，并且服务环节占主导地位。从不同工序的单位附加值来看，处于"微笑曲线"中间的制造业加工、组装生产环节的单位附加值最低，利润空间最小；处于"微笑曲线"上游的研发环节和下游的营销环节，单位附加值相对较高，利润空间也较大。

[②] 倪红福(2016)对经济学中全球价值链位置与"微笑曲线"之间的关系以及在全球产业链中是否存在"微笑曲线"进行了详细的论述。

[③] 对于全球价值链位置的测算方法，参见接下来各章中的相关论述。

的角度来衡量出口绩效；出口技术复杂度，是从技术水平的角度来衡量出口绩效，出口的技术水平越高、越复杂，越难以模仿，出口的价值越高，出口绩效也越高；全球价值链位置，则是在全球价值链的概念下，基于"微笑曲线"，从全球价值链的不同生产环节的角度来衡量出口绩效。上述4个在全球价值链视角下测算出口绩效的指标，是从不同的方面来衡量行业层面的出口绩效，采用任何单一指标，均无法准确地衡量行业层面的出口绩效的变化趋势。

三、与全球价值链相关的概念

与全球价值链相关的概念，主要包括全球价值链参与率、全球价值链位置、上下游度等指标，但由于本书所研究的问题是参与全球价值链对出口绩效的影响，因此，与本书密切相关的概念主要包括全球价值链、全球价值链参与率、前向参与率和后向参与率。

全球价值链。全球价值链理论源于早期的"世界体系"学说下的商品链概念，指为实现最终商品而形成的劳动与生产过程的网络（Wallerstein，1974；凌永辉 等，2021）。全球价值链这一概念，经历了"价值链——价值增值链——全球商品链——全球价值链"的演变（刘文 等，2023；许艺煊等，2024）。Porter(1985)首先提出"价值链"的概念，认为每个企业生产的产品都包含从产品设计、生产制造、销售和分配至消费者等多个相互连接的活动，这些活动形成了价值链条上的一个环节。所有涵盖产品生产和服务的活动形成的价值相连接，构成了价值链。一定水平的价值链构成是企业在一个特定产业（业务单元）内的各种活动的组合，价值链会因为生产环节的不同而不同。Kogut(1985)在此基础上提出了价值增值链理论。价值增值链是将技术与原料和劳动融合在一起形成各种投入，再通过组装加工把这些环节结合起来形成最终商品，最后通过市场交易、消费等最终完成价值循环的过程。在这个价值不断增值的链条上，单个企业可能只参与了某一环节，或者采取了广泛的纵向一体化生产模式。在此基础上，首次探讨了价值链的"片段化"和跨国公司的生产配置问题，将价值链概念的应用范围由企业拓展至一国（地区）的宏观领域。Gereffi(1994)对此进行了拓展，提出了全球商品链（global commodity chains，GCC)的研究框架，包括以下维度：投入产出结构，描述原材料等投入转化成最终产品的生产过程；地域性，刻画地理形态特征；治理结构，阐释商品链条中的领导型厂商如何控制其他厂商以及如何沿着商品链进行价值分配；制度背景，描述支撑商品链的组织和运转的"游戏规则"。具体来看，全球价值链是指为实现商品或服务价值而连接生产、销售、回收处理等过程的全球性跨企业网络组织，涉及从原料采购和运输，半成品和成品的生产和分销，直至最终消费和回收处理的整个过程。Ernst(1998)提出了全球生产网络的概念，他认为随着国际分工朝着精细化方向发展，国际贸易中最终产品的生产被分解为若干个工序，在不同的国家完成，最终呈现出垂直专门化的特点。联合国工业发展组织(United Nations Industrial Development Organization，UNIDO)认为全球价值链包括所有参与者和生产销售等活动的组织及其价值、利润分配，当前散布于全球的处于价值链上的企业进行着从设计、产品开发、生产制造、营销、交货、消费、售后服务到最后循环利用等各种增值活动。与产业链不同的是，在全球价值链这一概念中，不仅强调了不同生产环节在产品生产过程中的联系，也强调了在不同生产环节中的附加值的高低。从这一角度来看，相对于产业链，由于对外贸易涉及不同国家和地区利益的分配，因此，全球价值链这一概念，更适合对一国对外贸易的分析。Antràs(2020)指出，全球价值链是生产销售企业为消费者提供产品或服务所涉及的一系列价值增值的过程。研发设计、生产制造、营销售后等不同的环节在全球范围内协作进行，形成全球性跨企业网络组织，从而提高生产分工效率，促进世界贸易的发展。这一概念，更多的是从企业不同生产环节的角度，对全球价值链进行了定义。

全球价值链参与率。Koopman等(2010)计算了本国出口后被第三国再间接出口的本国国内附加值，并将其与出口中的外国附加值结合，将其定义为全球价值链参与率(GVC参与率)。UNCTAD(United Nations Conference on Trade and Development)(2013)指出GVC参与率还可以用来检验贸易与投资之间的关系，因为它表明了一国的出口在多大程度上融入全球生产网络中，而且它还能有效地评估一国出口对GVC的依赖程度。在Koopman等(2010)的基础上，Wang等(2017)将一国的总生产活动分为纯国内生产活动、传统国际贸易、简单 GVC 活动和复杂 GVC 活动 4 个部分。

前向参与率和后向参与率。基于 Koopman 等(2010)对全球价值链率的分解指标，提出了全球价值链前向参与率(前向 GVC 参与率)和全球价值链后向参与率(后向 GVC 参与率)两个概念。其中，前向 GVC 参与率采用一国某部门创造的增加值中属于 GVC 活动份额表示，反映了该国为全球生产提供中间品的能力；后向 GVC 参与率采用参与全球生产分割活动的国内和国外生产要素对一国最终产品增加值的贡献份额表示，反映了该国在生产最终产品中贡献的大小。

第二节 文献综述

在本节中，将对与研究密切相关的文献进行简要综述。与本书密切相关的文献主要包括三类，一是全球价值链测算方法的相关研究，二是出口绩效测算方法的相关研究；三是出口绩效影响因素的相关研究。

一、全球价值链测算方法的相关研究

在产品内贸易的测算方法上，可以主要分为实地调研法(案例分析法)、特别关税减让条目下的贸易统计、使用国际贸易标准分类(Standard International Trade Classification)(SITC)中的统计数据、投入产出法等四种方法(Daudin et al.，2011)。

(一)实地调研法(案例分析法)

实地调研法，也称案例分析法，通过实地调研获取相关企业在出口中的进口投入的方法可以被称为实地调研法。在采用此类方法测算全球价值链的相关研究中，早期受到可获取数据的限制，更多的是计算出口中的国内价值或国外价值。1996 年 9 月 22 日，美国《洛杉矶时报》刊登了题为"芭比娃娃与世界经济"的文章。文中指出，在美国，一个芭比娃娃的售价为 9.99 美元，从中国进口的计价为 2 美元，其余部分为在美国国内增加的费用，如运输、广告和商家利润等，它为美国人创造了数以千计的工作。在进口的 2 美元中，

第二章 概念界定、文献综述和相关理论

中国只占35美分的劳务成本,其余部分为65美分原材料,1美元的运输与管理费用,其中包括经营玩具生产的香港公司所获的10~20美分的利润。在65美分的原材料中,石油产自沙特阿拉伯,经美国得克萨斯州等地精炼后为乙烯,由台湾加工成乙烯塑料颗粒,然后制成芭比娃娃的身体;日本提供尼龙制的头发;美国生产硬纸包装盒。中国0.35美元的劳务所得,仅占芭比娃娃在美国售价的约3%。Linden和Kraemer(2009)针对第五代ipod的研究表明,苹果第五代ipod产品总价值299美元,共有451个部件,其主要部件的分工网络和价值分割体系基本如下:销售,美国渠道商和零售商获取75美元;资源整合,美国苹果公司获取80美元;硬盘,日本东芝公司提供,30G硬盘价值73美元,东芝得19美元,实际生产地在中国;显示器模块,东芝合资公司提供,20美元,在日本生产;芯片,美国公司提供,13美元,生产地在美国或新加坡或中国台湾;存储器,韩国公司提供,2美元,韩国生产;组装,中国大陆(中间通过台湾代工商)得近4美元。亚洲开发银行研究所的研究表明:一部苹果手机批发价约为178.96美元,其中,日本、德国、韩国分别能取得34%、17%、13%的分成,中国只能拿到其中的3.6%,约6.5美元。

国内学者也使用实地调研法对全球生产价值链中收益分配进行了一些研究。水清木华研究中心(2006)对一台采用Pentium M740作为CPU的笔记本电脑的成本所进行的分解,具体包括:其采用二代SONOMA平台,15.4英寸WXGA型LCD显示屏,256MB DDR333内存,DVD刻录光驱,60G 5400转硬盘,预装Windows XP。该产品出厂成本价大约为900美元,"高技术壁垒"生产环节如CPU、软件、显示屏等占据了成本的绝大部分,低技术、高度竞争的制造环节如外壳等只占总成本的极小一块。张纪(2006)针对中国笔记本电脑价值链的分析表明,在笔记本电脑产业零部件供应网络中,关键零部件如CPU、计算机芯片、动态随机存储器等高技术含量的产品集中在美国、日本、韩国和中国台湾,一般零部件如主板、显卡、鼠标等主要由中国大陆、中国台湾等生产,台湾ODM企业的总部和研发中心一般设在台北市,为了保护知识产权,提高竞争优势,大型企业积极扩大台北的研发机构,为了降低成本,几乎所有的生产设施都位于中国长江三角洲地区的上海、昆山、苏州等地。裴长洪和高培勇(2008)对中国手机企业的调研表明,在中国的手机出口

中，中国不得不将国产手机售价的20%、计算机售价的30%、数控机床售价的20%~40%，支付给国外专利持有者，致使我国企业计算机每台平均利润不到5%，DVD机每台售价不到30美元，交给别人的专利费接近10元人民币。与上述研究相类似的使用实地调研法来研究全球生产价值链中各国利益分配的研究还包括刘戒骄(2011)对苹果、波音和英特尔等信息技术公司的分析等。

(二)特别关税减让条目下的贸易统计

全球价值链测算方法中的第二种是使用特别关税减让条目下的贸易统计来计算或者衡量一国出口产品中的进口中间投入。在采用此类方法测算一国出口中的外国价值成分的研究中，Swenson(2005)针对美国境外装配计划(OAP)的相关研究表明，1980—2000年间美国企业的外包活动显著上升，Egger和Egger(2006)采用欧盟国家特别关税减让条目下的贸易统计的相关数据的研究也认为欧盟国家的企业外包活动明显上升。

(三)使用国际贸易标准分类(SITC)中的统计数据

全球价值链测算方法中的第三种是使用国际贸易标准分类(SITC)中的第七、八两大类中的五位数分类产品作为中间投入品。由于国际贸易标准分类(SITC)中第七、八两章中的五位数分类产品多为中间产品，因此，可以将其近似地作为一国进口中间产品的替代。Yeats(2001)采用这一方法对OECD国家出口的中间产品上升了30%。Athukorala和Yamashita(2006)的研究则表明1992—2003年间世界中间品贸易出口占世界总出口的比重由18.5%上升到22%。Miroudot(2009)的研究表明，中间投入品贸易占世界机械产品贸易的比重由1999年的接近50%上升到2007年的接近60%。与之类似的国外学者研究还包括：Ng和Yeats(1999)利用区域间和区域内的零部件贸易的相关数据对东亚生产分工体系形成的原因、性质、幅度、动机的研究；Goerg(2000)利用美国和欧盟之间的零部件贸易的相关数据对全球生产网络形成的决定因素的分析；Ng和Yeats(2003)使用SITC3.0版中第七和八两大类中五位数分类数据的进出口贸易数据对东亚地区贸易趋势的研究；Yi(2003)对全球中间产品贸易的估计；Lall等(2004)对全球价值链生产网络的推动力以及东亚和拉美电子和汽车行业垂直专业化贸易的分析；Amighini(2005)使用联合国贸

第二章 概念界定、文献综述和相关理论

易数据库(UN Comtrade)中的 SITC Rev. 3.0 版五位数分类的数据对中国信息技术产品贸易(ICT 产品)的研究;Zeddies(2007)对欧盟国家内部间垂直专业化贸易的影响因素的分析等。

国内的研究中较有代表性的是蒲华林(2011)使用 SITC 分类中第七、八两大类的五位数分类数据对中国零部件贸易的研究,研究表明中国同时进口和出口零部件,中国对北美自由贸易区(North American Free Trade Area,NAFTA)、欧盟、东欧 10 国以及南方共同体市场等四大地区零部件出口均大于进口,对东盟则表现为零部件进口大于出口;从国别情况来看,则表现为中国零部件贸易主要贸易对象为中国香港、日本、韩国、美国、德国等国家和地区,对韩国、新加坡、马来西亚、泰国等国的零部件贸易增幅较大。与蒲华林(2011)所使用的方法相类似的研究还包括诸如成丹和赵放(2011)对中国中间产品贸易的研究、林桂军和邓世专(2011)对亚洲各国关联度的分析、喻春娇等(2012)对台海两岸 ICT 制造业的贸易模式及其决定因素分析、邓世专(2013)对亚洲工厂零部件产品依存度分析等。

(四)投入产出法

测算一国(行业、企业)全球价值链参与程度的第四种测算方法可以称之为投入产出法,即根据投入产出表中的相关数据来计算一国出口产品中的进口成分。在这一方法下,又可以进一步分为外包法和垂直专业化法两种,二者的区别在于对产品内贸易的定义不同。其中外包法主要通过计算一国进口的中间投入品占比来反映产品内贸易情况,垂直专业化法则通过计算一国出口中的进口中间投入品占比来反映一国的产品内贸易的情况。二者在计算上的差别在于外包法是计算一国进口的中间投入品占比,不关注这些进口的中间投入品最终是由本国消费还是用于出口,而垂直专业化法则只是计算一国出口中的进口中间投入品占比。表 2-1 显示了外包法和垂直专业法在计算全球价值链的差别。

1. 外包法

利用外包法的相关研究是在 Feenstra 和 Hanson(1996)所提出的外包指数的基础上进行的(以下简称 FH 指数)。Feenstra 和 Hanson(1996)将离岸外包定义为进口中间产品占一国非能源类产品总投入的比例。利用外包指数计算

了1972—1990年间美国工业离岸外包程度,其结果表明这一时期进口中间投入占美国非能源类投入的比例由5.3%上升到11.6%。Campa和Goldberg(1997)利用FH指数对美、英、加、日四国工业行业离岸外包情况进了测度,认为除日本外,其他三国工业行业的离岸外包程度均有所上升。Geishecker(2006)在Feenstra和Hanson(1996)的基础上,将离岸外包率分为广义离岸外包率和狭义离岸外包率,其中广义离岸外包率是指进口中间品占总投入的比例,狭义离岸外包率指进口的本行业中间品占总投入的比例,并据此计算了中东欧国家的广义和狭义离岸外包水平。霍景东和黄群慧(2012)、蒋为和陈轩瑾(2015)同样基于此种方法计算中国的外包率。Amador和Cabral(2008)采用广义离岸外包率,对葡萄牙工业离岸外包水平的研究表明20世纪90年代后葡萄牙工业广义离岸外包水平显著上升,约占葡萄牙工业总产出的23.8%,机械行业和运输设备行业的离岸外包程度最高。Geishecker和Gorg(2008)基于家庭数据和投入产出表中的相关数据对国际外包与工资之间关系的研究,也采用了基于产业总产出FH指数。FH指数所采用的"相同比例假定"即中间投入品进口占该产品最终使用的比例近似作为各行业中间品进口比重这一强假设,导致FH指数在计算一国外包程度时存在低估一国外包率的现象,Daveri和Jona-Lasinio(2008)直接回到了离岸外包率的原始定义上来,利用区分了进口中间投入和本国中间投入的投入产出表来直接计算意大利工业行业的离岸外包程度。

国内的研究中,徐毅和张二震(2008)将广义离岸外包与狭义离岸外包之差定义为"差额离岸外包",并利用中国1997和2002年投入产出表中的数据计算了中国35个工业行业广义离岸外包率、狭义离岸外包率和差额离岸外包率,认为上述三种形式外包的平均值从1997年到2002年分别增长了18%、17%和19%,除公用事业的离岸外包率呈下降趋势外,其他绝大多数行业的离岸外包率都出现了不同程度的增长。唐玲(2009)将一国总体离岸外包分解为离岸物质外包和离岸服务外包,测度了中国1997—2006年34个工业行业的总体离岸外包率、离岸物质外包率和离岸服务外包率。认为中国工业行业的总体离岸外包率稳步提升;资本及技术密集型行业总体离岸外包率增长较快,高技术水平和高开放度行业离岸外包率明显高于低技术水平和低开放度

第二章　概念界定、文献综述和相关理论

行业；服务离岸外包率普遍偏低，生产性和分配性服务业离岸外包率高于消费性和社会性服务业离岸外包率。王中华和代中强(2009)使用 FH 指数，利用我国 1997 年与 2002 年的投入产出表分别计算了以我国为本位的工业行业物品外包率、服务外包率，并对两种外包率进行了比较，结果表明，物品外包率的平均值由 1997 年的 0.076 3 上升到 2002 年的 0.092 7，服务外包率的平均值由 1997 年的 0.001 7 上升到 2002 年的 0.005 7，其上升的速度要远远超过制造外包率。鲍晓华和张莉(2011)对 1987—2006 年中国工业行业离岸外包水平的测度表明中国离岸外包水平整体呈上升趋势，资本密集型和技术密集型行业的离岸外包水平增长快于劳动密集型行业。国内学者中与之类似的研究还包括诸如徐毅(2011)、肖芍芳和王俊杰(2012)等。蔡宏波(2011)在 Daveri 和 Jona-Lasinio(2008)所提出的 DJ 指数的基础上，进一步提出了完全外包系数，并计算了 1997 年、2002 年和 2007 年中国材料外包率、服务外包率和狭义材料外包率，结果表明劳动密集型行业外包水平较低。在国内学者的相关研究中，随着国家间非竞争型投入产出数据的丰富，蒋庚华(2014)也使用 Daveri 和 Jona-Lasinio(2008)的方法，对中国工业行业的离岸外包率进行了分析，结果表明，1995—2011 年间，中国各工业行业离岸工业外包率均呈上升趋势。近年来，随着发展中国家对发达国家外包程度的提高，部分学者研究了发展中国家对发达国家的外包(逆向外包)情况及对主要经济指标的影响，认为逆向外包能够促进后发国家创新强度增加、制造业的技能偏向性技术进步、产业结构高级化和潜在经济增长力提高等(沈春苗，2016；2017)。

2. 垂直专业化法

垂直专业化法起源于 Hummels 等(2011)的研究。Hummels 等(2011)将垂直专业化定义为出口产品中的进口品数额，提出了用于计算一国出口产品中外国要素投入的垂直专业化指数(简称 HIY 模型)，并通过计算绝对量和相对量两种方法来计算一国出口中的外国要素投入。垂直专业化法本质上是通过计算一国出口中本国附加值或外国附加值来计算一国(行业、企业)参与全球价值链的程度。利用垂直专业化法计算一国参与全球价值链发展程度的相关研究中，在对出口产品国内附加值的计算方法研究上，以平新乔为主要负责人的北京大学中国经济研究中心课题组(2006)利用 HIY 模型，结合中国

1992、1997 及 2000 年的投入产出表，根据联合国进出口贸易数据，对中国 1992—2003 年共 12 年的出口贸易中垂直专业化与中国对美出口贸易中的垂直专业化程度做了分年度的计算。结果显示，在这 12 年中，中国的出口贸易中垂直专业化的价值比率已从 1992 年的 14％上升至 21.8％。中国对美国的出口贸易中垂直专业化的价值比率上升得更多，从 1992 年的 14.7％上升至 22.94％。来自日本的中间品在中国向美国的出口品的垂直专业化程度占比大约为 1/5，如果加上来自韩国的中间品进口，那么日韩对中国的中间品出口在中国向美国出口的垂直专业化程度中约占 1/3，说明中国对美出口贸易反映了东亚对美国的产业链效应。由于投入产出表无法提供连续年份时间的数据，宗毅君(2010)使用 RAS 法计算了中国工业行业连续时间的直接消耗系数，在此基础上，使用 HIY 模型计算了中国 21 个工业行业 1992—2005 年间的垂直专业化程度，结果表明，这一时期中国工业行业垂直专业化程度不断上升，资本密集型行业和技术密集型行业垂直专业化程度上升幅度较大，从横向比较来看，这一时期中国垂直专业化平均程度高于 1978—1990 年间美国、日本、澳大利亚等发达国家的垂直专业化平均程度，但低于韩国、中国台湾等新兴工业化国家和地区垂直专业化的平均程度。

HIY 模型存在着两个关键假设：一是出口产品和国内最终消费品对进口中间投入品的依赖程度相同，这一假设在以中国为代表的加工贸易占出口很大比例的国家中得不到满足；二是在进口中不存在间接国内成分，从而排除了一国向另一国出口的中间品经加工后再返销给本国的情况，事实上，国际生产分割背后的关键本质正在于这种国家在最终产品的生产价值链上的彼此承接和紧密关联。基于上述两个过强的假设条件，在 Hummels 等(2001)的基础上，部分学者从方法和数据两个方面对 HIY 模型进行了完善，以更加符合现实情况。在对数据的修正方面，早期对 HIY 模型的修正方式是通过将非竞争型投入产出表拆分成能够反映加工贸易特性的投入产出表或使用能够区分本国中间投入和进口中间投入的投入产出表，来达到放松 HIY 模型的第一个假设条件的目的。Lawrence J. Lau 等(2007)在中国非竞争型投入产出表的基础上，提出了能够反映中国加工贸易特点的非竞争(进口)型投入产出模型，并以此为依据计算了中国对美出口中的国内附加值。黄宁和蒙英华(2012)在

第二章　概念界定、文献综述和相关理论

HIY模型的基础上，使用细化地区分了加工贸易与一般贸易方式的海关进出口贸易数据，将某行业的进口产品精确地划分为进口中间品和进口最终消费品，将以加工贸易方式进口的产品归类为进口中间品从而将进口品划分为进口中间品以及进口最终消费品两类，达到了放松HIY模型中第二个假设的目的，并以此计算了中国出口产品结构优化程度。结果表明，中国的出口贸易依然具有明显的"加工贸易"特征，而亚洲国家和地区则是提供给中国中间品的主要来源地；出口份额与垂直专业化比率具有明显的正相关性，充分表明当前中国出口产业结构提升的主要原因在于进口中间品所做出的贡献，中国出口商品的比较优势依然在于廉价的劳动力；尽管中国目前仍处于国际垂直生产体系的低附加值阶段，但随着时间推移，中国已开始优化其出口产业结构，改变过度依赖加工贸易的生产与贸易模式。

Koopman等(2008)(简称KWW法)在对中国出口产品附加值的研究中，通过拆分传统的国家间非竞争型投入产出表，将加工贸易出口从中独立出来，以体现加工贸易中使用更多的国外中间投入的特性。Dean等(2008)在KWW法的基础上利用中国投入产出表将中国出口分为加工贸易出口和一般出口，计算了中国出口产品的垂直专业化程度，结果表明，2002年中国出口的垂直专业化程度约占总出口的25%~46%，部分行业甚至达到52%~95%。郑昭阳和孟猛(2011)根据HIY模型，利用OECD数据库提供的区分了进口中间投入和本国中间投入的投入产出表和UN Comtrade数据库中的相关数据，测算了1993—2008年中国出口中的国内价值和外国价值，结果发现中国出口中的外国价值自1993年后显著上升，在外国价值中，来自东亚地区的外国价值在中国出口中占据了重要地位，从不同类型行业中的外国价值含量来看，高技术行业出口中外国价值含量较高，低技术行业出口价值基本都由本国创造。

近年来，更多的学者从使用国家间投入产出数据和对HIY模型进行修订两个方面来计算各国出口产品的附加值，其优点在于：一是由于现实中各国对其他国家进口产品的需求不同，使用国家间投入产出表可以更加准确地体现出一国出口中对各国进口中间投入品的依赖程度，从而克服HIY模型中第一个假设的缺陷；二是通过对HIY模型计算方法的修正可以更加准确地测度一国出口产品中的间接附加值和再进口附加值，从而克服HIY模型中第二个

假设的缺陷。在使用国家间投入产出数据来计算出口产品附加值方面，Daudin 等(2011)利用 GTAP(Global Trade Analysis Project)投入产出表数据的研究表明，2004 年世界贸易中的 27% 为附加值贸易，东亚地区的区域内贸易大多为附加值贸易。Johnson 和 Noguera(2012)利用 GTAP7.1 数据库中 2004 年 19 个地区、94 个国家、57 个行业投入产出数据的研究表明，工业出口中的国内附加值要低于服务业出口中的国内附加值。在对 HIY 模型的修正方面，Koopman 等(2010)在 HIY 模型的基础上提供了一个用于计算一国出口中不同类型附加值的统一框架，将一国的出口分解为最终产品出口的本国附加值、出口中间产品中的本国附加值、再进口的本国附加值和外国附加值四个部分，并根据 GTAP 数据库的数据计算了 2004 年世界主要国家出口中的附加值，结果表明欧盟、东亚和北美三大地区内部各国间的贸易更为紧密。Johnson 和 Noguera(2011)将一国出口产品的国内附加值分解为最终产品出口的附加值、中间产品出口中附加值和本国间接出口到第三国的附加值三个部分。Koopman 等(2012a)在上述研究的基础上将一国的总产出分解成本国消费和出口两部分，每一部分又按照附加值来源的不同分解为本国生产、外国进口、间接出口以及再进口四个部分，从而基本上完成了对一国总产品中不同附加值来源的分解框架的构建。Koopman 等(2012b)进一步考虑了当存在加工贸易的情况下，一国出口产品中附加值的变化，并计算了中国加工贸易出口中的国内附加值的变化，结果表明，中国加工贸易出口中的国内附加值由加入 WTO(World Trade Organization)前的 50% 上升到 2007 年 60%，但部分技术密集型行业的国内附加值仍低于 30%。Foster-McGregor 和 Stehrer(2013)提供了一个当进口和出口中同时存在中间产品时，一国贸易附加值的测算方法，并使用世界投入产出数据中的相关数据对 1995—2011 年世界主要国家的出口进行了分解，结果表明这一时期世界各国出口产品中的外国附加值上升幅度在 6%～60% 之间。王直等(2015)在 Koopman 等(2012)的基础上，将一国出口进一步分解为 16 个组成部分。Wang 等(2017)提出了基于复杂 GVC 活动和简单 GVC 活动对一国出口进行分解的框架。

国内的研究中，童伟伟、张建民(2013)使用 Koopman 等(2010)提出的对一国贸易附加值的分解方法，根据世界投入产出数据库(World Input-Outpat

第二章 概念界定、文献综述和相关理论

Database，WIOD)中的相关数据，对 1995—2009 年中国对美出口中的国内价值含量进行了测算，结果表明，中国对美出口中的国内价值含量在波动中呈总体下降趋势；日、韩、台(中国台湾省)、美在中国对美出口的境外价值构成中居于主导地位，但前三者的份额正逐步被欧盟国家所取代，这表明中国的中间投入品进口已呈现多元化趋势；在中国制造业各行业的对美出口中，低技术行业的国内价值含量较高，而高技术与资源依赖型行业的国内价值含量则相对较低，这说明中国在参与国际产品内分工时，所承担的依然主要是劳动密集型环节。王岚和盛斌(2014)利用增加值贸易体系重新测度了 1995—2009 年中美双边贸易，并通过对双边总值贸易进行价值增值分解刻画了贸易利益在中美之间的分配格局。结果表明，传统的贸易统计极大地高估了中美贸易失衡，两国的贸易差额与贸易利益之间存在严重错配，分工地位的差距导致贸易利益在两国间的分配正朝着不利于中国的方向发展，这一点在机电行业体现得尤为明显。邢予青等(2023)提出了基于全球价值链特征的"要素收入贸易"的概念，基于"要素收入贸易"核算的中国对美国的贸易顺差，比以传统总值贸易统计的结果和以增加值贸易统计为基础的结果分别低 32% 和 17%。这主要是由于现存的贸易统计仍然遵循属地而非属权原则，不仅夸大了中国对美国的出口，也低估了美国对中国的出口。

在企业层面测算全球价值链的相关方法。在基于国家-行业层面测算出口国内附加值的基础上，部分学者通过将微观企业数据和国家间投入产出表相结合，从微观企业层面，测算企业出口国内附加值率。张杰等(2013)、Kee 和 Tang(2016)、吕越等(2018)、盛斌和王浩(2022)、郝能等(2023)、盛斌等(2024)等相关文献，基于微观企业数据测算了中国企业出口国内附加值率，其差异在于，计算中间品、最终品实际进出口额时所进行的调整方式存在一定的差异。

此外，还有部分学者，通过将国家间投入产出表与区域投入产出表或能够区分要素所有权结构的相关数据相结合，来分析不同地区或不同所有权出口的国内附加值率。苏庆义(2016)将 WIOD 中的世界投入产出表和中国区域间投入产出表相结合，对中国区域附加值的分解结果表明，各省出口价值来源中，本地增加值份额最高，回流增加值份额最低，国内垂直专业化份额和

国际垂直专业化份额居中，各省经济发展水平和本地增加值份额及国际垂直专业化份额分别成很强的负相关和正相关关系；以增加值出口衡量的各省出口差距明显缩小，具有比较优势的省份-产业往往也更有优势为其他省份提供出口增加值，中国出口的低本地增加值率主要源于沿海省份制造业的增加值出口和总值出口之比较低；以增加值出口和以总值出口衡量的显性比较优势有较多差异，对于许多省份-产业而言，比较优势甚至发生了逆转；对于大部分省份而言，以增加值出口衡量的出口专业化程度要低于以总值出口衡量的出口专业化程度。李跟强和潘文卿（2016）通过拓展Koopman等（2014）和Wang等（2014）的模型，将国内价值链和国外价值链整合到一个统一的逻辑框架下，从垂直专业化生产、增加值供给偏好和区域再流出3个维度考察了中国各区域对全球价值链的嵌入模式。基于中国区域间投入产出表，发现中国各区域在1997—2007年逐渐由内向型垂直专业化转向外向型垂直专业化生产，沿海区域的垂直专业化程度显著高于内陆区域；在增加值供给偏好方面，沿海区域偏好于国外区域，而内陆区域有明显的邻近"向极性"供给偏好，增加值供给的区域非均等特征显著；中国各区域的增加值纯粹重复比例在加入WTO后有明显上升，区域再流出这一嵌入模式在国内区域间贸易中更普遍。黎峰（2017）基于投入产出模型构建国内国际双循环的理论分析框架来分析中国不同区域出口国内附加值的变化。结果表明，依托国内供应体系的一般贸易出口是中国参与国际循环的主要模式，随后为"两头在外"的加工贸易模式及利用国外配套的一般贸易进口模式。在基于不同所有权结构对出口国内附加值分解的相关文献中，周琢和祝坤福（2020）基于微观企业数据的研究表明，2000—2013年在外资加工出口企业中，中国属权要素出口增加值占属地出口增加值的平均比重为65.85%，两者之间的平均背离程度为34.15%。祝坤福等（2022）在Wang等（2017）提出的全球价值链生产分解框架的基础上，纳入跨国公司异质性，提出了一个能够识别和测度跨国公司活动的全球价值链核算新框架，并识别出传统框架中"被忽视"的FDI（foreign direct investment）相关全球价值链生产活动。结果表明，FDI相关的全球价值链活动约占全球GDP（gross domestic product）的10%，这意味着传统基于国际贸易测算的全球价值链活动被低估了近乎一半，且这一"低估"问题在高研发强度行业、高

第二章 概念界定、文献综述和相关理论

收入经济体尤为凸显;与美国相比,中国制造业的贸易相关全球价值链活动占比较高,但FDI相关全球价值链活动则处于相对较低的水平;中国FDI相关的全球价值链活动中,有三分之二以上来自外资企业与本土企业之间的生产关联。

基于对一国(行业、企业)出口中的附加值进行分解的方法,部分学者进一步提出了刻画一国参与全球价值链程度的衍生指标。在这一方面的研究中,Koopman等(2010)计算了本国出口后被第三国再间接出口的本国国内附加值,并将其与出口中的外国附加值结合,构建了较为完整的测算一国参与全球价值链的程度的全球价值链参与率(GVC参与率)。由于即使两国参与国际分工的程度相同,两国在全球价值链上的地位也会存在差异,研究者通过对一国该产业出口给其他国家的中间品与其从别国进口的中间品进行比较,构建了"GVC地位指数"(Koopman et al.,2010)。鉴于GVC参与率只能衡量一国加入全球价值链的程度,无法衡量价值链中包含多少个生产环节,一些学者提出了用来衡量GVC中包含的生产环节数量的GVC长度指标(Fally,2012)。当全球价值链的长度确定后,一个随之而来的问题就是,各国处在全球价值链中的哪个环节。根据"微笑曲线",处于全球价值链上游的国家可能生产原材料或主要从事研发、设计等生产环节,处于下游的国家更多的是从事产品的组装或销售等生产环节,这对于一国在全球价值链中的利得有十分重要的影响。在相关研究方面,代表性的指标主要有衡量一个行业距离最终需求距离的上游度指标、衡量行业在全球价值链中平均位置的下游度指标和上游度指标的倒数(Antràs et al.,2012;2013)。潘安和戴岭(2020)基于出口附加值分解框架,提出衡量分工深度和广度的GVC分工程度指数和集中度指数,并重新构建了GVC地位指数,形成了衡量GVC分工程度、地位、集中度三维特征的指标体系。在企业层面刻画全球价值链参与程度的相关研究中,Chor等(2014)在使用中国投入产出表测算"上游度"指数的基础上,结合中国海关数据库测算了中国1992—2011年企业生产链的位置及变动趋势,并进一步研究了异质企业特征下企业生产链的差异。Ming等(2015)从增加值传递过程角度来定义增加值平均传递步长,分别从前向和后向的视角定义了两种增加值平均传递长度。倪红福(2016)在Ming等(2015)计算方法的基础上,提出

· 29 ·

测度产业部门位置的"广义增加值平均传递步长"的方法，并从强度和长度两个维度，分析了境外增加值贡献率-位置的关系，进而考察产业部门层面的"微笑曲线"是否存在，结果表明，产业部门层面的"微笑曲线"不具有普遍意义。唐宜红和张鹏杨(2018)基于 Chor 等(2014)方法测算了中国企业在全球生产链的位置及变动趋势，并进一步考察了变动的内在机制。倪红福和王海成(2022)改进了 Chor 等(2014)的企业位置测度方法。结果表明，2000—2014 年中国整体上游度和生产复杂度显著提高，产业链向上游延伸；一般贸易企业的综合进出口位置、出口上游度高于加工贸易企业，但进口下游度低于加工贸易企业；一般贸易企业出口产品更多地用于中间投入品，离最终需求的距离相对较远，进口相对上游产品进行生产，而加工贸易一般进口相对下游的产品进行简单组装加工形成最终消费品再出口；东部地区企业的综合进出口位置、出口上游度相对较低，偏向于最终消费品出口，而进口下游度较大，偏向于进口基本成型的中间品，体现了东部地区的加工组装特点；相对于其他所有制类型企业，国有企业各类出口上游度相对较高，但进口下游度相对较低，进而国有企业的综合进出口位置最高。

表 2-1　外包法和垂直专业法在计算全球价值链的差别

	外包法	垂直专业化法
基础定义	计算一国总产出中的进口中间投入品占比。狭义定义：不包含本行业的进口中间品(Feenstra et al., 1996; Daveri et al. 2008)；广义定义：包含本行业的进口中间品(Geishecker, 2006; 霍景东等, 2012; 蒋为等, 2015 等)	计算一国出口中的本国投入和外国投入占比(Hummels et al., 2001)

续表

	外包法	垂直专业化法
扩展指标		1. 根据附加值来源和产品最终用途，计算一国总体、双边的全球价值链参与情况（Koopman et al., 2010; Johnson et al., 2012; Koopman et al., 2012; 王直等, 2015）。 2. 计算企业层面的全球价值链参与情况（Kee 和 Tang, 2016 等）。 3. 基于出口产品分解，计算全球价值链衍生指标（Koopman et al., 2010; Fally, 2012; Antràs et al., 2012; Antràs et al. Chor, 2013; Ming et al., 2015）

资料来源：作者根据相关文献整理而得。

二、出口绩效测算方法的相关研究

在对出口绩效测算方法的相关研究中，主要影响包括如下几个方面。

首先，在宏观层面对于出口绩效的测算方面，国内外不同组织和学术界均提出了对应的指标体系。国际上，世界银行（World Bank）率先提出了出口依赖度和出口增长率；经济合作与发展组织（OECD）提出了出口增长率和比较劳动成本；联合国贸易和发展会议（UNCTAD）提出了贸易与发展指数，三者所提出的指标体系已经产生了广泛的国际影响力。在国内，商务部和社科院也联合公布了中国出口绩效指标评价体系，主要涵盖了外贸出口绩效和外贸出口贡献两方面。在学术领域，陈泽星（2006）和耿修林（2008）提出的指标体系重点涵盖了出口规模、出口优势、出口稳定以及出口潜力。徐二明等（2011）提出的出口绩效衡量指标，主要包括财务绩效和战略绩效两个方面。

在微观层面对于出口绩效的测算方面，在采用指标体系来测算微观企业层面的出口绩效上，出口绩效的衡量指标需要涵盖企业内部、市场、客户和其他等四个方面的维度，其中内部维度指企业的经营利润和投资回报率，市场维度是指产品销售增长率、市场占有率等方面，客户维度是指顾客满意度、顾客回头率等方面。细化到具体指标，Rose 和 Shoham(2002)提出了出口销售额、出口利润和出口利润的波动，Richardson(2006)提出了出口销售额、出口增长率、出口市场占有率，范晓屏(2004)提出了出口销售增长率、出口效益、资产回报率，Flor 和 Oltra(2005)提出使用出口利润、市场占有率、出口销售增长率、海外形象等指标来测算企业出口绩效，戴觅和余淼杰(2012)引进出口评价，并加入了研发投入等指标。Ahamed(2014)设计了一套包含了企业财务、战略、出口满意度等指标的指标框架。王奇珍和朱英明(2016)引进了企业专利申请数进行实证分析。总体上，微观层面的测度还未有出自官方的权威指标体系，学界普遍采用的出口绩效指标大都为复合测度指标。岳云嵩和李兵(2018)使用了企业进入出口市场的概率、企业出口规模、企业二元出口边际三个指标来衡量企业出口绩效。

在行业层面，采用单一指标来衡量出口绩效的相关方法中，传统观点用直接测度某国或某地区的某产品(或某产业)出口额占世界市场上该产品(或该产业)总出口额的比重来衡量出口竞争力。宋玉华和江振林(2010)采用行业标准、行业资产规模、行业劳动力规模、实际利用外资和研发投入来测量行业出口竞争力，他们认为劳动力投入对行业出口竞争力具有显著影响。文伟东等(2009)使用出口竞争力指数、贸易竞争力指数以及显示性比较优势指数等指标来衡量中国各行业的出口竞争力。王永进和黄青(2018)使用出口结构的变化衡量出口绩效。梁俊伟(2020)使用出口二元边际作为衡量中国出口绩效的指标。

在企业层面采用单一指标作为测算企业出口绩效的研究中，李坤望等(2015)使用出口规模、出口结构以及出口效率这三种指标综合测算。张海波(2018)使用出口密集度计算出企业的出口绩效，其测度方法是企业年度出口销售收入占企业营业收入的比重。许和连和王海成(2018)使用出口金额、出口产品质量与出口产品价格作为企业出口绩效的代理变量。Feenstra 和 Romalis(2014)认为出口产品质量影响着一国的专业化生产、国家间的贸易往来甚至是一国的经济增长水平，也影响着一国企业在全球市场的竞争力，因此出口产品质量成为了一国出口转型升级的代表性指标。蒙英华等(2015)使用企业层面的出口二元边际衡量企业出口绩效的变化。蒋为和孙浦阳(2016)使用企业出口规模作为测算指标。许和连和王海成(2018)认为提高出口产品

第二章 概念界定、文献综述和相关理论

竞争力存在优质高价和优质低价两种情况,优质高价对于企业来说是最为理想的结果,但在产品质量相同甚至更高的情况下,相对低廉的产品价格依旧是企业参与全球竞争的重要手段。原磊和邹宗森(2017)对企业出口绩效这一概念进行了全方位的评价,构建了效率、规模和财务三方面的评价指标,效率指标反映的是企业生产率的先进程度,由全要素生产率、劳动生产率以及资本生产率三个指标构成。出口企业的生产率指标受到学界广泛关注,对异质性企业贸易的研究往往从这一指标出发,对效率指标的考察可以帮助出口企业更科学地衡量在技术升级和生产组织方式优化等方面所取得的效果。规模指标反映的是企业投入了多少生产要素,以及由此带来的价值增加,通常由产品销售额或销量、雇佣劳动力人数与企业总资产三个指标构成。一般而言,出口会促进企业规模的扩张和扩大就业范围,对规模指标的计算有助于更精确地得到出口企业在促进经济增长和稳定就业方面做出的贡献。而财务指标反映的是企业的投资收益,一般由产品利润率、资产收益率和人均收入水平三个指标组成。投资收益决定了企业是否进入或者扩大出口市场,通过考察相应财务数据,能够更科学地衡量企业出口活动的可持续发展能力。表2-2显示了采用指标评系法和单一指标法测算出口绩效的差别。

表 2-2 出口绩效测算方法

	宏观层面	微观层面
指标体系法	出口依赖度和出口增长率(World Bank);出口增长率和比较劳动成本(OECD);与发展指数(UNCTAD);外贸出口绩效和外贸出口贡献(商务部和中国社科院);出口规模、出口优势、出口稳定以及出口潜力(陈泽星,2006;耿修林,2008;);财务绩效和战略绩效(徐二明 等,2011)	出口销售额、出口利润和出口利润的波动(Rose et al.,2002);出口销售额、出口增长率、出口市场占有率(Richardson,2006),出口销售增长率、出口效益、资产回报率(范晓屏,2004);出口利润、市场占有率、出口销售增长率、海外形象(Flor et al.,2005);企业财务、战略、出口满意度(Ahamed,2014);企业进入出口市场的概率、企业出口规模、企业二元出口边际(岳云嵩 等,2018)

续表

	宏观层面	微观层面
单一指标法	行业标准、行业资产规模、行业劳动力规模、实际利用外资和研发投入(宋玉华 等,2010);出口竞争力指数、贸易竞争力指数以及显示性比较优势指数(文伟东 等,2009);出口结构的变化(王永进 等,2018);出口二元边际(梁俊伟,2020)。	出口产品质量(Feenstra et al.,2014);出口规模、出口结构以及出口效率(李坤望 等,2015);企业层面的出口二元边际(蒙英华 等,2015);企业出口规模(蒋为 等,2016);出口密集度(张海波,2018);全要素生产率、劳动生产率和资本生产率(原磊 等,2017);出口额、出口产品质量与出口产品价格(许和连 等,2018)。出口规模和出口概率(李磊 等,2022)。

资料来源：作者根据相关文献整理而得。

三、出口绩效影响因素的相关研究

总的来看，虽然影响出口绩效的因素众多，但国内学者对于出口绩效的影响因素的相关研究，主要集中以下几个方面。

服务分工。杨易擎和孙浦阳(2023)基于中国微观企业数据的研究表明，产品内服务分工细化，会降低服务投入中间品的价格，进而提高企业出口绩效。

利用性创新和探索性创新（双元性创新）。王生辉和张京红(2021)以动态能力理论和组织学习理论为基础，在构建的双元性创新影响国际代工企业出口绩效的研究模型框架内，探究了国际代工企业利用性创新、探索性创新以及这两种创新的平衡影响其出口绩效的机理，得出国际代工企业采取双元性创新方式能够有效改善其出口绩效的结论。

研发投入与高管持股。吕迪伟等(2018)以中国制造业上市公司为样本，考察研发投入、高管持股与出口绩效的关系，得出研发投入与出口绩效呈倒U形，存在最佳研发规模；高管持股调节了企业研发投入对出口绩效的影响。

第二章　概念界定、文献综述和相关理论

反倾销。杜威剑和李梦洁(2018)基于中国工业企业数据库与海关数据库,从二元边际与出口产品组合视角考察了美国对华反倾销调查对中国出口企业的影响。结果表明,反倾销显著抑制了我国企业出口的扩展边际与集约边际。

产业集聚。白东北等(2019)认为产业集聚显著促进了企业出口二元边际,并且通过劳动力"蓄水池"效应抵消了劳动力成本攀升对企业出口绩效的负向影响。

贸易便利化。程凯(2022)基于中国微观企业数据,以进口中间品为中介桥梁,实证检验了贸易便利化对企业出口绩效的影响。研究发现贸易便利化显著提高了企业出口绩效,且贸易便利化对加工贸易企业出口绩效的提升作用大于一般贸易企业;对时间敏感行业中企业出口绩效的提升作用大于对时间不敏感行业中的企业;对出口发达经济体的企业出口绩效的提升作用大于对出口非发达经济体的企业。

外资并购。许家云(2022)利用中国微观企业数据,采用基于倾向得分匹配(propensity score matching,PSM)的倍差法系统地研究了外资并购对我国企业出口绩效的微观效应,并从企业 GVC 分工地位的角度进行了机制检验后发现,外资并购显著促进了企业出口规模的扩大和出口技术复杂度的提升,进而提高其出口绩效。

合作研发。杨珍增和郭晓翔(2021)利用世界银行企业调查数据库中的中国制造企业样本,采用 PSM 方法探讨不同类型合作研发对出口绩效影响的差异性。发现研发对企业出口绩效具有显著的促进作用,这种作用主要体现在出口规模和出口选择两个方面。相比研发,合作研发具有更强的促进作用,合作研发对出口绩效的促进作用主要发生在市场化水平较高的地区。

商品质量和市场信心。郑方辉和刘晓婕(2020)借鉴绩效评价的理念方法,从财务、战略和社会层面构建出口绩效评价指标体系,探讨出口产品质量、出口市场信心如何影响出口绩效。抽样调查及实证研究结果显示:出口商品质量对出口市场信心和出口绩效均具有正向促进作用,增强出口市场信心能显著提高企业的出口绩效,同时出口市场信心也强化了商品质量对出口绩效的正向促进作用。

协同创新网络。孙天阳和成丽红(2020)通过社会网络方法分析了协同创

新网络的拓扑结构和企业、大学及科研单位的网络地位,并实证检验了企业在协同创新网络中的角色及地位对异质性企业出口绩效的影响,得出结论:协同创新的企业拥有更好的出口绩效,独自研发和协同创新都提升了企业出口表现,在协同创新网络中处于核心位置的企业占有更大市场份额。

汇率制度和要素错配。张夏等(2019)基于企业异质性视角,重新审视了汇率制度、要素错配与我国企业出口之间的关系,发现固定汇率制度能够扩大企业出口规模,但也会显著降低企业的出口产品质量。要素错配是汇率制度影响企业出口绩效的重要中介渠道,劳动要素错配会抑制固定汇率制度对企业出口规模的促进作用。

电子商务平台的应用。岳云嵩和李兵(2018)从理论和实证两个方面,考察了电子商务平台应用对企业出口绩效的影响,表明电子商务平台显著提升了企业进入出口市场的概率,促进了已出口企业出口规模的扩大,提高了企业的生产效率、买卖双方的匹配效率,并降低了出口市场进入门槛,这些因素会对出口绩效的提高产生积极作用。

简政放权改革。许和连和王海成(2018)利用中国工业企业数据库和中国海关进出口数据库的匹配数据,基于2006年开始的生产企业出口退税审批权下放的准自然实验,考察了出口退税管理制度的简政放权改革对企业出口绩效的影响。研究发现审批权下放显著改善了企业出口绩效,表现为出口额的增加、产品质量的提升和产品价格的下降,这种改善作用基本上不存在时滞,并具有持续性。

信息化密度和信息基础设施。李坤望等(2015)研究了信息化密度、地区信息基础设施水平对行业和企业出口的影响,表明了信息化密度高的企业具有更好的出口绩效,并且其他条件相同的情况下,在信息基础设施水平高的地区这种效应会得以放大。

进口中间品质量。耿晔强和史瑞祯(2018)构建了进口中间品质量与企业出口绩效的理论分析框架,基于海关贸易数据和中国工业企业数据,实证检验了进口中间品质量对企业出口绩效的影响。整体来看,进口中间品质量升级显著提升了企业出口绩效。

电子政务。李磊和马欢(2022)通过构建"城市-企业"数据集研究了电子政

第二章 概念界定、文献综述和相关理论

务对出口绩效的影响，发现电子政务显著提升了企业的出口规模和出口概率，电子政务对企业出口的促进作用，主要是通过降低企业贸易成本、带动企业信息化来实现的。

供应商创新。张鹏杨和朱光（2024）研究了供应商创新对下游企业出口的影响。结果表明，上游供应商创新对下游企业的出口绩效提升存在显著的促进效应，其中对下游高新技术行业企业的促进作用尤其明显，且发明专利和实用新型专利等实质性创新对下游企业出口的提升作用更显著；供应商创新通过提升下游企业产品技术复杂度和缓解资金约束促进了下游企业出口。

出口退税效率。卢冰和马弘（2024）基于中国企业税收调查数据和海关企业出口数据，考察了出口退税效率对出口的影响，发现出口退税效率提升显著促进了企业出口，融资约束严重的企业受到退税延迟的影响更大。

四、简要述评

在文献综述部分，本书对全球价值链的测算方法、出口绩效的测算方法以及出口绩效的影响因素等 3 个方面的文献进行了简要整理，从中可以发现以下主要特点。

首先，在对全球价值链的测算方法方面，虽然研究的早期，存在诸如实地调研法（案例分析法）、特别关税减让条目下的贸易统计、使用国际贸易标准分类（SITC）中的统计数据等相关方法，但随着研究的深入和可获得数据的增加，投入产出表已成为全球价值链测算方法中的首选，其基础是对一国出口国内附加值的测算。目前国内外主要使用的方法是基于国家间非竞争型投入产出表，通过对一国出口所使用的附加值按照产品用途和附加值来源进行分解，来测算一国（行业、企业、双边）参与全球价值链的程度。这就需要有较为精确的国家间投入产出数据，由于所有的国家间投入产出数据均集中在国家-行业层面上，且依赖一系列比较强的假设条件，因此，在测算层面上，虽然主要以国家-行业的测算为主，但企业层面的测算日益增加。且在企业层面对于出口国内附加值的测算上，需要辅助微观企业数据与国家间投入产出表相配合，虽然有部分学者通过将国家间投入产出表和企业所有权数据结合起来，测算不同性质企业的出口国内附加值，但由于存在数据匹配问题以及

无法使国家间投入产出表代表某一企业的实际情况，测算的结果存在一定程度上的差异。在基于对一国出口国内附加值的测算的基础上，衍生出一系列用于测算一国的全球价值链参与率，在全球价值链上的位置、上下游度，不同所有权性质企业在全球价值链上的收益等指标。这些指标，虽然能够在一定程度上反映一国参与全球价值链的程度，但如全球价值链位置等指标，仅仅是统计学意义的指标，无法体现经济学价值（倪红福，2016），因此，在未来，还需要从经济学的角度，通过统计学和经济学的结合，以及质量更高的相关数据，对与全球价值链相关的衍生指标进行更好的测算。

其次，在出口绩效的测算方法的相关研究方面，虽然出口绩效一词最早是根据企业层面来定义的，但在实际的测算方法中，可以从国家、行业、企业等不同层面进行测算，测算指标包括出口竞争力、出口规模、出口结构以及出口效率、出口增长率、出口市场占有率、出口技术复杂度等。考虑到在全球价值链背景下，单纯地基于总量数据来衡量的出口已无法反映一国出口的全貌，因此，在本书中，将基于多个指标来对出口绩效进行测算。

最后，在出口绩效的影响因素方面，目前的研究几乎涵盖了大部分影响出口绩效的因素，包括服务分工、双元性创新、研发投入与高管持股、贸易便利化、反倾销、外资并购、合作研发、商品质量和市场信心、协同创新网络、汇率制度和要素错配、电子商务平台的应用、简政放权改革、信息化密度和信息基础设施、进口中间品质量、产业集聚、电子政务、供应商创新、出口退税等众多因素，几乎所有影响出口的因素，均对出口绩效产生了影响。但在上述众多影响因素中，大多数均是从国内和企业内部的角度来研究出口绩效的影响因素，涉及国际贸易角度的出口绩效影响因素仅有贸易便利化和进口中间品质量，更多的是从总量贸易的角度来对出口绩效影响所进行的分析，所使用的指标，也仅涉及企业层面的指标，尚没有涉及全球价值链对出口绩效的影响。特别是较少有研究考虑到在全球价值链背景下，出口绩效的指标多的与全球价值链相关，需要从附加值的角度分析这一现实问题。考虑到参与全球价值链，各国不仅会依据在不同生产环节上的比较优势进行生产和交换，从而提高一国的出口绩效，还有可能因为产生"锁定"而只能从事低附加值生产环节的生产和出口，从而抑制该国的出口绩效，因此，本书将以参与全球价值链作为研究出口绩效影响因素的切入点,具体研究参与全球价值链对出口绩效的影响。

第三节　国际贸易领域中对于出口绩效决定因素的相关理论

国际贸易领域研究一般要回答以下4个主要问题(李志远,2024):一是驱动一国对外贸易的动机是什么?二是贸易时,一国出口什么、进口什么(贸易模式)?三是贸易何时达到均衡,达到均衡时各种产品与要素的价格如何决定(贸易均衡)?四是贸易后国家和个体的福利相比非贸易状态发生怎样的变化(贸易福利)?其中,研究一个国家出口什么和进口什么,即一国的贸易结构(贸易模式),进而研究影响一国对外贸易的因素,又可以被视为国际贸易领域研究的最基本的问题(Dixit et al.,1980)。总体来看,国际贸易领域中对于一国出口影响因素的研究所得到的研究结论,可以归结为绝对优势理论、比较优势理论、要素禀赋理论、新贸易理论、异质贸易理论和全球价值链相关理论,甚至可以说,在几乎所有国际贸易领域中的重要理论中,对于国际贸易影响因素的研究结论,都是其重要组成部分。由于出口本质上就是以最小的代价换取更多的成果,因此,研究出口影响因素的相关理论,也可以视为影响出口绩效的相关理论。接下来,本书将简要分析上述国际贸易理论中对于一国出口绩效影响因素的相关论述。

一、绝对优势理论

英国经济学家亚当·斯密于1776年发表的《国民财富的性质和原因的研究》(国富论)中,首次提出了绝对优势理论。该理论基于2国、2种商品和1种生产要素的假设,认为开展国际贸易的原因是国与国之间的绝对成本的差异。如果一国在某一商品的生产上所耗费的成本绝对低于他国,那么该国就在该产品上具备绝对优势,从而出口该种产品;反之则进口该种产品。各国都应按照本国的绝对优势各自提供交换产品,形成国际分工格局。由于生产率是决定企业生产成本的主要原因之一,绝对优势理论在本质上是强调生产率在一国对外贸易中的作用,即各国均应出口本国生产率高的产品,进口本国生产率低的产品[①],从而提高一国的出口绩效。但绝对优势理论并没有明确说明为什么一国应该出口生产率高的产品,进口生产率低的产品。对于这一问题,在绝对优势理论之后的国际贸易理论中,通过将生产率(绝对优势)与机会成本和生产成本相结合,从而为解决该问题提供了一个思路。

二、比较优势理论

英国经济学家大卫·李嘉图于《政治经济学及赋税原理》一书中,基于2国、2种商品和1种生产要素假定的分析指出,决定一国对外贸易结构的基础是比较优势而非绝对优势。两国在生产2种商品上必然存在的机会成本的差异,导致了在生产2种商品上存在的相对成本和相对收益的差异,每个国家都应根据"两利相权取其重,两弊相权取其轻"的原则,集中生产并出口其具有"比较优势"的产品,进口其具有"比较劣势"的产品。Dornbusch等(1977)通过放松2国、2种商品、1种生产要素的假定,基于连续产品的Ricardian连续统模型,分别具体分析了在2国、2种商品、1种生产要素,2国、多种产品、1种生产要素以及多国、2种商品、1种生产要素,这3种情况下比较优势理论的适用性问题。结果表明,在上述3种情况下,各国在国际贸易中同样应该遵循比较优势原则,生产各自具有比较优势的商品。

比较优势本质上是两国生产不同产品在机会成本上的差异,比较优势理论指明了开展国际贸易时,一国所应该遵循的原则,为研究一国出口的影响因素指明了基本的方向,即各国所生产并出口的应该是具有比较优势、相对生产成本较低的产品。这就避免了在绝对优势理论中,如果一国在两种产品上的生产率都较高,却无法利用对外贸易获利的情况,也增强了比较优势理论对于对外贸易模式的解释能力。虽然由于该理论的假设条件中只有一种生产要素,无法分析为什么该国生产2种商品的机会成本存在差异,也并未指

---

① 绝对优势理论从国家层面强调生产率在国际贸易中的作用,后面谈到的异质贸易理论,则是从企业层面研究了生产率在企业出口中的作用。

第二章　概念界定、文献综述和相关理论

出哪些具体的因素可能影响一国的出口,但比较优势理论作为国际贸易领域研究一国贸易结构的基础,其理念贯穿了接下来所有关于一国出口影响因素的相关研究之中。可以说,现代国际贸易理论中,所有具体分析一国出口和出口绩效影响因素的理论,都是基于比较优势理论发展而来的。比较优势理论的三个主要缺陷是:首先,在比较优势理论提出之后相当长的一段时间里,国际贸易领域的相关研究更多的是关注机会成本、比较优势等方面,过于强调依据比较优势所进行的分工对国际贸易的影响(杨小凯 等,2000;2001),忽视了劳动生产率在国际贸易领域中的重要作用;其次,比较优势理论的局限除不能解释产业内贸易及企业内贸易外,其国际分工理论在解释全球价值链贸易方面也存在一定的欠缺;最后,比较优势理论中只使用基于1种生产要素的假设,导致基于比较优势理论所得到的结论认为,对外贸易不仅对每个国家都有利,对生产要素同样有利,这就无法解释为什么在现实世界中,存在反对自由贸易的声音。

三、要素禀赋理论

李嘉图的比较优势理论的假设条件是2国、2种商品、1种生产要素,当存在多种生产要素时,一国对外贸易结构是如何决定的,或者说,什么因素会影响到一国的出口和进口呢?对于这一问题,瑞典经济学家俄林在赫克歇尔研究的基上,于1933年出版的《区际贸易与国际贸易》一书中放松了比较优势理论中只有1种生产要素的假定,在基于完全竞争、规模报酬不变、2国、2种商品、2种生产要素、不存在要素密集度逆转的假定条件下,提出了要素禀赋理论,即赫克歇尔-俄林模型(H-O模型)。

要素禀赋理论认为,各国间要素禀赋(生产要素)的相对差异以及生产各种商品时所利用的这些要素的强度差异是产生国际贸易的基础条件。生产商品需要不同的生产要素,如资本、土地等,而不仅仅是劳动力。由于不同商品的要素密集度不同,不同的商品生产也需要不同的生产要素配置。H-O模型认为一国应该出口由本国相对充裕的生产要素所生产的产品,进口由本国相对稀缺的生产要素所生产的产品。由于商品是由不同生产要素生产的,出口和进口商品等于间接出口相对丰裕的生产要素或进口相对稀缺的生产要素,

因此，随着国际贸易的发展，各国生产要素的价格将趋于均等。基于赫克歇尔-俄林的研究，Dornbusch等(1980)基于连续产品模型，证明了要素禀赋模型的正确性。

综上所述，要素禀赋理论在认同比较优势是决定一国对外贸易的基础的同时，放宽了比较优势理论的假设条件，将一国所具有的要素禀赋纳入了决定一国出口和出口绩效的影响因素之中。一是认为不同国家之间的要素禀赋差异决定了不同国家之间的出口差异，各国通过出口由该国相对丰裕生产要素生产的商品、进口由该国相对稀缺生产要素生产的商品，可以从国际贸易中获益；二是由于模型假设产品可以自由流动，生产要素不能自由流动，因此，产品贸易相当于间接的生产要素流动。当两国进行贸易时，相对丰裕生产要素受益，相对稀缺生产要素受损，因此，相对稀缺生产要素会反对自由贸易。要素禀赋理论在解释出口决定因素中存在两个主要缺陷：一是实证研究中，部分研究所得到的结论与要素禀赋理论的结论并不一致，如里昂惕夫之谜(Leontief paradox)；二是要素禀赋理论更多地用于解释产业间贸易，无法解释产业内贸易和全球价值链贸易的成因。

四、新贸易理论

Dornbusch等(1977；1980)在从理论上证明比较优势和要素禀赋理论的正确性时，均假设完全竞争市场、规模报酬不变、两国技术水平相同，但上述假定明显与现实存在较大差距，特别是第二次世界大战之后，规模报酬递增成为经济领域的一个重要特征。那么，当存在不完全竞争市场、规模报酬递增的情况下，一国出口是由什么因素所决定？对于这一问题，Krugman(1980)放宽了Dornbusch等(1977；1980)连续统模型的假设条件，结合CES函数，假设市场是不完全竞争的、存在规模报酬递增、两国之间的技术水平相同、两国之间的要素禀赋和消费者偏好相同、消费者偏好多样性产品。基于上述假设条件，Krugman(1980)认为，由于消费者偏好产品多样性，当存在规模报酬递增时，即使两国要素禀赋、技术水平完全相同，但是规模报酬递增导致的平均生产成本下降使两国在进行贸易时，由于需求扩大，两国生产的平均成本降低，从而创造出基于规模报酬递增的新的比较优势，促进一

第二章 概念界定、文献综述和相关理论

国出口,进而建立了基于规模报酬递增的新贸易理论。综上所述,新贸易理论证明了,由于消费者存在多样性产品需求,即使两国技术水平、要素禀赋均完全相同,但由于规模经济的存在,两国仍可以进行贸易,即规模经济是一国出口的影响因素之一。相对于农业和服务业,制造业更容易存在规模报酬递增的现象,因此,新贸易理论也解释了制造业领域存在出口和进口同一产业的产品的现象,即存在产业内贸易。同样的,新贸易理论也说明了,当存在规模报酬递增所导致的垄断时,由于具有垄断性质的产品更加难以模仿,能够获得更高的成本加成,其出口绩效也更高。新贸易理论的不足在于,当发生国际贸易时,哪些厂商退出市场是随机的,因此,在解释一国出口的影响因素时,无法解释具备何种特征的厂商能够出口,这也为接下来的异质贸易理论提供了创新点。

五、异质贸易理论

新贸易理论的一个主要结论是,当两国进行贸易时,由于市场规模的扩大,规模报酬递增,企业生产成本下降,出口增加。但无论基于理论分析还是基于现实数据所得到的结果都表明,在一个产业内部,并不是所有企业都从事出口贸易,出口企业仅是一个产业内部的少数企业,大多数企业仅从事国内生产销售活动或由于生产成本过高而退出市场。对于这一问题,新贸易理论并没有给出相对合理的解释,而是认为企业出口是随机发生的。

基于新贸易理论的这一缺陷,Melitz(2003)通过改变新贸易理论中的生产技术相同的假设,将企业生产率差异引入到贸易理论模型中,从微观企业层面分析了出口的影响因素。认为由于出口需要面临关税、运输等成本,每家企业若要出口,就需要克服一定的沉没成本,因此,只有生产率最高的企业才能克服出口时所面临的较高的固定成本,实现出口,生产率处于中等水平的企业只能从事国内的生产和销售活动,生产率最低的企业则退出市场。

异质贸易理论,巧妙地将企业出口行为与企业生产率结合起来,一方面从某种程度上揭开了企业出口的"黑箱",提供了一个研究企业出口行为的新视角;另一方面,也说明了两个重要推论。首先,不同国家和企业在生产率上的差异,是决定一国或一个企业出口的重要因素之一,指出了生产成本和

生产率在企业出口中的重要作用。其次,由于在垄断竞争条件下生产率的高低直接决定了企业的成本加成,生产率水平的差异也成为决定出口绩效的重要因素之一。

六、全球价值链理论

准确地说,全球价值链作为一种伴随着关税水平下降、信息技术应用和以集装箱的广泛使用为代表的运输成本下降而带来的一种新的生产组织形式,是跨国公司根据各国的生产技术水平、要素禀赋等方面的差异和不同生产环节之间要素密集度差异,依据比较优势原理,在全球配置生产环节的一种新生产方式,即全球生产分割。全球价值链分工的实质则是将产业链条上的各价值链环节分散至不同国家(Gereffi,1999;2001),价值链工序之间经过协调、衔接、整合后生产出最终产品并用于本国居民消费或选择出口(程惠芳和洪晨翔,2023)。相应地,全球价值链贸易,是以全球生产分割这种新的生产形式为基础,以中间品贸易为主要特征的一种贸易形式。在全球生产分割和全球价值链贸易中,跨国公司作为全球价值链的核心,主导着全球价值链的发展。伴随着全球价值链的形成,中间品贸易迅速发展,由于中间品需要多次跨越关境,从而导致相对于关税和非关税壁垒水平的下降,国际贸易展现出一种非线性发展的趋势,即国际贸易的发展速度远高于关税和非关税壁垒的下降幅度。目前对于全球价值链贸易影响因素的相关研究众多,除了如关税水平下降(Hummels et al.,2001)、信息技术发展(Feenstra et al.,1996)等影响出口的传统因素外,还有基于全球价值链背景下能够影响出口的特殊因素。为此,本书将仅就在全球价值链背景下,能够影响一国出口的特殊因素之一——进口中间品进行简要分析。

在全球价值链背景下,由于大量中间品依靠进口,这些进口中间品,要么是在生产成本更低的国家和地区进行生产,具有更低的价格,要么就是在技术水平较高的国家和地区进行生产,具有更高的质量。无论是较低的价格还是较高的质量,必然会对一国的出口产生影响。首先,如果进口中间品是在生产成本更低的地区和企业进行的生产,进口价格更低,那么,中间品进口将直接降低企业生产成本,提升企业的出口竞争力,从而提高企业出口能

第二章　概念界定、文献综述和相关理论

力和企业出口绩效。其次，在全球价值链背景下，由于大量中间品依靠进口，进口中间品的质量和技术复杂度往往直接影响企业出口产品的质量和技术复杂度。如果进口中间品具有更高质量和复杂度，那么必然会提升出口产品质量，促进出口产品质量升级，提升出口技术复杂度（刘海洋 等，2017；周记顺 等，2021）；而出口产品质量、技术复杂度越高，其出口产品越难以模仿，越具有垄断势力，出口加成率越高，企业在出口中获得的收益越大，出口绩效也越高。最后，由于进口中间品中包含了大量的国外附加值，在全球价值链背景下，一国出口的收益更多地来自其出口中所包含的国内附加值，因此，进口中间品也将对一国出口中的国内附加值和收益产生影响。相关研究也表明，中间品进口中的半成品进口和零配件进口主要拉动最终资本品出口（李宏 等，2016），企业从国外进口更多种类的中间品有助于促进其出口复杂度的提升（李小平 等，2021），进而提升企业出口能力和出口成本加成率，并且与进口中间品技术匹配程度越高的企业，通过进口中间品对企业出口能力的提升作用越高（林令涛 等，2019）。但是中间品进口对一国出口国内附加值所产生的影响可能因进口中间品质量和技术含量的差异而有所不同，因此，更应该强调的是进口中间品的质量与技术含量应该与当地企业的技术水平相一致。对于发展中国家而言，进口中间品质量均对出口国内附加值产生了抑制作用（诸竹君 等，2018），进口过高技术含量中间品可能会降低出口附加值，而进口中低技术含量的中间品提升了出口国内附加值（刘慧，2021）。

全球价值链理论虽然在一定程度上解释了新的生产方式（全球生产分割）对全球贸易模式的影响，但其在国际贸易领域中对于解释出口决定因素上仍存在不足，其不足体现在以下两个方面。首先，全球价值链（生产分割）是一种生产方式，全球价值链贸易是一种贸易现象，全球价值链理论只是对这种现象的一种解释，与此前国际贸易领域中与出口决定因素相关的理论相比，这些理论也是由一系列论文构成，而没有一个代表性的理论模型。其次，目前基于全球价值链这一现象在国际贸易领域中对出口决定因素的相关研究中，所涉及的因素众多，但从本质上来看，其实质是对比较优势从基于产业层面的分析深入到对生产环节的分析，并没有像此前的相关理论一样，提出一个有别于比较优势的影响出口的因素。最后，基于现有文献，对于从全球价值

链角度解释贸易模式，更应该从中间品进口的角度来分析，从而建立起有别于现有贸易理论的一种新的贸易理论，但目前从这一角度对全球价值链贸易进行分析的理论方面的相关文献并没有形成完整的模型。

第四节 全球价值链对出口绩效影响的理论分析

在本节中，将基于相关理论，从理论上分析参与全球价值链对国家-行业层面出口绩效的影响。在本节中，并没有具体分析参与全球价值链对出口产品质量、出口技术复杂度、出口国内附加值率、全球价值链位置等用于分析出口绩效的不同组成部分的影响因素，只是单纯地基于相关理论，分析参与全球价值链对出口绩效的影响。对参与全球价值链对出口产品质量、出口技术复杂度、出口国内附加值率、全球价值链位置等的影响的分析，将分别置于后续章节之中。

根据本章第三节中的相关论述，决定一国出口绩效的基础是比较优势，主要因素包括：技术水平、要素禀赋、规模经济、进口中间品。在全球价值链背景下，参与全球价值链同样通过以上几个途径影响出口绩效。

一、参与全球价值链对出口绩效影响的正面效应

首先，在全球价值链背景下，各国依据不同生产环节的要素禀赋差异，从事不同生产环节并出口，其实质是比较优势理论在不同生产环节上的应用。根据比较优势理论，各国生产并出口具有比较优势、机会成本较低的生产环节的产品，这将提升各国要素禀赋的使用效率，从而促进出口绩效的提升。这一途径可以称为参与全球价值链对出口绩效影响的资源配置效应。

其次，由于各国专注于某一生产环节的生产，根据亚当·斯密的论述，分工的深化可以使工人专注于特定的任务，通过重复操作提高劳动熟练程度，从而缩短完成工序的时间，提高工作效率，促进专业化工具和机器的使用，从而推动生产效率的提升可以促进生产率的提高，生产率又是影响出口绩效的重要因素之一，因此，参与全球价值链可以通过提高生产率从而提高出口

第二章　概念界定、文献综述和相关理论

绩效。这一途径可以称为参与全球价值链对出口绩效影响的生产率效应。

再次，参与全球价值链后，随着出口规模的扩大，可以实现规模经济。根据 Krugman(1980)基于新贸易理论的论述，规模经济能够降低企业生产成本，形成基于规模经济的垄断，提高企业出口加成率和企业对于出口产品的议价能力，从而促进出口绩效的提升。这一途径可以称为参与全球价值链对出口绩效影响的规模经济效应。

最后，参与全球价值链后，大量中间品依靠进口，这些中间品在本国是不具备比较优势的，其进口，要么具有更低的价格，要么具有更高的技术水平。如果进口中间品具有更低的价格，较低的进口中间品价格将降低企业生产成本，提高一国的出口竞争力和出口绩效；如果进口具有较高技术水平和质量的中间品，这将会促进出口产品质量升级，提升出口产品技术复杂度，提高企业出口产品加成率，从而提升出口绩效。这一途径可以称为参与全球价值链对出口绩效影响的中间品进口效应。

二、参与全球价值链对出口绩效影响的负面效应

第一，价格竞争压力。参与全球价值链使得一国的企业面临更加激烈的市场竞争，企业要想在国际市场中获得价格优势，就需要降低生产成本，就可能会使用一些劣质的原材料等，从长期来看，企业出口竞争力会下降，阻碍出口绩效的提升。

第二，创新抑制效应。参与全球价值链使得企业可以引进发达国家先进的生产技术，然而，如果企业一味地依赖于技术引进而不进行自主创新，实行"以市场换技术"的战略，在某种意义上来说，就会使得该国的生产技术受制于其他国家，只能基于他国比较成熟的技术进行生产。这既不利于本国创新能力的提升，也使企业只能参与到相对成熟产品的竞争中，无法参与到具有高成本加成率的产品的竞争中。激烈的市场竞争必然降低企业的出口收益，从而影响本国出口绩效的提升。

第三，"锁定"效应。当各国按照要素禀赋参与到全球价值链之中时，全球价值链往往由发达国家的跨国公司所控制，发达国家跨国公司为了获取垄断利润，只是将低附加值生产环节交给发展中国家生产，导致发展中国家在

参与全球价值链过程中，往往会受制于发达国家跨国公司的技术、资本，被"锁定"在某一特定的低附加值生产环节，无法向全球价值链中具有高附加值的高端生产环节攀升，从而阻碍发展中国家出口绩效的提升。

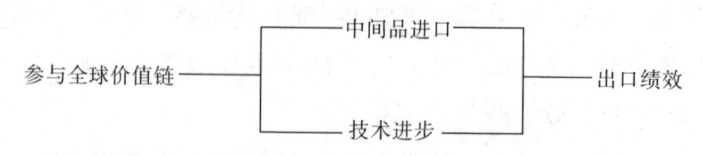

基于上述分析，参与全球价值链对出口绩效的影响，是其对一国出口绩效提升所带来的正面效应和阻碍出口绩效提升所带来的负面效应之和。

三、参与全球价值链对出口绩效影响的渠道

基于对参与全球价值链对出口绩效的影响的分析可以发现，参与全球价值链对出口绩效的影响渠道（机制）众多，包括生产成本、规模经济、技术进步、中间品进口、跨国公司在全球价值链上的地位等。在第4章～第7章中，本书将对参与全球价值链对行业层面出口绩效的不同组成部分的影响机制进行检验，鉴于数据的可获得性，本书将仅对中间品进口和技术进步两个机制进行检验。因此，接下来，本也仅基于上述两个机制，分析参与全球价值链对出口绩效的影响。

首先，进口成本更低、技术水平更先进、产品质量更高的中间品，能够间接影响企业的生产成本和出口成本，提高企业出口产品的成本加成率，从而影响出口绩效。

其次，在参与全球价值链过程中，一是可以通过更好地参与专业化分工，提升生产率，从而影响出口绩效；二是企业可以利用国外更为先进的技术，提高自身技术水平，生产更具有垄断优势的产品，提高成本加成，从而影响出口绩效；三是，作为发展中国家，如果被"锁定"在附加值较低的生产环节，无法利用参与全球价值链提升技术水平，也会影响出口绩效。

图2-1显示了参与全球价值链对出口绩效影响的机制。

图2-1 参与全球价值链对出口绩效的影响机制

第二章　概念界定、文献综述和相关理论

第五节　本章主要结论

在本章中，首先对接下来要使用的相关概念做出了界定；其次，从全球价值链的测算方法、出口绩效的测算方法、出口绩效的影响因素三个方面，对相关文献进行了梳理和总结；最后，对国际贸易领域中关于出口绩效决定因素的相关理论进行了简要论述。

本书得到的主要结论如下。

第一，本书主要涉及的概念包括出口绩效、用于衡量出口绩效的具体指标，包括：出口产品质量、出口技术复杂度、出口国内附加值率、全球价值链位置以及用于衡量全球价值链参与程度的全球价值链参与率、前向参与率、后向参与率等。其中，与出口绩效相关的指标，主要是基于国家-行业层面来定义的。对于一国参与全球价值链程度，采用全球价值链参与率、前向参与率、后向参与率来测算。

第二，对相关文献的分析表明，现有研究几乎涵盖了绝大多数影响出口绩效的因素，但大多数均是基于国内和企业内部的角度来研究出口绩效的内部影响因素，较少涉及外部影响因素，仅有的从国际贸易的角度来对出口绩效影响因素进行研究的也仅仅涉及贸易便利化和进口中间品质量，更多的是从总量贸易的角度来对出口绩效影响所进行的分析，但尚没有涉及到全球价值链对出口绩效的影响。考虑到一国参与全球价值链，不仅会依据在不同生产环节上的比较优势进行生产和交换，从而提高一国的出口绩效，还有可能因为产生"锁定"效应而只能从事低附加值生产环节的生产和出口，从而阻碍出口绩效的提升。因此，参与全球价值链将如何影响一国出口绩效，仍是一个需要基于相关研究假说和数据，进行实证研究的问题。

第三，对国际贸易中相关理论的分析表明，国际贸易理论所研究的首要问题是"出口什么"和"出口多少"，其根本目标是利用最少的成本来获得更多的出口收益，其理论基础是比较优势或机会成本，其实质是分析一国在国际贸易中的利得。因此，所有国际贸易领域中关于出口的相关理论，均可被视为对出口绩效研究的相关理论，主要包括绝对优势理论、比较优势理论。要素禀赋理论、新贸易理论、异质贸易理论和全球价值链理论。绝对优势理论强调生产率在一国对外贸易中的作用；比较优势理论认为各国所生产并出口的应该是具有比较优势、相对生产成本较低的产品；要素禀赋理论认为，各国间要素禀赋（生产要素）的相对差异以及生产各种商品时所利用的这些要素的强度的差异，是产生国际贸易的基础条件，各国应出口要素禀赋相对丰裕的产品。新贸易理论认为，由于消费者偏好产品多样性，当存在规模报酬递增时，即使两国要素禀赋、技术水平完全相同，但是规模报酬递增可以导致平均生产成本的下降，因此，当两国进行贸易时，由于需求扩大，两国生产的平均成本降低，从而创造出基于规模报酬递增的新的比较优势，促进一国的出口。异质贸易理论将企业出口行为与企业生产率结合起来，认为不同国家和企业在生产率上的差异，是决定一国或一个企业出口的重要因素之一。全球价值链理论表明，由于技术进步，各国可以根据其在不同生产阶段上生产成本的差异，将不同生产阶段置于最具有比较优势的国家，利用中间品的进口和出口，降低机会成本，提升比较优势，促进一国对外贸易的发展。

第四，总的来说，参与全球价值链对出口绩效的影响，可以分为正面影响和负面影响两种。从正面影响来看，主要是通过提升各国要素禀赋的使用效率、促进生产率提高、实现规模经济、进口优质中间品等提升出口绩效；从负面影响来看，主要是通过产生价格压力、抑制创新、被发达国家"锁定"在低附加值生产环节等方式阻碍出口绩效的提升。从影响渠道来看，则主要通过影响技术进步、中间品进口等途径影响出口绩效。

第三章 参与全球价值链与出口绩效变化的趋势

在本章中,将基于 WIOD 数据库中的相关数据,对世界主要国家和地区参与全球价值链的程度以及出口绩效的变化趋势进行简要分析。在此基础上,基于相关系数矩阵,进一步分析世界主要国家和地区参与全球价值链与出口绩效之间的关系。其中,世界主要国家和地区参与全球价值链程度用全球价值链参与率作为指标衡量;出口绩效,根据第二章的分析,本书将采用出口国内附加值率、出口技术复杂度、全球价值链位置和出口产品质量作为其测算指标。

本章的结构如下。第一节,将对全球价值链参与率的变化趋势进行简要分析;第二节,将对出口国内附加值率的变化趋势做出简要分析;第三节,通过将出口技术复杂度作为衡量出口绩效的指标,将对出口技术复杂度的变化趋势进行分析;第四节,全球价值链位置的变化趋势,主要对世界整体以及不同国家和地区、不同性质行业、不同要素密集度行业的全球价值链位置的变化趋势进行分析;由于出口产品质量越高,出口成本加成率越高,出口绩效也相对越好,因此,在第五节中,将对2000—2014年的出口产品质量的变化趋势做出分析;第六节,将基于前五节的测算结果,对全球价值链参与率与出口国内附加值率、出口技术复杂度、全球价值链位置、出口产品质量之间的相关性进行分析;第七节,为本章主要结论。

第一节 全球价值链参与率的变化趋势

一、测算方法和数据来源

(一)全球价值链参与率的测算方法

Wang等(2017)将一国的总生产活动分为纯国内生产活动、传统国际贸易、简单GVC活动和复杂GVC活动共4个组成部分：

$$\hat{V}B\hat{Y} = \hat{V}L\hat{Y}^D + \hat{V}L\hat{Y}^F + \hat{V}LA^F\hat{X} = \hat{V}L\hat{Y}^D + \hat{V}L\hat{Y}^F + \hat{V}LA^FB\hat{Y}$$
$$= \hat{V}L\hat{Y}^D + \hat{V}L\hat{Y}^F + \hat{V}LA^FB\hat{Y}^D + \hat{V}LA^F(B\hat{Y} - L\hat{Y}^D) \quad (3\text{-}1)$$

加总公式(3-1)的各列，可以得到各国各行业增加值的最终去向：

$$va' = \hat{V}BY = \underbrace{\hat{V}LY^D}_{V\_D} + \underbrace{\hat{V}LY^F}_{V\_RT} + \underbrace{\hat{V}LA^FLY^D}_{V\text{-}GVC\_S} + \underbrace{(B\hat{Y} - L\hat{Y}^D)}_{V\_GVC\_C} \quad (3\text{-}2)$$

加总公式(3-1)的各行可得到各国各行业最终产出的增加值来源：

$$Y' = VB\hat{Y} = \underbrace{VL\hat{Y}^D}_{Y\_D} + \underbrace{VL\hat{Y}^F}_{Y\_RT} + \underbrace{VLA^FL\hat{Y}^D}_{Y\_GVC\_S} + \underbrace{VLV^F(B\hat{Y} - L\hat{Y}^D)}_{Y\_GVC\_C} \quad (3\text{-}3)$$

其中,V_D和Y_D为纯国内生产并吸收的增加值,V_RT和Y_RT为包含在最终产品出口中的国内附加值,V_GVC_S和Y_GVC_S为简单跨境生产的附加值,V_GVC_S是一国中间产品出口中所包含的国内增加值,Y_GVC_S为外国中间产品进口中所包含的国外增加值,V_GVC_C和Y-GVC_C为复杂跨境生产中的附加值,V_GVC_C指的是一国出口的国内增加值被其他国家进口用于生产出口品,Y_GVC_C为其他国家进口中间品包含的外国增加值或折返的国内增加值。

基于公式(3-1)、(3-2)和(3-3),可以将一国GVC前向参与度和后向参与度表示为

第三章 参与全球价值链与出口绩效变化的趋势

$$\text{GVCPt}_f = \frac{V\_GVC\_S}{va'} + \frac{V\_GVC\_C}{va'} = \frac{\hat{V}LA^FBY}{va'} \tag{3-4}$$

$$\text{GVCPt}_b = \frac{Y\_GVC\_S}{Y'} + \frac{Y\_GVC\_C}{Y'} = \frac{VLA^FB\hat{Y}}{Y'} \tag{3-5}$$

参考马盈盈(2019)的方法构建全球价值链参与度为

$$\text{GVC\_Participation} = \text{GVCPt}_f + \text{GVCPt}_b \tag{3-6}$$

(二)相关数据来源

本书全球价值链参与度的数据来源于对外经贸大学全球价值链数据库。本书选取了42个国家2000—2014年的农业(4个行业)、制造业(18个行业)和服务业(32个行业)共计54个行业的数据为研究样本。

二、全球价值链参与率的变化趋势

(一)全球价值链参与率的整体变化趋势

图3-1显示了2000—2014年各国家的全球价值链参与率及前向参与度与后向参与度。由图3-1可知,2000—2014年期间,全球价值链参与率整体上呈现出上升趋势,这也说明了这一时期是全球化进程发展较快的时期,各国通过加入全球价值链,融入全球生产体系,促进了全球化的进程。但全球价值链参与率在2009年出现了较低点,2009年后继续上升。前向参与度在2000年—2014年逐年上升,并在2014年达到最大值0.27。后向参与度则呈波动上升的趋势,其在2000—2004年变动幅度较小,在2009年出现了较低点,随后继续上升。其中在2009年出现较低点的原因可能在于国际金融危机的爆发,危机后,一方面需求下降导致"贸易大崩溃",阻碍了全球价值链的发展;另一方面各国争夺市场份额,贸易保护主义抬头,一些国家实施了贸易限制措施,这对全球贸易体系造成了破坏,使得全球价值链参与率降低。

图3-2显示了2000—2014年各国家的全球价值链参与率的变化率。由图3-2可知,在2000—2014年间各国家的全球价值链参与率多为正增长,仅在2002年和2009年出现负增长,其中2009年减少幅度较大,变化率为—3.5%,在2004—2008年与2010—2011年,各国家的全球价值链参与率增长较快,尤其是2011年,增长率达到了4.82%,2011年后,增长速度逐渐

放缓。

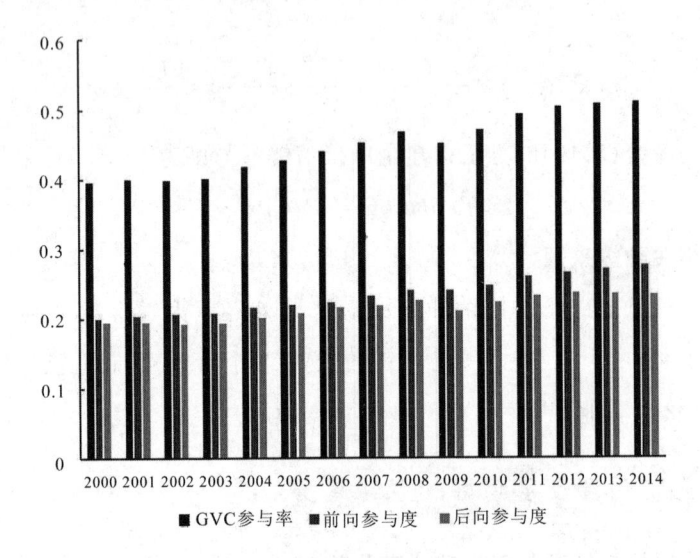

图 3-1 2000—2014 年各国家的 GVC 参与率及前向与后向参与度变化趋势

数据说明：根据 WIOD 数据库中的相关数据计算而得。

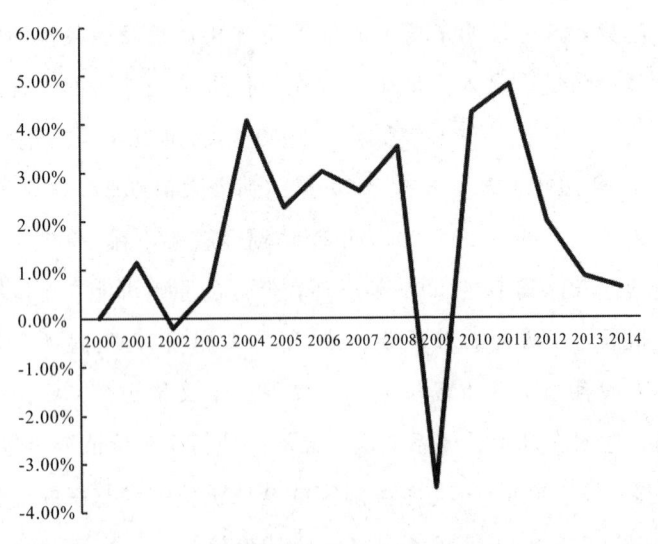

图 3-2 2000—2014 年各国家 GVC 参与率的变化率变化趋势

数据说明：根据 WIOD 数据库中的相关数据计算而得。

第三章 参与全球价值链与出口绩效变化的趋势

(二)发达国家和发展中国家的全球价值链参与率变化趋势

在图 3-1 和图 3-2 的基础上，图 3-3 显示了发达国家和发展中国家的全球价值链参与率平均值的变化趋势。根据图 3-3 可以得到以下结论。第一，与世界整体情况相类似，发达国家和发展中国家在这一时期的全球价值链参与率整体上呈现出上升趋势，但同样在 2009 年出现了较低点，2009 年后继续上升。这说明 2008 年的金融危机对发达国家和发展中国家参与全球价值链都产生了较大的影响。第二，发达国家的全球价值链参与率远高于发展中国家，其中，在 2000—2014 年发达国家的前向参与率均高于发达国家的后向参与率，且与发展中国家不同的是，发达国家的前向参与率在 2009 年并未下降；而发展中国家则有所不同，2000—2012 年发展中国家后向参与率均高于发展中国家前向参与率，2013 年时后向参与率与前向参与率相差无几，到了 2014 年，发展中国家的前向参与率已经超过了后向参与率。

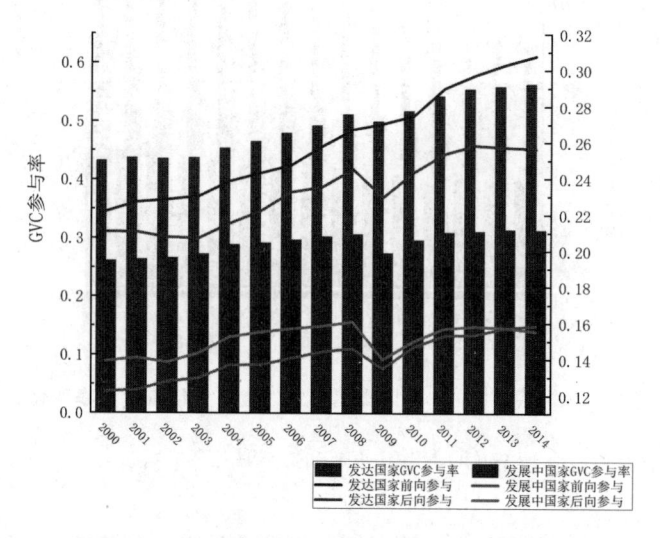

图 3-3 2000—2014 年发达国家和发展中国家 GVC 参与率变化趋势

数据说明：根据 WIOD 数据库中的相关数据计算而得。

(三)不同类型行业的全球价值链参与率变化趋势

图 3-4 显示了农业、制造业和服务业的全球价值链参与率的变化趋势。从图 3-4 可知，2000—2014 年各行业整体上的全球价值链参与率都呈上升趋势，

但都在 2009 年出现了较低点。其中制造业的全球价值链参与率最高，介于 0.6~0.8 之间，其增长幅度也最大；农业的全球价值链参与率次之，介于 0.39~0.55 之间，其增长幅度适中；服务业的全球价值链参与率最低，介于 0.28~0.32 之间，其增长幅度也最低，尤其是 2009 年下降后恢复增长的速度最慢，至 2014 年时服务业全球价值链参与率仍低于 2008 年的最高值。其中的原因可能在于，在农业、制造业和服务业中，制造业国际生产协作的可能性更大，更有可能将部分生产环节交由更具有比较优势的其他国家和地区进行生产，从而制造业参与全球价值链的程度更高，即使全球化处于短暂的停顿期，也更容易恢复。相应地，由于服务业中包含更多"面对面"的服务，很难将生产流程进行国际分割，从而导致服务业的全球价值链参与率最低。

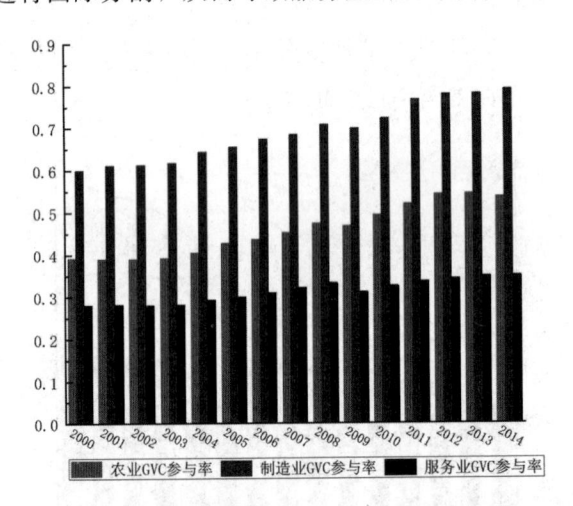

图 3-4 2000—2014 年不同类型行业的全球价值链参与率变化趋势

数据说明：根据 WIOD 数据库中的相关数据计算而得。

(四) 不同要素密集度行业的全球价值链参与率变化趋势

从图 3-5 显示了初级产品和资源产品、劳动密集型行业、资本密集型行业、知识密集型行业和教育健康公共服务业全球价值链参与率的变化趋。从图 3-5 可知，2000—2014 年各行业整体上的全球价值链参与率都呈上升趋势，但都在 2009 年出现了较低点。其中资本密集型行业的全球价值链参与率最高，介于 0.45~0.63 之间，且其增长幅度较大；其次是知识密集型行业及初

第三章　参与全球价值链与出口绩效变化的趋势

级产品和资源产品,在 2000—2010 年,知识密集型行业的全球价值链参与率高于初级产品和资源产品,而在 2011—2014 年间,初级产品和资源产品的全球价值链参与率快速增长,并超过了知识密集型行业,在此期间其全球价值链参与率升至第二,其中知识密集型行业的全球价值链参与率介于 0.43～0.53 之间,初级产品和资源产品的全球价值链参与率介于 0.39～0.53 之间;之后是劳动密集型行业,在 2000—2014 年其全球价值链参与率呈现出缓慢增长的趋势,介于 0.32～0.39 之间;教育健康公共服务业的全球价值链参与率最低,介于 0.12～0.14 之间,且增长幅度也最小。

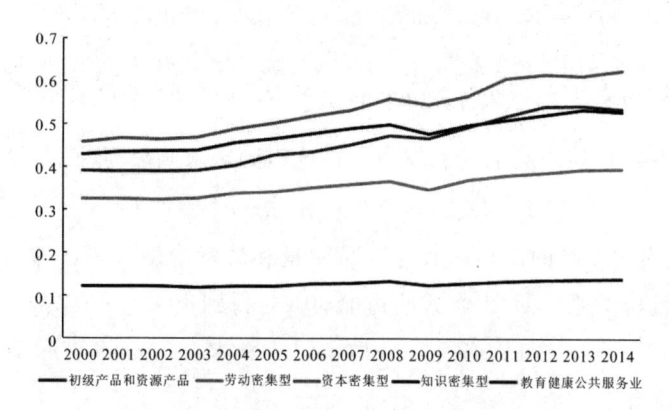

图 3-5　2000—2014 年不同要素密集度行业的全球价值链参与率变化趋势

数据说明:根据 WIOD 数据库中的相关数据计算而得。

第二节　出口产品质量的变化趋势

出口产品质量是本书测算出口绩效的指标之一。在本节中,对 2000—2014 年世界主要国家和地区主要行业出口产品质量的变化趋势做出简要分析。

一、测算方法和数据来源

(一)出口产品质量的测算

假设消费者对某一出口产品的效用函数为

$$U = \left\{ \int_{\omega \in \Omega} [\lambda_{fct}(\omega) q_{fct}(\omega)]^{\frac{\sigma-1}{\sigma}} d\omega \right\}^{\frac{\sigma-1}{\sigma}} \quad (3\text{-}7)$$

其中:$\lambda_{fct}(\omega)$和$q_{fct}(\omega)$分别表示出口产品ω的质量和需求数量,$\sigma > 1$表示产品种类间替代弹性,参考 Fan 等(2015),σ值取5;下标f表示出口企业,c表示出口国,t表示年份。其对应的价格指数为

$$P_t = \left\{ \int_{\Omega} [\lambda_{fct}(\omega)]^{\sigma-1} [p_{fct}(\omega)]^{1-\sigma} d\omega \right\}^{\frac{1}{\sigma-1}} \quad (3\text{-}8)$$

给定预算约束$\int_{\Omega} p_{fct}(\omega) q_{fct}(\omega) d\omega = Y_t$,其中$p_{fct}(\omega)$表示产品$\omega$的价格,$Y_t$表示花费在该产品上的总支出。由此得到需求函数为

$$q_{imt}(\omega) = [\lambda_{fct}(\omega)]^{\sigma-1} [p_{fct}(\omega)]^{-\sigma} Y_t P_t^{\sigma-1} \quad (3\text{-}9)$$

(3-9)式表明产品的需求函数与产品质量和消费价格有关,即需求取决于产品的整体性价关系。对(3-9)式两边取对数,得到

$$\ln q_{fhct} = (\sigma-1) \ln \lambda_{fhct} - \sigma \ln p_{fhct} + \ln Y_t + (\sigma-1) \ln P_t$$

进一步可以简化为

$$\ln q_{fhct} = -\sigma \ln p_{fhct} + \alpha_{ct} + \alpha_c + \varepsilon_{fhct} \quad (3\text{-}10)$$

其中:$\alpha_{ct} = \ln Y_t + (\sigma-1) \ln P_t$为国别和年份联合固定效应,以控制不同地区和时间维度消费者在此类产品上的消费情况;α_c为产品固定效应,用来控制产品由于跨种类而产生的差异;$\varepsilon_{fhct} = (\sigma-1) \ln \lambda_{fhct}$,表示企业$f$在$t$年出口到$c$国的产品$h$的质量,在(3-10)中式作为残差项处理。由计量模型中残差项的定义,产品质量可表示为

$$\text{quality}_{fhct} = \ln \hat{\lambda}_{fhct} = \frac{\hat{\varepsilon}_{fhct}}{\sigma-1} = \frac{\ln q_{fhct} - \ln \hat{q}_{fhct}}{\sigma-1} \quad (3\text{-}11)$$

根据(3-11)式可测度每个企业每年出口到每个市场的各个产品的质量。参照施炳展和邵文波(2014)的做法,将(3-11)式的质量指标进标准化处理,以进行不种类的产品跨年度和跨截面的比较。具体为

$$\text{r-quality}_{fhct} = \frac{\text{quality}_{fhct} - \text{minquality}_{fhct}}{\text{maxquality}_{fhct} - \text{minquality}_{fhct}} \quad (3\text{-}12)$$

第三章　参与全球价值链与出口绩效变化的趋势

其中：r-quality$_{fhct}$ 表示经过标准化处理后的某一类产品质量指标，minquality$_{fhct}$ 和 minquality$_{max}$ 分别代表该产品质量的最小值和最大值。显然，经过标准化处理后，质量指标此时的取值范围为[0，1]。在消除单位的影响后，对于不同类产品质量的衡量，我们可以直接进行加总，求出整体质量，且此时整体质量的取值范围也在[0，1]之间。具体为

$$TQ = \sum_{fhct \in \Omega} \frac{v_{fhct}}{v_{fhct}} \text{r-quality}_{fhct} \tag{3-13}$$

其中：TQ 为样本 Ω 的整体质量，v_{fhct} 表示贸易价值量。

(二)相关数据来源

本书出口产品质量的数据来源于 CEPII-BACI 数据库，全球价值链参与率数据来源于对外经贸大学全球价值链数据库。

二、出口产品质量的变化趋势

(一)全球出口产品质量的整体变化趋势

图 3-6 显示了 2000—2014 年全球各行业整体出口产品质量的均值的变化趋势。由图 3-6 可知，2000—2014 年整体出口产品质量呈现出轻微波动下降的变化趋势，从 2000 年的 0.509 4 降低到 2014 年的 0.508 8，总体上的下降幅度约为 0.12%，在 2006—2008 年下降相对较多，此后又有所回升。

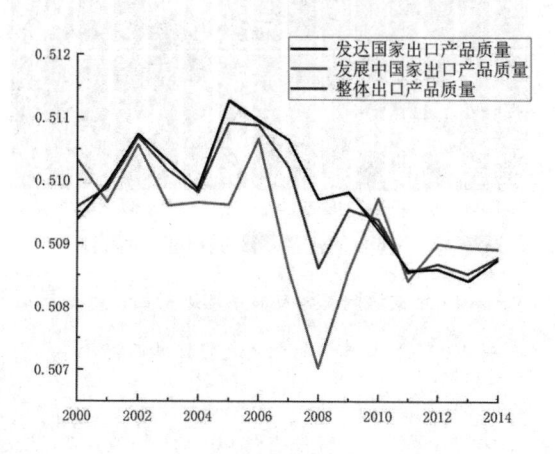

图 3-6　2000—2014 年全球整体出口产品质量的变化趋势图

数据说明：根据 WIOD 数据库中的相关数据计算而得。

(二)发达国家和发展中国家的出口产品质量变化趋势

图 3-7 显示了 2000—2014 年发达国家和发展中国家的出口产品质量的变化趋势。由图 3-7 可知,2000—2014 年发达国家的出口产品质量和发展中国家的出口产品质量虽然在图中看起来相差不多,但总的来看,发达国家的出口产品质量仍要略高于发展中国家的出口产品质量。但在这一期间,有部分年份发展中国家的出口产品质量略高于发达国家,特别是 2000 年前后,这一现象更加突出,其中的原因可能在于:一是对于出口产品质量的测算中,包含了进口成分,从而出现了"Rodrik 悖论"问题,导致对发展中国家出口产品质量的测算,由于包含大量进口的高质量中间品而被高估;二是图中统计的发展中国家和发达国家出口产品质量的均值的变化可能受到异常值的影响;三是在 2000 年后,发展中国家的关税水平相对更高,出口产品往往无法完全反映一国的比较优势,可能出现出口产品质量失真的情况。

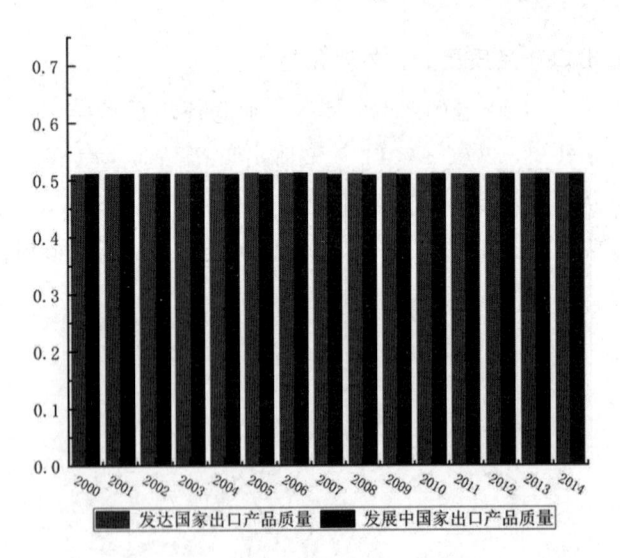

图 3-7 2000—2014 年发达国家和发展中国家的出口产品质量变化趋势

数据说明:根据 WIOD 数据库中的相关数据计算而得。

第三章 参与全球价值链与出口绩效变化的趋势

第三节 出口国内附加值率的变化趋势

一、测算方法和数据来源

(一)出口国内附加值率的测算

王直等(2015)将被国外吸收的国内增加值(DVA)分为三部分,分别为最终出口中的国内增加值(DVA-FIN)、被直接进口国吸收的中间出口(DVA-INT)和被直接进口国生产向第三国出口所吸收的中间出口(DVA-INTREX)。DVA可最终表示为以下三个部分之和:

$$\mathrm{DVA}_{ij} = \underbrace{(V^i B^{ii})' \# Y^{ij}}_{\text{DVA-FIN}} + \underbrace{(V^i L^{ii})' \# (A^{ij} B^{jj} Y^{jj})}_{\text{DVA-INT}} +$$

$$\underbrace{(V^i L^{ii})' \# (A^{ij} B^{jk} Y^{kk}) + (V^i L^{ii})' \# (A^{ij} B^{jj} Y^{jk}) + (V^i L^{ii})' \# (A^{ij} B^{jk} Y^{kj})}_{\text{DVA-INTREX}} \quad (3\text{-}7)$$

本书将出口国内附加值率定义为

$$\mathrm{DVAR}_{ijt} = \frac{DVA_{ijt}}{EXPE_{ijt}} \quad (3\text{-}8)$$

其中:DVA_{ijt}为t年i国j行业的出口国内附加值;$EXPE_{ijt}$为t年i国j行业的出口额。

(二)相关数据来源

本节中计算出口国内附加值率的相关数据来源于对外经贸大学全球价值链数据库。

二、出口国内附加值和出口国内附加值率的变化趋势

(一)全球出口国内附加值和出口国内附加值率的整体变化趋势

图3-8为2000—2014年全球各国家出口国内附加值和出口国内附加值率的变化趋势图,其中本节当中的出口附加值为当年各国(地区)各行业的均值。由图3-8可知,从整体上看,2000—2014年出口国内附加值整体上呈上升趋

势，但在2009年出现较低点，较低点为36.73亿美元，在2000—2008年，全球各国的出口国内附加值逐步上升，在2009年达到较低点后，在2010—2014年继续上升，到2014年上升至51.39亿美元；而2000—2014年的国内出口附加值率整体上呈下降趋势，但在2009年出现较高点，较高点为61.48%，在2002—2008年，全球各国的出口国内附加值率逐步下降，在2009年达到较高点后，在2010—2012年继续下降，之后有所回升，到2014年达到58.47%。2000—2014年各国家出口国内附加值总体呈上升趋势，但出口国内附加值率整体呈下降趋势，因此，可以得到以下结论：第一，2000—2014年间，各国通过参与全球价值链，融入全球化的程度是在不断加深的；第二，融入全球化后，各国从参与全球价值链中的受益是在增加的，体现为出口国内附加值的提高。

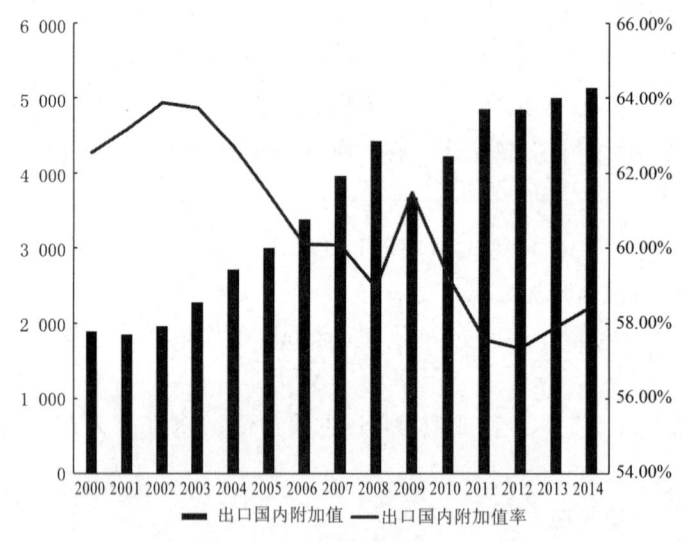

图 3-8　2000—2014年各国家出口国内附加值和出口国内附加值率变化趋势

数据说明：根据WIOD数据库中的相关数据计算而得。

(二)不同类型行业的出口国内附加值和出口国内附加值率变化趋势

图3-9显示了2000—2014年分行业的出口国内附加值变化趋势。由图3-9可知，2000—2014年各国(地区)各行业整体上的出口国内附加值都呈上升趋势，但都在2009年出现了较低点。其中制造业的出口国内附加值最高，从2000年的不足40亿美元增长到2014年的将近100亿美元；其次是农业的出

第三章 参与全球价值链与出口绩效变化的趋势

口国内附加值,从 2000 年的不足 20 亿美元增长到 2011 年的将近 70 亿美元,但 2011 年之后略有下降;服务业的出口国内附加值最低,从 2000 年的 10 亿美元左右增长到 2014 年的将近 30 亿美元。

在图 3-9 的基础上,图 3-10 为 2000—2014 年分行业的出口国内附加值率变化趋势图。由图 3-10 可以发现,2000—2014 年,各行业的出口国内附加值率的变化趋势各不相同。其中服务业的出口国内附加值率最高,并呈现出先上升后下降的趋势,由 2000 年的 73.43% 上升到 2007 年的 89.84%,2008—2014 年逐年下降,到 2014 年下降至 71.97%;其次是制造业的出口国内附加值率,呈现出逐年下降的趋势,由 2000 年的 61.23% 下降至 2014 年的 55.88%;农业的出口国内附加值率最低,它呈现出波动上升的趋势,由 2000 年的 5.31% 上升至 2011 年的 7.58%,之后开始回落,到 2014 年时达到 6.74%。出现这一结果的原因,可能同样与服务业的不可贸易性相关,从而导致服务业的出口国内附加值率最高。

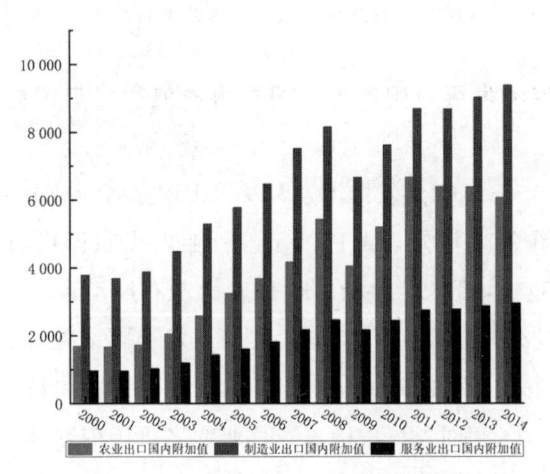

图 3-9　2000—2014 年分行业出口国内附加值变化趋势

数据说明：根据 WIOD 数据库中的相关数据计算而得。

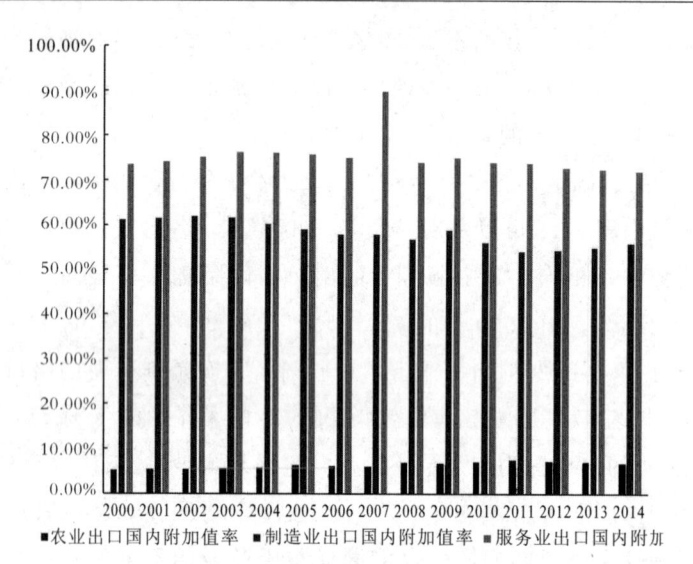

图 3-10　2000—2014 年分行业出口国内附加值率变化趋势

数据说明：根据 WIOD 数据库中的相关数据计算而得。

(三)发达国家和发展中国家出口国内附加值和出口国内附加值率变化趋势

图 3-11 为 2000—2014 年发达国家和发展中国家各行业的出口国内附加值的变化趋势。由图 3-11 可知，发达国家各行业的出口国内附加值在 2000—2008 年间呈上升趋势，2009 年后在 45 亿美元左右波动；发展中国家各行业出口国内附加值呈上升趋势。在 2006 年之前，发达国家各行业的出口国内附加值高于发展中国家，而在 2006 年之后，发展中国家的出口国内附加值超越了发达国家，到 2014 年时发展中国家各行业的出口国内附加值平均而言高出发达国家各行业出口国内附加值近 30 亿美元。出现这一现象的可能的原因是，相对于发达国家而言，发展中国家的关税水平更高，从而导致发达国家出口到发展中国家的产品相对较少。

图 3-12 为 2000—2014 年发达国家和发展中国家的出口国内附加值率的变化趋势。由图 3-12 可知，发达国家的出口国内附加值率明显高于发展中国家的出口国内附加值率，但其差距正在逐年缩小。在 2000—2014 年，发达国家的出口国内附加值率呈现出下降趋势，由 2000 年的 77.81% 下降到 2014 年的 70.80%；而发展中国家的出口国内附加值率则呈现出上升趋势且增速较快，

第三章 参与全球价值链与出口绩效变化的趋势

由 2000 年的 28.99% 上升到 2014 年的 41.52%。

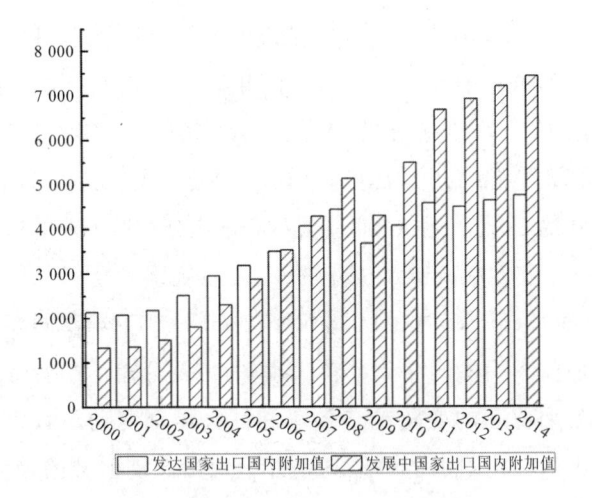

图 3-11 2000—2014 年发达国家和发展中国家的出口国内附加值变化趋势

数据说明：根据 WIOD 数据库中的相关数据计算而得。

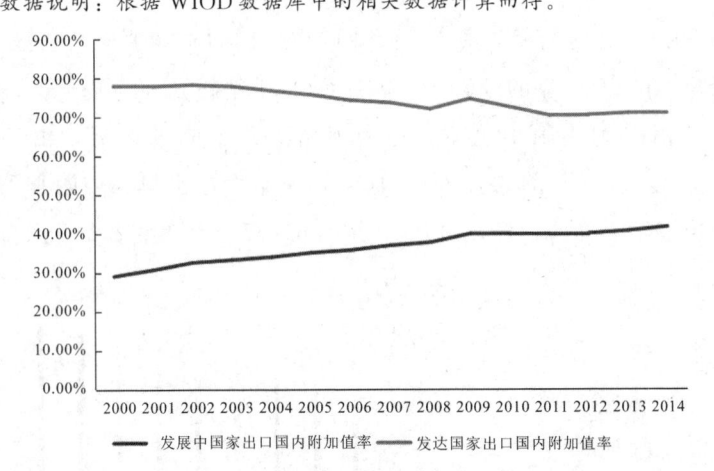

图 3-12 2000—2014 年发达国家和发展中国家的出口国内附加值率变化趋势

数据说明：根据 WIOD 数据库中的相关数据计算而得。

(四)不同要素密集度行业的出口国内附加值和出口国内附加值率变化趋势

进一步分析了 2000—2014 年不同要素密集度行业的出口附加值均值变化趋势，结果如图 3-13 所示。由图 3-13 可知，2000—2014 年各行业整体上的出口国内附加值都呈上升趋势，但都在 2009 年出现了较低点。其中知识密集型行业的出口国内附加值最高，从2000年的20亿美元增长到2014年的将近54亿美元，且其增长幅度较大；其次是资本密集型行业的出口国内附加值，其出口国内附加值逐年上升，由2000年的13.8亿美元增长到2014年的35亿美元；之后是劳动密集型行业的出口国内附加值，由2000年的11亿美元增长到2014年的将近30亿美元；随后是初级产品和资源产品的出口国内附加值，其增幅最大，由2000年的5.9亿美元增长到2014年的23亿美元；最低的是教育健康公共服务业的出口国内附加值，由2000年的1.4亿美元增长到2014年的3.9亿美元。

在图3-13的基础上，图3-14显示了2000—2014年不同要素密集度行业的出口国内附加值率均值的变化趋势。由图3-14可知，2000—2014年，各行业的出口国内附加值率的变化趋势各不相同，但都变动不大。其中健康教育公共服务业的出口国内附加值率最高，并呈现出波动上升的趋势，由2000年的143.14%上升到2014年的157.36%；其次是初级产品和资源产品的出口国内附加值率，它呈现出波动上升的趋势，由2000年的99.76%上升至2014年的101.90%；之后是劳动密集型行业的出口国内附加值率，它呈现出波动下降的趋势，由2000年的89.46%下降至2014年的87.04%；随后是资本密集型行业的出口国内附加值率，它呈现出逐年下降的趋势，由2000年的74.25%下降至2014年的62.32%；而知识密集型的出口国内附加值率最低，它也呈现出逐年下降的趋势，由2000年的61.87%下降至2014年的59.49%。

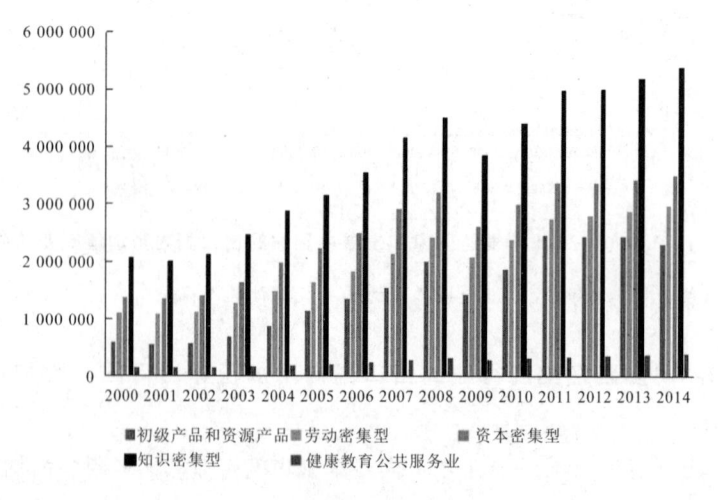

图3-13 2000—2014年不同要素密集度行业的出口国内附加值变化趋势

数据说明：根据WIOD数据库中的相关数据计算而得。

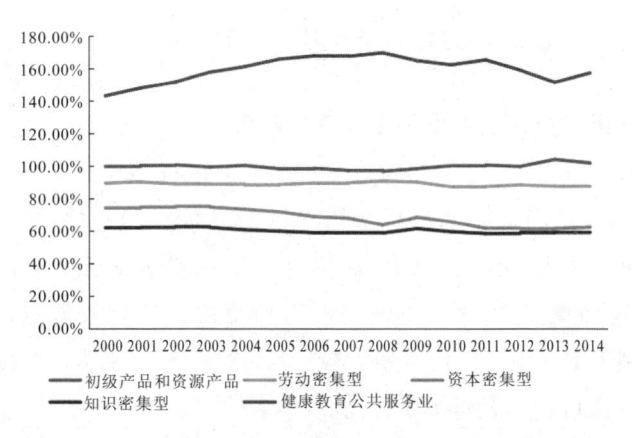

第三章　参与全球价值链与出口绩效变化的趋势

图 3-14　2000—2014 年不同要素密集度行业的出口国内附加值率变化趋势

数据说明：根据 WIOD 数据库中的相关数据计算而得。

第四节　出口技术复杂度的变化趋势

一、测算方法和数据来源

(一)出口技术复杂度的测算

参考马盈盈和盛斌(2018)以及齐俊妍和强华俊(2022)的方法，基于公式(3-14)构建出口技术复杂度指标：

$$\text{SOP}_{ijt} = \frac{\text{VBE}_{ijt}}{\sum_j \text{VBE}_{ijt}} \times \sum_i \frac{\frac{\text{VBE}_{ijt}}{\sum_j \text{VBE}_{ijt}}}{\sum_i \left(\frac{\text{VBE}_{ijt}}{\sum_j \text{VBE}_{ijt}} \right)} Y_{it} \quad (3\text{-}14)$$

其中：SOP_{ijt} 表示 t 年 i 国 j 行业的出口技术复杂度；VBE_{ijt} 表示 t 年 i 国 j 行业的出口国内附加值；$\dfrac{\text{VBE}_{ijt}}{\sum_j \text{VBE}_{ijt}}$ 表示 t 年 i 国 j 行业的出口国内附加值占 i 国总体制造业出口国内附加值的比重。

(二)相关数据来源

本节中测算出口技术复杂度的相关数据来源于对外经贸大学全球价值链数据库。

二、出口技术复杂度的变化趋势

(一)全球出口技术复杂度的整体变化趋势

根据公式(3-14),计算了2000—2014年全球各国整体出口技术复杂度,如图3-15所示。由图3-15可知,从整体上看,2000—2014年各国的出口技术复杂度大致上呈上升趋势,2000—2008年各国出口技术复杂度持续上升,在2008年达到较高值695.08,2009年时有所下降,达到较低点,2009—2014年又开始持续上升,到2014年达到699.62。这一现象说明,各国出口技术水平不断提升、出口技术含量不断提高。

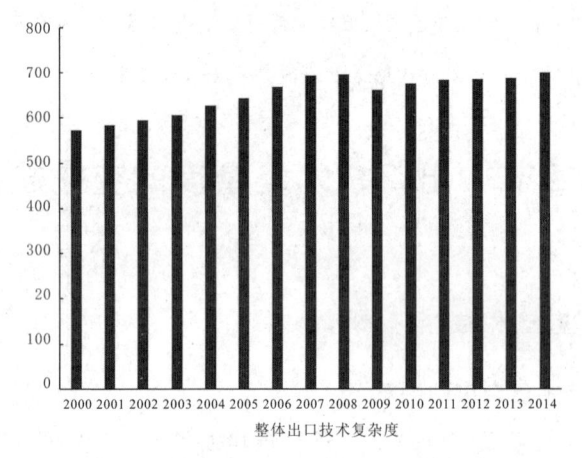

图3-15 2000—2014年全球各国整体出口技术复杂度变化趋势

数据说明:根据WIOD数据库中的相关数据计算而得。

(二)发达国家和发展中国家的出口技术复杂度变化趋势

图3-16显示了2000—2014年发达国家和发展中国家的出口技术复杂度变化趋势。由图3-16可知,发达国家出口技术复杂度和发展中国家出口技术复杂度的变化趋势均与整体相似,呈现出先上升后下降再上升的变化趋势,其中2000—2007年增长速度相对较快。发达国家出口技术复杂度略高于整体出口技术复杂度,发展中国家出口技术复杂度低于整体出口技术复杂度。

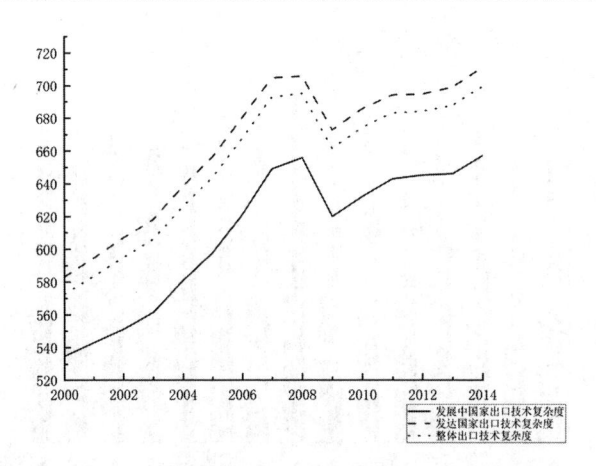

第三章 参与全球价值链与出口绩效变化的趋势

图3-16 2000—2014年发达国家和发展中国家的出口技术复杂度变化趋势

数据说明：根据WIOD数据库中的相关数据计算而得。

(三) 不同类型行业的出口技术复杂度变化趋势

在图3-15的基础上，图3-17具体示了2000—2014年不同类型行业的出口技术复杂度的均值的变化情况。由图3-17可知，在2000—2014年，制造业的出口技术复杂度最高，且呈现出先上升后下降的趋势，在2007年达到高点1 048.32，在2014年又下降至966.14；其次是农业的出口技术复杂度，其呈现出波动上升的趋势，由2000年的591.45上升到2014年的859.22；服务业的出口技术复杂度最低，由2000年的369.49上升到2014年的529.76。服务业出口技术复杂度最低的原因，可能与服务业的"不可贸易性"有关。由于服务业的"不可贸易性"，服务业出口无法吸收国外更先进的技术，从而服务业的出口技术复杂度最低。

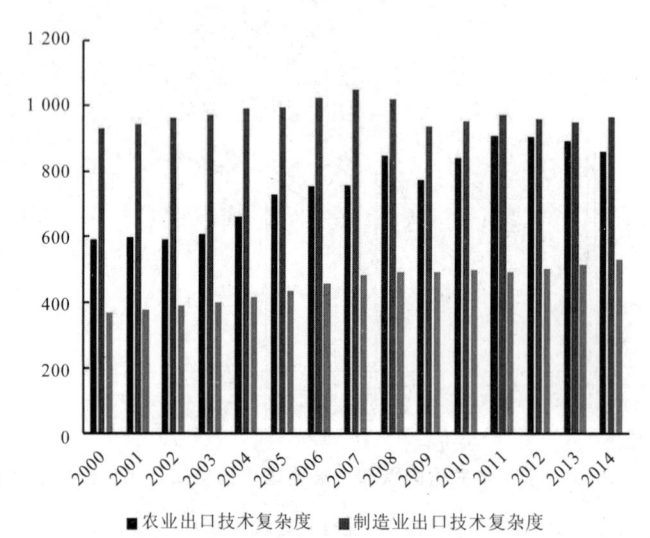

图 3-17 2000 年—2014 年不同类型行业的出口技术复杂度变化趋势

数据说明：根据 WIOD 数据库中的相关数据计算而得。

(四)不同要素密集度行业的出口技术复杂度变化趋势

图 3-18 显示了 2000—2014 年不同要素密集度行业的出口技术复杂度的变化趋势。由图 3-18 可知，2000—2014 年各行业整体上的出口技术复杂度都呈波动上升的趋势。其中知识密集型行业的出口技术复杂度最高，由 2000 年的 722.26 增长到 2007 年的高点 915.81，之后略有回落，2014 年时又增长到 902.45；之后是初级产品和资源产品及劳动密集型行业，初级产品和资源产品的出口技术复杂度波动较大，由 2000 年的 591.45 增长到 2011 年的高点 908.78，其高点一度超过知识密集型行业，后在 2014 年又下降到 859.22，劳动密集型行业增长较为稳定，由 2000 年的 617.77 增长到 2014 年的 751.72；随后是资本密集型行业，由 2000 年的 503.33 增长到 2014 年的 558.76；教育健康公共服务业的出口技术复杂度最低，由 2000 年的 136.31 增长到 2014 年的 216.82。考虑到教育健康公共服务业属于服务业中的一部分，因此，这一结果与图 3-17 的分析结果基本一致。

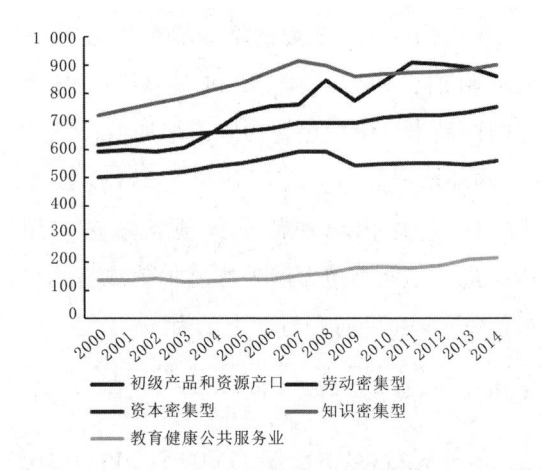

第三章　参与全球价值链与出口绩效变化的趋势

图 3-18　2000—2014 年不同要素密集度行业的出口技术复杂度变化趋势

数据说明：根据 WIOD 数据库中的相关数据计算而得。

第五节　全球价值链位置的变化趋势

一、测算方法和数据来源

(一)全球价值链位置的测算

Wang 等(2017a)将一国的总生产活动分为纯国内生产活动、传统国际贸易、简单 GVC 活动和复杂 GVC 活动 4 部分：

$$\hat{V}B\hat{Y} = \hat{V}L\hat{Y}^D + \hat{V}L\hat{Y}^F + \hat{V}LA^F\hat{X} = \hat{V}L\hat{Y}^D + \hat{V}L\hat{Y}^F + \hat{V}LA^FB\hat{Y}$$
$$= \hat{V}L\hat{Y}^D + \hat{V}L\hat{Y}^F + \hat{V}LA^FB\hat{Y}^D + \hat{V}LA^F(B\hat{Y} - L\hat{Y}^D) \quad (3\text{-}15)$$

加总公式(3-15)的各列，可以得到各国各行业增加值的去向：

$$va' = \hat{V}BY = \hat{V}LY^D + \hat{V}LY^F + \hat{V}LA^FLY^D + (B\hat{Y} - L\hat{Y}^D) \quad (3\text{-}16)$$

$$\underbrace{\phantom{\hat{V}LY^D}}_{V\_D} \quad \underbrace{\phantom{\hat{V}LY^F}}_{V\_RT} \quad \underbrace{\phantom{\hat{V}LA^FLY^D}}_{V\_GVC\_S} \quad \underbrace{\phantom{(B\hat{Y}-L\hat{Y}^D)}}_{V\_GVC\_C}$$

加总公式(3-16)的各行，可得到各国各行业最终产出的增加值来源：

$$Y' = VB\hat{Y} = VL\hat{Y}^D + VL\,\hat{Y}^F + VLA^F\,\hat{Y}^D + VLV^F(B\hat{Y} - L\hat{Y}^D) \quad (3\text{-}17)$$

$$\underbrace{\phantom{VL\hat{Y}^D}}_{Y\_D} \quad \underbrace{\phantom{VL\hat{Y}^F}}_{Y\_RT} \quad \underbrace{\phantom{VLA^F\hat{Y}^D}}_{Y\_GVC\_S} \quad \underbrace{\phantom{VLV^F(B\hat{Y}-L\hat{Y}^D)}}_{Y\_GVC\_C}$$

其中：V_D 和 Y_D 为纯国内生产并吸收的增加值；V_RT 和 Y_RT 为包含在最终产品出口中的国内附加值；V_GVC_S 和 Y_GVC_S 为简单跨境生产；V_GVC_S 是一国中间产品出口中所包含的国内增加值；Y_GVC_S 为外国中间产品进口中所包含的国外增加值；V_GVC_C 和 Y_GVC_C 为复杂跨境生产；V_GVC_C 是指一国出口的国内增加值被其他国家进口用于生产出口品；Y_GVC_C 为其他国家进口中间品包含的外国增加值或折返的国内增加值。因此，将一国 GVC 前向参与度和后向参与度表示为

$$GVCPt_f = \frac{V\_GVC\_S}{va'} + \frac{V\_GVC\_C}{va'} = \frac{\hat{V}LA^FBY}{va'} \quad (3\text{-}18a)$$

$$GVCPt_b = \frac{Y\_GVC\_S}{Y'} + \frac{Y\_GVC\_C}{Y'} = \frac{VLA^FB\hat{Y}}{Y'} \quad (3\text{-}18b)$$

参考马盈盈（2019）的方法，构建全球价值链位置指数：

$$GVC\_Position = \ln(1 + GVCPt_f) - \ln(1 + GVCPt_b) \quad (3\text{-}19)$$

（二）相关数据来源

本书全球价值链位置指数的数据来源于对外经贸大学全球价值链数据库，具体来看，在本节中，选取了 2000—2014 年 42 个国家的农业（4 个行业）、制造业（18 个行业）和服务业（32 个行业）共计 54[①] 个行业的全球价值链位置数据作为研究样本。

二、全球价值链位置的变化趋势分析

（一）全球价值链位置的整体变化趋势

根据公式(3-19)，图 3-19 显示了 2000—2014 年全球价值链位置的变化趋势。由图 3-19 可知，2000—2014 年间全球价值链位置呈波动上升的趋势。其中只有 2000 年全球价值链位置指标为负，其余各年份均大于零。2000—2003 年全球价值链位置快速上升，2003—2006 年全球价值链位置有所下降，之后三年的全球价值链位置的上升又下降交替出现，2011 年后又快速上升，到 2014 年达到 0.018。这一事实也说明了，这一时期各国通过参与全球价值链融入全球化的程度是在不断提高的。

---

① 由于机械和设备的维修和安装、海外组织和机构的活动存在数据为 0 的情况，因此本书将这两个行业剔除掉，最终选取 54 个行业。

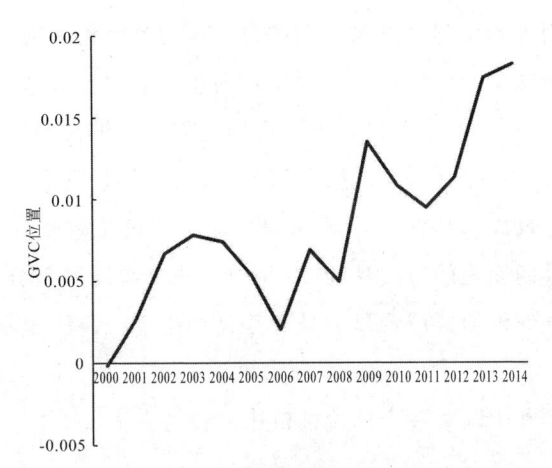

第三章 参与全球价值链与出口绩效变化的趋势

图 3-19　2000—2014 年各国整体全球价值链位置变化趋势

数据说明：根据 WIOD 数据库中的相关数据计算而得。

(二)不同类型行业的全球价值链位置变化趋势

在图 3-19 的基础上，图 3-20 进一步展示了 2000—2014 年不同行业的全球价值链位置变化趋势。由图 3-20 可知，在 2000—2014 年各行业的全球价值链位置均为波动增长的变化趋势。其中农业的全球价值链位置最高，由 2000 年的 0.04 增长到 2014 年的将近 0.08；服务业的全球价值链位置次之，从 2000 年的 0.005 增长到 2014 年的 0.02；制造业的全球价值链位置最低，在大部分的年份都小于零，从 2000 年的 −0.02 增长到 2014 年的 0.005。

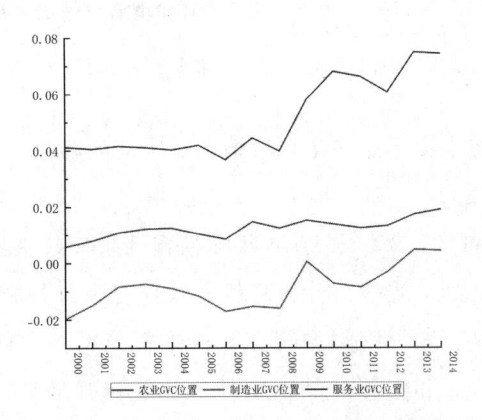

图 3-20　2000—2014 年不同行业全球价值链位置变化趋势

数据说明：根据 WIOD 数据库中的相关数据计算而得。

(三)发达国家和发展中国家的全球价值链位置变化趋势

为分析发达国家和发展中国家在全球价值链位置上的差距,图3-21显示了2000—2014年发达国家和发展中国家的全球价值链位置的变化趋势。由图3-21可知,在2000—2014年发达国家的全球价值链位置和发展中国家的全球价值链位置差距较大。其中发达国家的全球价值链位置在总体上呈现出波动上升且均大于零的变化趋势,从2000年的0.005增长到2014年的0.025;而发展中国家的全球价值链位置呈上升趋势且均小于零,从2000年的-0.02左右增长到2014年的-0.005。上述事实也说明了,发达国家在全球价值链中的位置要高于发展中国家在全球价值链中的位置。

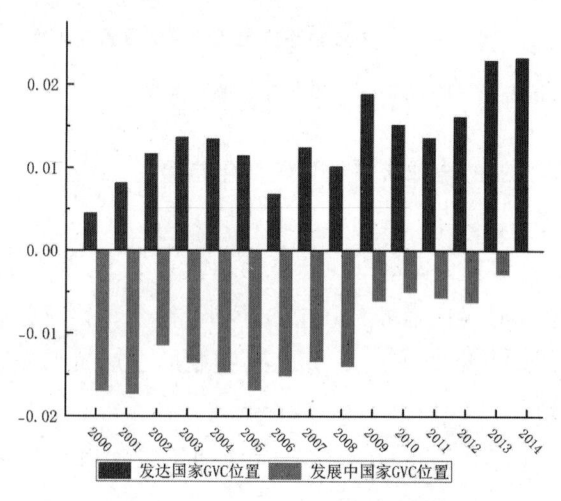

图3-21 2000—2014年分国家全球价值链位置变化趋势

数据说明:根据WIOD数据库中的相关数据计算而得。

(四)不同要素密集度行业的全球价值链位置变化趋势

图3-22显示了2000—2014年不同要素密集度行业的全球价值链位置的变化趋势。由图3-22可知,2000—2014年除教育健康公共服务业外各行业的全球价值链位置整体上都呈波动上升的趋势,教育健康公共服务业则略有下降。初级产品和资源产品、知识密集型行业及资本密集型行业的全球价值链位置为正值,其中初级产品和资源产品的全球价值链位置最高,且其增长幅度也最大,从2000年的0.041增长到2014年的0.074;其次是知识密集型行业,其全球价值链位置逐年上升,由2000年的0.014增长到2014年的0.036;之

第三章 参与全球价值链与出口绩效变化的趋势

后是资本密集型行业,其全球价值链位置呈波动上升的趋势,由2000年的0.001增长到2014年的0.024。劳动密集型行业和教育健康公共服务业的全球价值链位置为负值,其中劳动密集型行业的全球价值链位置有小幅上升,由2000年的-0.019增长到2014年的-0.011;教育健康公共服务业则略有下降,由2000年的-0.062下降到2014年的-0.069。上述事实也进一步说明了,即使从不同要素密集度行业的角度来看,全球价值链位置也是在不断上升的。

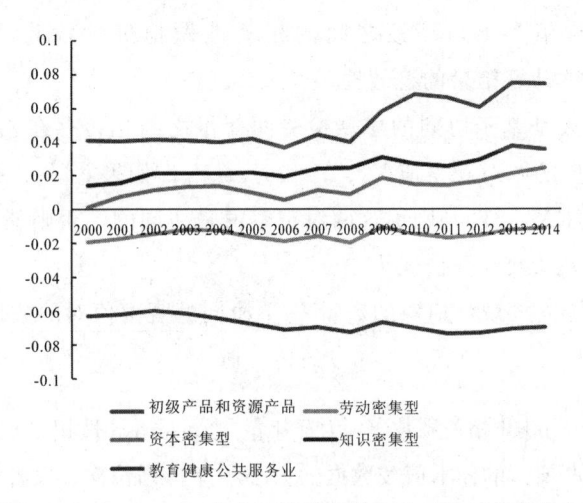

图3-22 2000—2014年分要素密集度行业的全球价值链位置

数据说明:根据WIOD数据库中的相关数据计算而得。

第六节 参与全球价值链与出口绩效的相关性分析

在基于前文中对世界主要国家和地区的主要行业的全球价值链参与度、出口产品质量、出口国内附加值率、全球价值链位置、出口技术复杂度的变化趋势的分析的基础上,在本节中,将基于相关系数矩阵,初步分析参与全球价值链与出口绩效的相关性。

一、计算公式和数据来源

在本节的分析中,主要采用的指标为Pearson相关系数,其计算公式如式(3-20)所示。

$$r(X,Y) = \frac{\text{cov}(X,Y)}{\sqrt{\text{Var}(X)}\sqrt{\text{Var}(Y)}} \qquad (3-20)$$

其中，cov(X, Y)为变量 X 和 Y 的协方差，Var(X)和 Var(Y)分别为变量 X 和变量 Y 的标准差。

在本节中，X 代表全球价值链参与率指标，Y 代表衡量出口绩效的相关指标，具体包括出口国内附加值、出口技术复杂度、全球价值链位置和出口产品质量。在此基础上，还使用 Kendall 相关系数和 Spearman 秩相关系数对全球价值链参与率和出口绩效之间的相关性做稳健性检验，以检验基于 Pearson 相关系数计算结果的稳健性。

Kendall 系数是基于协同的思想检验两变量之间是否存在相关性的方法。对于 X 和 Y 变量的两对观察值 X_i、Y_i 和 X_j、Y_j，如果 $X_i<Y_i$ 并且 $X_j<Y_j$，或者 $X_i>Y_i$ 并且 $X_j>Y_j$，则称这两对观察值是协同的，否则就是不协同的。

Kendall 相关系数计算公式为

$$\tau = \frac{\text{协同的观察值对的数量} - \text{不协同的观察值对的数量}}{\frac{1}{2}n(n-1)} \qquad (3-21)$$

其中，τ 为 Kendall 相关系数，n 为样年量。Spearman 秩相关系数，又称等级相关系数，是将两要素的样本值按数据的大小顺序排列位次，以各要素样本值的位次代替实际数据而求得的一种统计量。Spearman 秩相关系数的计算公式为

$$r_s = 1 - \frac{6\sum_{i=1}^{n}(R_i - Q_i)^2}{n(n^2-1)} \qquad (3-22)$$

其中，r_s 为 Spearman 相关系数，n 为样本量，R_i 为 X_i 的秩次，Q_i 为 Y_i 的秩次。

在数据来源方面，本节使用的数据均与本章前五节中的数据来源相同，全球价值链参与率和出口绩效的相关数据主要来源于对外经贸大学全球价值链数据库，计算出口产品质量的指标来自 CEPII-BACI 数据库。

二、整体参与全球价值链与出口绩效的相关性分析

根据公式(3-20)、公式(3-21)和公式(3-22)，表 3-1 显示了整体上参与全球价值链与出口绩效的 Pearson 相关系数矩阵表。由表 3-1 可知，在至少 5% 的显著性水平下，全球价值链参与率与出口国内附加值、出口技术复杂度、GVC 位置正相关，与出口产品质量负相关，显著性水平分别为 0.987、

第三章 参与全球价值链与出口绩效变化的趋势

0.898、0.754 以及 −0.743。因此可以整体上认为全球价值链参与率越高，出口绩效越好。表 3-2 为 Kendall 相关系数矩阵表，表 3-3 为 Spearman 相关系数矩阵表，从表 3-2 和表 3-3 可知，其显著性未发生明显改变，通过稳健性检验。通过对表 3-1、表 3-2 和表 3-3 的进一步分析可以发现，全球价值链参与率、出口国内附加值、出口技术复杂度、全球价值链位置与出口产品质量之间存在负相关关系。其中可能的原因在于，第一，相关系数单纯分析的是变量之间的相关关系，没有控制其他变量的影响，因此，上述 4 个变量与出口产品质量之间存在负相关关系，而在实证研究中，本书更加关注的是在控制了其他变量之后，主要解释变量与被解释变量之间的因果关系，因此，可能会改变变量之间的系数符号；第二，出口产品质量的计算中，包含了进口成分，而其余 4 个变量，是在分别计算了出口国内成分和进口成分后而进行计算的，从而导致上述 4 个变量与出口产品质量之间存在负相关关系。

表 3-1　整体参与全球价值链与出口绩效的 Pearson 相关系数矩阵表

	全球价值链参与率	出口国内附加值	出口技术复杂度	全球价值链位置	出口产品质量
全球价值链参与率	1.000				
出口国内附加值	0.987***	1.000			
出口技术复杂度	0.898***	0.949***	1.000		
全球价值链位置	0.754***	0.712***	0.601***	1.000	
出口产品质量	−0.743***	−0.710***	−0.505*	−0.567**	1.000

注：* 代表在 10% 显著性水平下显著，** 代表在 5% 显著性水平下显著，*** 代表在 1% 显著性水平下显著。

数据说明：根据 WIOD 数据库中的相关数据计算而得。

表 3-2　整体参与全球价值链与出口绩效的 Kendall 相关系数矩阵表

	全球价值链参与率	出口国内附加值	出口技术复杂度	全球价值链位置	出口产品质量
全球价值链参与率	1.000				
出口国内附加值	0.923 8	1.000			
出口技术复杂度	0.809 5	0.809 5	1.000		
全球价值链位置	0.561 9	0.523 8	0.409 5	1.000	
出口产品质量	−0.485 7	−0.523 8	−0.371 4	−0.428 6	1.000

数据说明：根据 WIOD 数据库中的相关数据计算而得。

表 3-3　整体参与全球价值链与出口绩效的 Spearman 相关系数矩阵表

	全球价值链参与率	出口国内附加值	出口技术复杂度	全球价值链位置	出口产品质量
全球价值链参与率	1.000				
出口国内附加值	0.982 1	1.000			
出口技术复杂度	0.907 1	0.921 4	1.000		
全球价值链位置	0.739 3	0.710 7	0.532 1	1.000	
出口产品质量	−0.692 9	−0.707 1	−0.535 7	−0.571 4	1.000

数据说明：根据 WIOD 数据库中的相关数据计算而得。

三、发达国家与发展中国家参与全球价值链与出口绩效的相关性分析

进一步分析发达国家和发展中国家参与全球价值链与出口绩效之间的相关性。

(一)发达国家参与全球价值链与出口绩效的相关性分析

表 3-4 为发达国家参与全球价值链与出口绩效的 Pearson 相关系数矩阵表。由表 3-4 可知，在至少 5% 的显著性水平下，发达国家全球价值链参与率与出口国内附加值、出口技术复杂度、GVC 位置正相关，与出口产品质量负相关，显著性水平分别为 0.960、0.880、0.722 以及 −0.714。因此可以认为发达国家全球价值链参与率越高，出口绩效越好。表 3-5 为 Kendall 相关系数矩阵表，表 3-6 为 Spearman 相关系数矩阵表，从表 3-5 中可知，其显著性未发生明显改变，说明对于发达国家而言，参与全球价值链与出口绩效之间的相关性，基本上是稳健的。

第三章 参与全球价值链与出口绩效变化的趋势

表 3-4 发达国家参与全球价值链与出口绩效的 Pearson 相关系数矩阵表

	全球价值链参与率	出口国内附加值	出口技术复杂度	全球价值链位置	出口产品质量
全球价值链参与率	1.000				
出口国内附加值	0.960***	1.000			
出口技术复杂度	0.880***	0.969***	1.000		
全球价值链位置	0.722***	0.636**	0.575**	1.000	
出口产品质量	−0.714***	−0.566**	−0.355	−0.547**	1.000

注：* 代表在10%显著性水平下显著，** 代表在5%显著性水平下显著，*** 代表在1%显著性水平下显著。

数据说明：根据WIOD数据库中的相关数据计算而得。

表 3-5 发达国家参与全球价值链与出口绩效的 Kendall 相关系数矩阵表

	全球价值链参与率	出口国内附加值	出口技术复杂度	全球价值链位置	出口产品质量
全球价值链参与率	1.000				
出口国内附加值	0.885 7	1.000			
出口技术复杂度	0.771 4	0.809 5	1.000		
全球价值链位置	0.542 9	0.504 8	0.390 5	1.000	
出口产品质量	−0.542 9	−0.504 8	−0.314 3	−0.428 6	1.000

数据说明：根据WIOD数据库中的相关数据计算而得。

表 3-6 发达国家参与全球价值链与出口绩效的 Spearman 相关系数矩阵表

	全球价值链参与率	出口国内附加值	出口技术复杂度	全球价值链位置	出口产品质量
全球价值链参与率	1.000				
出口国内附加值	0.967 9	1.000			
出口技术复杂度	0.878 6	0.921 4	1.000		
全球价值链位置	0.707 1	0.678 6	0.510 7	1.000	
出口产品质量	−0.685 7	−0.667 9	−0.442 9	−0.578 6	1.000

数据说明：根据WIOD数据库中的相关数据计算而得。

(二)发展中国家参与全球价值链与出口绩效的相关性分析

从发展中国家参与全球价值链与出口绩效之间的关系来看，表3-7显示了发展中国家参与全球价值链与出口绩效的 Pearson 相关系数矩阵。从表3-7中可知，在至少5%的显著性水平下，发展中国家全球价值链参与率与出口国内附加值、出口技术复杂度、GVC 位置正相关，与出口产品质量负相关，显著性水平分别为 0.899、0.926、0.589 以及 −0.547。因此可以认为在发展中国家全球价值链参与率越高，出口绩效越好。表3-8显示 Kendall 相关系数矩阵表，表3-9显示 Spearman 相关系数矩阵表，从表3-8和表3-9中可知，其系数符号与 Pearson 相关系数相比，未发生明显改变，可以在一定程度上说明，对于发展中国家而言，在样本期内参与全球价值链与出口绩效之间的相关性是稳定的。

表 3-7 发展中国家参与全球价值链与出口绩效的 Pearson 相关系数矩阵表

	全球价值链参与率	出口国内附加值	出口技术复杂度	全球价值链位置	出口产品质量
全球价值链参与率	1.000				
出口国内附加值	0.899***	1.000			
出口技术复杂度	0.926***	0.909***	1.000		
全球价值链位置	0.589**	0.843***	0.645***	1.000	
出口产品质量	−0.547**	−0.578**	−0.670***	−0.323	1.000

注：* 代表在10%显著性水平下显著，** 代表在5%显著性水平下显著，*** 代表在1%显著性水平下显著。

数据说明：根据 WIOD 数据库中的相关数据计算而得。

表 3-8 发展中国家参与全球价值链与出口绩效的 Kendall 相关系数矩阵表

	全球价值链参与率	出口国内附加值	出口技术复杂度	全球价值链位置	出口产品质量
全球价值链参与率	1.000				
出口国内附加值	0.8476	1.000			
出口技术复杂度	0.8095	0.8095	1.000		
全球价值链位置	0.4857	0.6381	0.4476	1.000	
出口产品质量	−0.3524	−0.4286	−0.5048	−0.3333	1.000

数据说明：根据 WIOD 数据库中的相关数据计算而得。

表 3-9　发展中国家参与全球价值链与出口绩效的 Spearman 相关系数矩阵表

	全球价值链参与率	出口国内附加值	出口技术复杂度	全球价值链位置	出口产品质量
全球价值链参与率	1.000				
出口国内附加值	0.932 1	1.000			
出口技术复杂度	0.921 4	0.889 3	1.000		
全球价值链位置	0.660 7	0.825 0	0.639 3	1.000	
出口产品质量	−0.557 1	−0.596 4	−0.671 4	−0.442 9	1.000

数据说明：根据 WIOD 数据库中的相关数据计算而得。

四、不同要素密集度行业参与全球价值链与出口绩效的相关性分析

(一) 初级产品和资源产品参与全球价值链与出口绩效的相关性分析

表 3-10 显示了初级产品和资源产品参与全球价值链与出口绩效的 Pearson 相关系数矩阵。由表 3-10 可知，在至少 5% 的显著性水平下，初级产品和资源产品全球价值链参与率与出口国内附加值、出口技术复杂度、GVC 位置正相关，与出口产品质量负相关，显著性水平分别为 0.928、0.963、0.868 以及 −0.808。因此，可以认为对初级产品和资源产品来说全球价值链参与率越高，出口绩效越好。表 3-11 为 Kendall 相关系数矩阵表，表 3-12 为 Spearman 相关系数矩阵表，从表 3-11 和表 3-12 可知，其系数符号与 Pearson 相关系数矩阵相比，未发生改变，通过稳健性检验，说明 Pearson 相关系数矩阵的符号是稳健的。

表 3-10　初级产品和资源产品参与全球价值链与出口绩效的 Pearson 相关系数矩阵表

	全球价值链参与率	出口国内附加值	出口技术复杂度	全球价值链位置	出口产品质量
全球价值链参与率	1.000				
出口国内附加值	0.928***	1.000			
出口技术复杂度	0.963***	0.905***	1.000		
全球价值链位置	0.868***	0.812***	0.749***	1.000	
出口产品质量	−0.808***	−0.741***	−0.645***	−0.721***	1.000

注：* 代表在 10% 显著性水平下显著，** 代表在 5% 显著性水平下显著，*** 代表在 1% 显著性水平下显著。

数据说明：根据 WIOD 数据库中的相关数据计算而得。

表 3-11 初级产品和资源产品参与全球价值链与出口绩效的 Kendall 相关系数矩阵表

	全球价值链参与率	出口国内附加值	出口技术复杂度	全球价值链位置	出口产品质量
全球价值链参与率	1.000 0				
出口国内附加值	0.867 8	1.000 0			
出口技术复杂度	0.847 6	0.781 2	1.000 0		
全球价值链位置	0.523 8	0.523 8	0.447 6	1.000 0	
出口产品质量	−0.501 2	−0.475 8	−0.495 8	−0.428 6	1.000 0

数据说明:根据 WIOD 数据库中的相关数据计算而得。

表 3-12 初级产品和资源产品参与全球价值链与出口绩效的 Spearman 相关系数矩阵表

	全球价值链参与率	出口国内附加值	出口技术复杂度	全球价值链位置	出口产品质量
全球价值链参与率	1.000 0				
出口国内附加值	0.931 7	1.000 0			
出口技术复杂度	0.957 1	0.906 4	1.000 0		
全球价值链位置	0.700 0	0.643 5	0.617 9	1.000 0	
出口产品质量	−0.638 1	−0.501 2	−0.558 4	−0.590 3	1.000 0

数据说明:根据 WIOD 数据库中的相关数据计算而得。

(二)劳动密集型行业参与全球价值链与出口绩效的相关性分析

表 3-13 显示了劳动密集型行业参与全球价值链与出口绩效的 Pearson 相关系数矩阵。由表 3-13 可知,劳动密集型行业全球价值链参与率与出口国内附加值、出口技术复杂度、GVC 位置正相关,与出口产品质量负相关,显著性水平分别为 0.782、0.963、0.215 以及 −0.208。因此,总体上来说,可以认为对劳动密集型行业来说全球价值链参与率越高,出口绩效越好。表 3-14 为 Kendall 相关系数矩阵表,表 3-15 为 Spearman 相关系数矩阵表,从表 3-14 和表 3-15 中可知,其显著性未发生明显改变,通过稳健性检验。

第三章 参与全球价值链与出口绩效变化的趋势

表 3-13 劳动密集型行业参与全球价值链与出口绩效的 Pearson 相关系数矩阵表

	全球价值链参与率	出口国内附加值	出口技术复杂度	全球价值链位置	出口产品质量
全球价值链参与率	1.000				
出口国内附加值	0.782***	1.000			
出口技术复杂度	0.963***	0.937***	1.000		
全球价值链位置	0.215	0.298	0.385	1.000	
出口产品质量	−0.208	−0.268	−0.322	−0.287	1.000

注：* 代表在10%显著性水平下显著，** 代表在5%显著性水平下显著，*** 代表在1%显著性水平下显著。

数据说明：根据 WIOD 数据库中的相关数据计算而得。

表 3-14 劳动密集型行业参与全球价值链与出口绩效的 Kendall 相关系数矩阵表

	全球价值链参与率	出口国内附加值	出口技术复杂度	全球价值链位置	出口产品质量
全球价值链参与率	1.000 0				
出口国内附加值	0.801 2	1.000 0			
出口技术复杂度	0.923 8	0.923 8	1.000 0		
全球价值链位置	0.200 0	0.223 3	0.238 1	1.000 0	
出口产品质量	−0.216 7	−0.238 1	−0.310 4	−0.256 4	1.000 0

数据说明：根据 WIOD 数据库中的相关数据计算而得。

表 3-15 劳动密集型行业参与全球价值链与出口绩效的 Spearman 相关系数矩阵表

	全球价值链参与率	出口国内附加值	出口技术复杂度	全球价值链位置	出口产品质量
全球价值链参与率	1.000 0				
出口国内附加值	0.877 1	1.000 0			
出口技术复杂度	0.982 1	0.960 5	1.000 0		
全球价值链位置	0.257 1	0.284 6	0.332 1	1.000 0	
出口产品质量	−0.280 8	−0.294 3	−0.260 7	−0.302 4	1.000 0

数据说明：根据 WIOD 数据库中的相关数据计算而得。

(三)资本密集型行业参与全球价值链与出口绩效的相关性

表 3-16 显示了资本密集型行业参与全球价值链与出口绩效的 Pearson 相关系数矩阵。由表 3-16 可知,在至少 5% 的显著性水平下,资本密集型行业全球价值链参与率与出口国内附加值、出口技术复杂度、GVC 位置正相关,与出口产品质量负相关,显著性水平分别为 0.512、0.554、0.725 以及 −0.502。因此可以认为对资本密集型行业来说全球价值链参与率越高,出口绩效越好。表 3-17 为 Kendall 相关系数矩阵表,表 3-18 为 Spearman 相关系数矩阵表,从其结果可知,其相关系数符号未发生改变,通过稳健性检验。

表 3-16 资本密集型行业参与全球价值链与出口绩效的 Pearson 相关系数矩阵表

	全球价值链参与率	出口国内附加值	出口技术复杂度	全球价值链位置	出口产品质量
全球价值链参与率	1.000				
出口国内附加值	0.512**	1.000			
出口技术复杂度	0.554**	0.531**	1.000		
全球价值链位置	0.725***	0.376	0.211	1.000	
出口产品质量	−0.502**	−0.533**	−0.396	−0.383	1.000

注:* 代表在 10% 显著性水平下显著,** 代表在 5% 显著性水平下显著,*** 代表在 1% 显著性水平下显著。

数据说明:根据 WIOD 数据库中的相关数据计算而得。

表 3-17 资本密集型行业参与全球价值链与出口绩效的 Kendall 相关系数矩阵表

	全球价值链参与率	出口国内附加值	出口技术复杂度	全球价值链位置	出口产品质量
全球价值链参与率	1.000 0				
出口国内附加值	0.510 8	1.000 0			
出口技术复杂度	0.523 8	0.516 6	1.000 0		
全球价值链位置	0.581 0	0.341 3	0.181 0	1.000 0	
出口产品质量	−0.478 7	−0.486 2	−0.331 5	−0.340 9	1.000 0

数据说明:根据 WIOD 数据库中的相关数据计算而得。

第三章 参与全球价值链与出口绩效变化的趋势

表 3-18 资本密集型行业参与全球价值链与出口绩效的 Spearman 相关系数矩阵表

	全球价值链参与率	出口国内附加值	出口技术复杂度	全球价值链位置	出口产品质量
全球价值链参与率	1.000 0				
出口国内附加值	0.614 9	1.000 0			
出口技术复杂度	0.642 9	0.617 3	1.000 0		
全球价值链位置	0.757 1	0.367 2	0.160 7	1.000 0	
出口产品质量	−0.537 5	−0.420 1	−0.398 7	−0.457 3	1.000 0

数据说明：根据 WIOD 数据库中的相关数据计算而得。

（四）知识密集型行业参与全球价值链与出口绩效的相关性

表 3-19 显示了知识密集型行业参与全球价值链与出口绩效的 Pearson 相关系数矩阵。由表 3-19 可知，在至少 5% 的显著性水平下，知识密集型行业全球价值链参与率与出口国内附加值、出口技术复杂度、GVC 位置正相关，与出口产品质量负相关，显著性水平分别为 0.865、0.878、0.859 以及 −0.553。因此可以认为对知识密集型行业来说全球价值链参与率越高，出口绩效越好。表 3-20 为 Kendall 相关系数矩阵，表 3-21 为 Spearman 相关系数矩阵，从表 3-20 和表 3-21 可知，其相关系数符号未发生改变，在样本期内，参与全球价值链程度与体现出口绩效的诸指标之间，存在正相关关系，通过稳健性检验。

表 3-19 知识密集型行业参与全球价值链与出口绩效的 Pearson 相关系数矩阵表

	全球价值链参与率	出口国内附加值	出口技术复杂度	全球价值链位置	出口产品质量
全球价值链参与率	1.000				
出口国内附加值	0.865***	1.000			
出口技术复杂度	0.878***	0.832***	1.000		
全球价值链位置	0.859***	0.768***	0.715***	1.000	
出口产品质量	−0.553**	−0.772***	−0.501**	−0.514**	1.000

注：* 代表在 10% 显著性水平下显著，** 代表在 5% 显著性水平下显著，*** 代表在 1% 显著性水平下显著。

数据说明：根据 WIOD 数据库中的相关数据计算而得。

表 3-20 知识密集型行业参与全球价值链与出口绩效的 Kendall 相关系数矩阵表

	全球价值链参与率	出口国内附加值	出口技术复杂度	全球价值链位置	出口产品质量
全球价值链参与率	1.000 0				
出口国内附加值	0.762 7	1.000 0			
出口技术复杂度	0.733 3	0.753 9	1.000 0		
全球价值链位置	0.752 4	0.648 2	0.485 7	1.000 0	
出口产品质量	−0.503 9	−0.628 1	−0.594 9	−0.521 3	1.000 0

数据说明：根据 WIOD 数据库中的相关数据计算而得。

表 3-21 知识密集型行业参与全球价值链与出口绩效的 Spearman 相关系数矩阵表

	全球价值链参与率	出口国内附加值	出口技术复杂度	全球价值链位置	出口产品质量
全球价值链参与率	1.000 0				
出口国内附加值	0.805 7	1.000 0			
出口技术复杂度	0.842 9	0.819 3	1.000 0		
全球价值链位置	0.889 3	0.789 2	0.646 4	1.000 0	
出口产品质量	−0.471 9	−0.515 6	−0.563 5	−0.482 2	1.000 0

数据说明：根据 WIOD 数据库中的相关数据计算而得。

(五)健康教育公共服务业参与全球价值链与出口绩效的相关性

表 3-22 显示了教育健康公共服务业参与全球价值链与出口绩效的 Pearson 相关系数矩阵。由表 3-22 可知，在至少 5% 的显著性水平下，教育健康公共服务业全球价值链参与率与出口国内附加值和出口技术复杂度正相关，与 GVC 位置和出口产品质量负相关，显著性水平分别为 0.419、0.873、−0.820 以及 −0.523。因此可以认为对教育健康公共服务业来说全球价值链参与率越高，出口绩效越好。表 3-23 为 Kendall T 相关系数矩阵，表 3-24 为 Spearman 相关系数矩阵，从中可知，变量间的相关系数符号未发生改变，通过稳健性检验。

第三章 参与全球价值链与出口绩效变化的趋势

表 3-22 健康教育公共服务业参与全球价值链与出口绩效的 Pearson 相关系数矩阵表

	全球价值链参与率	出口国内附加值	出口技术复杂度	全球价值链位置	出口产品质量
全球价值链参与率	1.000				
出口国内附加值	0.419	1.000			
出口技术复杂度	0.873***	0.712***	1.000		
全球价值链位置	−0.820***	−0.704***	−0.625**	1.000	
出口产品质量	−0.523**	−0.367	−0.384	−0.343	1.000

注：*代表在10%显著性水平下显著，**代表在5%显著性水平下显著，***代表在1%显著性水平下显著。

数据说明：根据 WIOD 数据库中的相关数据计算而得。

表 3-23 健康教育公共服务业参与全球价值链与出口绩效的 Kendall 相关系数矩阵表

	全球价值链参与率	出口国内附加值	出口技术复杂度	全球价值链位置	出口产品质量
全球价值链参与率	1.000 0				
出口国内附加值	0.454 5	1.000 0			
出口技术复杂度	0.752 4	0.778 3	1.000 0		
全球价值链位置	−0.619 0	−0.624 8	−0.447 6	1.000 0	
出口产品质量	−0.551 2	−0.500 5	−0.375 3	−0.483 1	1.000 0

数据说明：根据 WIOD 数据库中的相关数据计算而得。

表 3-24 健康教育公共服务业参与全球价值链与出口绩效的 Spearman 相关系数矩阵表

	全球价值链参与率	出口国内附加值	出口技术复杂度	全球价值链位置	出口产品质量
全球价值链参与率	1.000 0				
出口国内附加值	0.562 9	1.000 0			
出口技术复杂度	0.885 7	0.813 7	1.000 0		
全球价值链位置	−0.814 3	−0.829 3	−0.642 9	1.000 0	
出口产品质量	−0.600 1	−0.472 4	−0.357 9	−0.401 0	1.000 0

数据说明：根据 WIOD 数据库中的相关数据计算而得。

第七节 本章主要研究结论

在本章中，首先对 2000—2014 年全球价值链参与率和以出口国内附加值率、出口技术复杂度、全球价值链位置、出口产品质量作为代表的出口绩效的变化趋势进行了分析，其次基于 Pearson 相关系数、Kendall T 相关系数和 Spearman 相关系数，对全球价值链参与率与体现国家-行业层面的出口绩效的指标，包括：出口国内附加值率、出口技术复杂度、全球价值链位置、出口产品质量，之间的相关系数进行了计算，以初步验证参与全球价值链与出口绩效之间的相关性，得到如下主要结论。

第一，针对 2000—2014 年全球价值链参与率变化趋势的分析，得到如下主要结论。

首先，全球价值链参与率整体上呈现出上升趋势，但在 2009 年出现了较低点，2009 年后继续上升；前向参与度在 2000—2014 年逐年上升，并在 2014 年达到 0.27；后向参与度则呈波动上升的趋势，其在 2000—2004 年变动幅度较小，并在 2009 年出现了较低点，随后继续上升。

其次，发达国家的全球价值链参与率远高于发展中国家，且发达国家的前向参与率均高于其后向参与率；对于发展中国家，到 2014 年时其前向参与率超过了其后向参与率。

再次，从农业、制造业和服务业来看，各行业整体上的全球价值链参与率都呈上升趋势，其中制造业的全球价值链参与率最高，其次是农业，服务业的全球价值链参与率最低。

最后，从初级产品和资源产品、劳动密集型行业、资本密集型行业、知识密集型行业和健康教育公共服务业来看，各要素密集度行业整体上的全球价值链参与率都呈上升趋势，其中资本密集型行业的全球价值链参与率最高，健康教育公共服务业的全球价值链参与率最低。

第二，针对 2000—2014 年出口国内附加值率变化趋势的分析，得到如下主要结论。

首先，出口国内附加值整体上呈上升趋势，但在 2009 年出现较低点，较低点为 36.73 亿美元。在 2000—2008 年，全球各国的出口国内附加值逐步上

第三章 参与全球价值链与出口绩效变化的趋势

升,在2009年下降后在2010—2014年继续上升,到2014年上升至51.39亿美元。而出口国内附加值率整体上呈下降趋势,其最高值出现在2009年。

其次,各行业整体上的出口国内附加值都呈上升趋势,其中制造业的出口国内附加值最高,其次是农业,服务业的出口国内附加值最低。各行业的出口国内附加值率的变化趋势各不相同。其中服务业的出口国内附加值率最高,并呈现出先上升后下降的趋势,其次是制造业,它呈现出逐年下降的趋势,农业的出口国内附加值率最低,它呈现出波动上升的趋势。

最后,发达国家的出口国内附加值在2000—2008年间呈上升趋势,2009年后在45亿美元左右波动;发展中国家出口国内附加值呈上升趋势。发达国家的出口国内附加值率明显高于发展中国家的出口国内附加值率,但其差距正在逐年缩小。

第三,针对2000—2014年出口技术复杂度变化趋势的分析,得到如下主要结论。

首先,从整体上看,各国的出口技术复杂度大致上呈上升趋势,2000—2008年各国出口技术复杂度持续上升,2009年时有所下降,达到较低点,2009年—2014年间又持续上升。

其次,发达国家出口技术复杂度和发展中国家出口技术复杂度的变化趋势均与整体相似,呈现出先上升后下降再上升的变化趋势,而发达国家出口技术复杂度略高于整体出口技术复杂度,发展中国家出口技术复杂度低于整体出口技术复杂度。

再次,制造业的出口技术复杂度最高,且呈现出先上升后下降的趋势,其次是农业的出口技术复杂度,其呈现出波动上升的趋势,服务业的出口技术复杂度最低。

最后,各要素密集度行业整体上的出口技术复杂度均呈波动上升的趋势。其中知识密集型行业的出口技术复杂度最高,教育健康公共服务业的出口技术复杂度最低。

第四,针对2000—2014年全球价值链位置变化趋势的分析,得到如下主要结论。

首先,全球价值链位置呈波动上升的趋势。其中只有2000年全球价值链位置为负,其余各年份均大于零。

其次,各行业的全球价值链位置均呈现波动增长的趋势。其中农业的全球价值链位置最高,服务业的全球价值链位置次之,制造业的全球价值链位置最低。

再次,发达国家的全球价值链位置和发展中国家的全球价值链位置差距较大。其中发达国家的全球价值链位置呈波动上升趋势且均大于零,而发展中国家的全球价值链位置呈上升趋势且均小于零。

最后,除教育健康公共服务业外各行业整体上的全球价值链位置都呈波动上升的趋势,教育健康公共服务业则略有下降。初级产品和资源产品、知识密集型行业及资本密集型行业的全球价值链位置为正值,而劳动密集型行业和教育健康公共服务业的全球价值链位置为负值。

第五,针对2000—2014年出口产品质量变化趋势的分析,得到如下主要结论。

首先,整体的出口产品质量呈现出轻微波动下降的变化趋势,从2000年的0.509 4降低到2014年的0.508 8,其中2006—2008年下降相对较多。

其次,发达国家的出口产品质量和发展中国家的出口产品质量相差无几,两者大小随不同年份交替上升。

第六,基于全球价值链参与率与出口国内附加值率、出口技术复杂度、全球价值链位置和出口产品质量之间相关系数的分析,得到如下主要结论。

首先,全球价值链参与率与出口国内附加值、出口技术复杂度、GVC位置正相关,与出口产品质量负相关。全球价值链参与率、出口国内附加值、出口技术复杂度、全球价值链位置与出口产品质量之间存在负相关关系,其中可能的原因有,一是相关系数单纯分析的是变量之间的相关关系,没有其他控制变量的影响,因此,上述4个变量与出口产品质量之间存在负相关关系;二是出口产品质量的计算中,包含了进口成分,而其余4个变量,是在分别计算了出口国内成分和进口成分后而进行计算的,从而导致上述4个变量与出口产品质量之间存在负相关关系。

其次,从发达国家的情况和发展中国家的情况来看,在发达国家,全球价值链参与率与出口国内附加值、出口技术复杂度、GVC位置正相关,与出口产品质量负相关;对于发展中国家而言,全球价值链参与率与出口国内附加值、出口技术复杂度、GVC位置正相关,与出口产品质量负相关。

最后,从不同要素密集度行业的情况来看,初级产品和资源产品全球价值链参与率与出口国内附加值、出口技术复杂度、GVC位置正相关与出口产品

第三章　参与全球价值链与出口绩效变化的趋势

质量负相关；劳动密集型行业全球价值链参与率与出口国内附加值、出口技术复杂度、GVC 位置正相关，与出口产品质量负相关；资本密集型行业全球价值链参与率与出口国内附加值、出口技术复杂度、GVC 位置正相关，与出口产品质量负相关；知识密集型行业全球价值链参与率与出口国内附加值、出口技术复杂度、GVC 位置正相关，与出口产品质量负相关；教育健康公共服务业全球价值链参与率与出口国内附加值、出口技术复杂度正相关，与 GVC 位置和出口产品质量负相关。

第四章 参与全球价值链对出口产品质量的影响

在基于第二章中对参与全球价值链对出口绩效影响相关理论分析和第三章中对相关数据所进行的分析的基础上，在本章中，将以出口产品质量作为第一种衡量出口绩效的指标，首先基于相关文献，提出参与全球价值链对出口产品质量影响的研究假说，其次，采用计量经济学的相关方法，实证研究参与全球价值链对出口产品质量的影响。

第一节 参与全球价值链对出口产品质量影响的理论机制

总地来说，参与全球价值链对出口产品质量，同时存在促进作用和抑制作用两个方面的影响。

一、参与全球价值链对出口产品质量的促进作用

参与全球价值链对出口产品质量的促进作用主要包括以下几个方面。

第一，技术扩散与技术创新效应。参与全球价值链可以促进不同国家和地区之间的技术交流、技术扩散和创新合作(郑玉 等，2019)，从而提高企业的技术创新倾向(胡昭玲 等，2016)和企业全要素生产率，促进出口产品质量提升。在技术创新过程中，存在沿价值链的创新，吕越和张昊天(2023)的研究表明，中国在加入世界贸易组织初期，企业主要从事价值链相对下游的创新活动，此后，企业逐渐向价值链上游开展创新。对于发展中国家和新兴经济体而言，参与全球价值链可以促进其学习发达国家先进的生产技术、管理

第四章　参与全球价值链对出口产品质量的影响

经验以及进口发达国家的产品（吕越 等，2017）。一方面，发展中国家学习先进的生产技术和管理经验，并将其和本国的生产实际结合起来，从而提高本国的生产效率和生产技术，使企业的全要素生产率产生"溢价"（席艳乐 等，2015）。另一方面，发达国家出口的产品中所包含的技术水平一般较高，但通过参与全球价值链，可以在进口其他发达国家的产品的过程中，学习其中所包含的技术，提升本国产品质量。

第二，竞争效应。参与全球价值链使得企业面临更大的市场竞争压力和消费者需求。一国想要提高本国产品在国际市场中的竞争力，就必须提供更高质量的产品来满足市场中消费者的多样化需求，从而形成较高的成本加成率（高运胜 等，2017），这一过程能够倒逼企业通过提高创新能力和劳动生产率来提高出口产品的质量（余东华 等，2019）。

第三，国际市场效应。在参与全球价值链的过程中，企业所生产的产品只有符合国际市场的标准，才能够进行出口。这就要求企业构建完善的质量管理体系，加强对出口产品质量的控制与监督，从而提高出口产品的质量。

第四，规模经济效应。参与全球价值链扩大了产品的需求市场，从而使企业能够采购、生产和销售规模更大的产品。Boler 等（2015）认为规模效应能够提高企业的利润率，从而为本企业的创新研究提供经济支撑，进而提高出口产品的质量。Bloom 等（2016）认为规模经济效应可以降低单位产品的成本，同时也提供了更多的资源和技术支持，从而提高出口产品的质量。

第五，资源配置效应。经济全球化使得生产资源得到了更加有效的配置，一国生产资源的获取不再局限于国内，而是可以在全球范围内获取生产资源（郑玉 等，2019）。因此，更加优质资源的获取和更有效的资本配置，将有利于出口产品质量的提升。

二、参与全球价值链对出口产品质量的抑制作用

参与全球价值链对出口产品质量的抑制作用主要包括以下几个方面。

第一，价格竞争压力。参与全球价值链使得一国的企业面临更加激烈的市场竞争，企业要想在国际市场中获得价格优势、降低生产成本，就可能会使用一些劣质的原材料等，这将降低企业出口产品的质量。

第二，创新抑制效应。参与全球价值链使得企业可以进口发达国家先进的生产技术，然而，如果企业一味地依赖于技术引进而不进行自主创新，就

会使得该国的生产技术受制于其他国家(李小平 等，2021)，在全球价值链上的"低端定"(沈国兵 等，2017)，形成全球价值链的俘获效应(张杰 等，2017)，从而不利于本国创新能力的提升，进而影响本国出口产品质量的提升。此外，由于技术创新依赖于当地的制度、要素禀赋等内部因素，部分发展中国家由于缺少与参与全球价值链相适应的内部因素，其融入全球价值链实质上是一种"代理式融入"，本土企业"游离"于全球价值链之外，抑制了参与全球价值链对一国的技术创新带来的正面效应(罗仪馥，2022)

基于上述分析，本书提出研究假说1。

研究假说1：参与全球价值链对一国出口产品质量的提升同时存在促进作用和抑制作用，参与全球价值链对出口产品质量的最终作用取决于其促进作用和抑制作用的大小。

三、前向参与和后向参与对出口产品质量的影响分析

王直等(2017)在构建全球价值链参与度指数的基础上进一步构建了前向参与度和后向参与度指数。前向参与度指数表明一国主要以向其他国家提供原材料或者中间产品的方式参与全球价值链，该指数越高，表明其在全球价值链中越处于上游部分；后向参与度指数表明一国在全球价值链中主要从事进口他国的中间产品和原材料进行组装和加工等生产过程，该指数越高则表明其在全球价值链中越处于下游的位置。当一国在全球价值链中处于相对上游的位置时，积极参与全球价值链可以使其获得更加广阔的消费市场，从而实现规模经济以降低生产成本，获取更大的利润，为该国提升本国创新能力提供良好的经济支撑，从而促进本国出口产品质量的提升。当一国在全球价值链中处于相对下游的位置时，存在"低端锁定"效应，即发达国家为防止发展中国家向全球价值链上游的攀升从而在生产技术等方面打击发展中国家，将发展中国家锁定在附加值较低的生产环节(吕越 等，2018)，进而不利于出口产品质量的提升。

研究假说2：前向参与度促进出口产品质量的提升，后向参与度抑制出口产品质量的提升。

第二节 计量模型的设定和数据来源

一、计量模型的设定

本书的被解释变量为出口产品质量，解释变量为全球价值链参与度，构建如下计量方程：

$$TQ_{ijt} = \alpha_0 + \alpha_1 GVC\_Participation_{ijt} + \alpha_2 Controls + \mu + \varepsilon_{it} \quad (4-1)$$

其中：TQ_{ijt} 为 t 年 i 国 j 行业的出口产品质量；$GVC\_Participation_{ijt}$ 为 t 年 i 国 j 行业的全球价值链参与度；$Controls$ 为控制变量；μ 表示一系列固定效应，具体包括时间固定效应、国家固定效应和行业固定效应；ε_{it} 为随机扰动项。

二、变量选取

1. 出口产品质量。假设消费者对某一出口产品的效用函数为

$$U = \left\{ \int_{\omega \in \Omega} [\lambda_{fct}(\omega) q_{fct}(\omega)]^{\frac{\sigma-1}{\sigma}} d\omega \right\}^{\frac{\sigma-1}{\sigma}} \quad (4-2)$$

其中：$\lambda_{fct}(\omega)$ 和 $q_{fct}(\omega)$ 分别表示出口产品 ω 的质量和需求数量，$\sigma > 1$ 表示产品种类间替代弹性，参考 Fan 等（2015）的文献，σ 值取 5；下标 f 表示出口企业，c 表示出口国，t 表示年份。其对应的价格指数为

$$P_t = \left\{ \int_{\Omega} [\lambda_{fct}(\omega)]^{\sigma-1} [p_{fct}(\omega)]^{1-\sigma} d\omega \right\}^{\frac{1}{\sigma-1}} \quad (4-3)$$

给定预算约束 $\int_{\Omega} p_{fct}(\omega) q_{fct}(\omega) d\omega = Y_t$，其中 $p_{fct}(\omega)$ 表示产品 ω 的价格，Y_t 表示花费在该产品上的总支出。由此得到需求函数为

$$q_{imt}(\omega) = [\lambda_{fct}(\omega)]^{\sigma-1} [p_{fct}(\omega)]^{-\sigma} Y_t P_t^{\sigma-1} \quad (4-4)$$

式（4-4）表明产品的需求函数与产品质量和消费价格有关，即需求取决于产品的整体性价关系。对（4-4）式两边取对数：

$$\ln q_{fhct} = (\sigma-1) \ln \lambda_{fhct} - \sigma \ln p_{fhct} + \ln Y_t + (\sigma-1) \ln P_t \quad (4-5)$$

简化为

$$\ln q_{fhct} = -\sigma \ln p_{fhct} + \alpha_{ct} + \alpha_c + \varepsilon_{fhct} \quad (4-6)$$

其中：$\alpha_{ct} = \ln Y_t + (\sigma-1) \ln P_t$ 为国别和年份联合固定效应，以控制不同地区

和时间维度消费者在此类产品上的消费情况；α_c 为产品固定效应，用来控制产品由于跨种类而产生的差异；$\varepsilon_{fhct} = (\sigma - 1)\ln\lambda_{fhct}$，表示企业 f 在 t 年出口到 c 国的产品 h 的质量，在(4-6)式中作为残差项处理。由计量模型中残差项的定义，产品质量可表示为

$$\text{quality}_{fhct} = \ln\hat{\lambda}_{fhct} = \frac{\hat{\varepsilon}_{fhct}}{\sigma - 1} = \frac{\ln q_{fhct} - \ln\hat{q}_{fhct}}{\sigma - 1} \tag{4-7}$$

根据(4-7)式可以测度每个企业每年出口到每个市场的各个产品的质量。参照施炳展和邵文波(2014)的做法，将(4-7)式的质量指标进标准化处理，以进行不种类的产品跨年度和跨截面的比较。具体为：

$$\text{r-quality}_{fhct} = \frac{\text{quality}_{fhct} - \text{minquality}_{fhct}}{\text{maxquality}_{fhct} - \text{minquality}_{fhct}} \tag{4-8}$$

其中：$r\text{-}quality_{fhct}$ 表示经过标准化处理后的某一类产品质量指标，minquality_{fhct} 和 maxquality_{fhct} 分别代表该产品质量的最小值和最大值。显然，经过标准化处理后，质量指标此时的取值范围为[0，1]。在消除单位的影响后，对于不同类产品质量的衡量，我们可以直接进行加总，求出整体质量，且此时整体质量的取值范围也在[0，1]之间。具体为

$$TQ = \sum_{fhct \in \Omega} \frac{v_{fhct}}{v_{fhct}} \text{r-quality}_{fhct} \tag{4-9}$$

其中：TQ 为样本 Ω 的整体质量，v_{fhct} 表示贸易价值量。

2. 全球价值链参与度。Wang 等(2017)将一国的总生产活动分为纯国内生产活动、传统国际贸易、简单 GVC 活动和复杂 GVC 活动 4 部分：

$$\hat{V}B\hat{Y} = \hat{V}L\hat{Y}^D + \hat{V}L\hat{Y}^F + \hat{V}LA^F\hat{X} = \hat{V}L\hat{Y}^D + \hat{V}L\hat{Y}^F + \hat{V}LA^FB\hat{Y}$$
$$= \hat{V}L\hat{Y}^D + \hat{V}L\hat{Y}^F + \hat{V}LA^FB\hat{Y}^D + \hat{V}LA^F(B\hat{Y} - L\hat{Y}^D) \tag{4-10}$$

加总公式(4-10)的各列，可以得到各国各行业增加值的去向：

$$va' = \hat{V}BY = \hat{V}LY^D + \hat{V}LY^F + \hat{V}LA^FLY^D + (B\hat{Y} - L\hat{Y}^D) \tag{4-11}$$

$$\underbrace{\qquad}_{V\_D} \quad \underbrace{\qquad}_{V\_RT} \quad \underbrace{\qquad}_{V\_GVC\text{-}S} \quad \underbrace{\qquad}_{V\_GVC\_C}$$

加总公式(4-11)的各行，可得到各国各行业最终产出的增加值来源：

$$Y' = VB\hat{Y} = VL\hat{Y}^D + VL\hat{V}^F + VL\,A^FL\hat{V}^D + VL\,V^F(B\hat{Y} - L\hat{V}^D) \tag{4-12}$$

$$\underbrace{\qquad}_{Y\_D} \quad \underbrace{\qquad}_{Y\_RT} \quad \underbrace{\qquad}_{Y\_GVC\_S} \quad \underbrace{\qquad}_{Y\_GVC\_C}$$

第四章 参与全球价值链对出口产品质量的影响

其中：V_D 和 Y_D 为纯国内生产并吸收的增加值；V_RT 和 Y_RT 为包含在最终产品出口中的国内附加值；V_GVC_S 和 Y_GVC_S 为简单跨境生产；V_GVC_S 是一国中间产品出口中所包含的国内增加值；Y_GVC_S 为外国中间产品进口中所包含的国外增加值；V_GVC_C 和 Y_GVC_C 为复杂跨境生产；V_GVC_C 是指一国出口的国内增加值被其他国家进口用于生产出口品；Y_GVC_C 为其他国家进口中间品包含的外国增加值或折返的国内增加值。因此，将一国 GVC 前向参与度和后向参与度表示为

$$\text{GVCPt}_f = \frac{\text{V\_GVC\_S}}{va'} + \frac{\text{V\_GVC\_C}}{va'} = \frac{\hat{V}LA^FBY}{va'} \quad (4-13)$$

$$\text{GVCPt}_b = \frac{\text{Y\_GVC\_S}}{Y'} + \frac{\text{Y\_GVC\_C}}{Y'} = \frac{VLA^FB\hat{Y}}{Y'} \quad (4-14)$$

参考马盈盈（2019）的方法构建全球价值链参与度和出口产品质量指数：

$$\text{GVC\_Participation} = \text{GVCPt}_f + \text{GVCPt}_b \quad (4-15)$$

3. 控制变量。① 经济发展水平(lnGDP)：用一国国内生产总值的对数值来衡量；② 对外投资水平(lnfdi)：用一国对外投资水平的对数值来衡量；③ 创新能力(lnrd)：用一国专利申请数的对数值进行衡量；④ 基础设施(lninfr)：用每百万人中固定宽带订阅人数的对数值来衡量；⑤ 资本深化(lnk)：用一国资本存量的对数值来衡量；⑥ 劳动力工资(lnlab)：用一国劳动力报酬的对数值进行衡量；⑦ 行业规模(lnemp)：用行业内就业人数的对数值进行衡量。

三、数据来源

本书出口产品质量的数据来源于 CEPII-BACI 数据库，全球价值链参与度数据来源于对外经贸大学全球价值链数据库，经济发展水平、对外投资水平、创新能力和基础设施的数据来源于世界银行数据库，劳动力工资、资本深化和行业规模数据来源于 WIOD 数据库中的社会经济账户。由于出口产品质量更多地是针对制造业而言的，因此，最终选取了 42 个国家 2000—2014 年 18 个制造业的数据为研究样本。表 4-1 为变量的描述性统计，从中可以发现，本章中所使用的是非平衡面板数据，且除劳动力工资、创新能力和对外直接投资水平这 3 个变量的方差为 2.0 以上外，其余各变量的方差均在 2.0 以下。表 4-2 为各变量间的相关系数矩阵，由表 4-2 可知：首先，全球价值链参与度和出口产品质量的相关系数显著为正，与预期保持一致；其次，主要

解释变量与控制变量之间的相关系数未超过0.7，说明变量之间不存在较强的线性关系。在表4-2的基础上，图4-1显示了全球价值链参与度和出口产品质量之间的散点图和拟合曲线，由图4-1可知，两者之间存在正相关关系，初步推断，参与全球价值链能够提高一国的出口产品质量。

表4-1 变量的描述性统计

	样本量	均值	方差	最小值	中位数	最大值
出口产品质量	11 340	0.81	0.05	0.52	0.81	0.97
全球价值链参与度	11 340	0.69	0.55	0.00	0.64	25.84
经济发展水平	11 340	13.12	1.71	9.04	12.99	16.72
基础设施	11 340	2.26	1.22	0.00	2.74	3.79
对外直接投资水平	10 476	8.38	2.80	0.00	9.08	12.89
劳动力工资	11 337	7.94	3.34	0.00	7.88	19.10
行业规模	11 058	3.63	1.81	0.00	3.58	9.40
创新能力	10 710	8.10	2.43	1.10	7.89	13.74

表4-2 变量的相关系数矩阵

	TQ	GVC-Participation	lnGDP	lninfr	lnf	lnlab	lnemp	lnrd
TQ	1.000							
gvc	0.025**	1.000						
	(0.008)							
lnGDP	0.502***	−0.306***	1.000					
	(0.000)	(0.000)						
lninfr	0.223***	0.177***	−0.014	1.000				
	(0.000)	(0.000)	(0.139)					
lnfdi	0.290***	−0.094***	0.510***	0.414***	1.000			
	(0.000)	(0.000)	(0.000)	(0.000)				
lnlab	0.402***	−0.220***	0.702***	−0.035***	0.240***	1.000		
	(0.000)	(0.000)	(0.000)	(0.000)	(0.000)			
lnemp	0.354***	−0.193***	0.754***	−0.132***	0.254***	0.633***	1.000	
	(0.000)	(0.000)	(0.000)	(0.000)	(0.000)	(0.000)		
lnrd	0.447***	−0.335***	0.911***	−0.025**	0.484***	0.713***	0.689***	1.000
	(0.000)	(0.000)	(0.000)	(0.009)	(0.000)	(0.000)	(0.000)	

注：小括号内的数值为t值；*、**和***分别代表在10%、5%和1%的水平下显著。

第四章 参与全球价值链对出口产品质量的影响

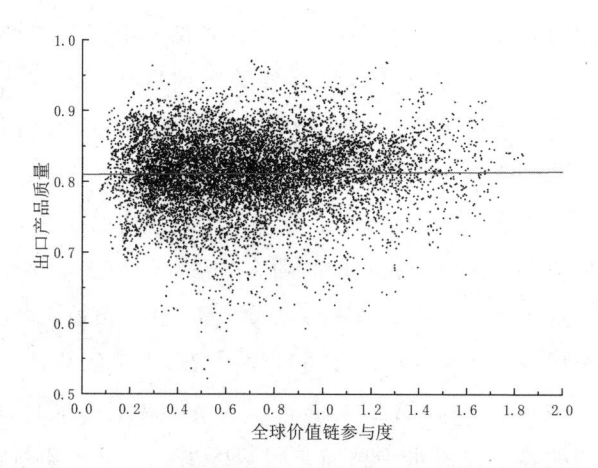

图 4-1 全球价值链参与率与出口产品质量之间散点图

第三节 计量结果及分析

一、基准回归结果及分析

基于计量方程(4-1)，表 4-3 显示了逐步加入控制变量后的基准回归结果。由计量结果可知，在逐步加入控制变量之后，全球价值链参与度的系数依旧在 1% 的水平上显著为正。这一方面表明基于现有样本，一国参与全球价值链能够显著提高一国的出口产品质量；另一方面，由于在逐步加入控制变量后，主要解释变量的系数符号并未改变，也可以初步说明，计量结果是稳健的。对表 4-3 中第(7)列的系数进行分析可以发现，全球价值链参与率每提升 1 个单位，出口产品质量提升约 0.018 个单位，这一系数相对较小。其中可能的原因是，出口产品的质量更多地是由技术水平、要素禀赋结构、规模经济等因素决定的，这些因素由一国国内变量(如果要素禀赋、制度等)所决定，参与全球价值链，虽然可以通过诸如学习效应、竞争效应、国际市场效应、规模经济效应、资源配置效应等提升出口产品质量，但在本质上，仍是基于上述效应，通过改变国内变量从而促进出口产品质量的提高，因此，参与全球价值链对出口产品质量的提升，虽然有一定的正面影响，但影响程度可能并不大。进一步对比表 4-2 和表 4-3 可以发现，表 4-2 中全球价值链参与度与出口产品质量之间的相关系数仅为0.025，但二者的基准回归结果却在1%显著性水平下显著。其原因可能在于，计算相关系数没有控制其他变量的影响，反映的是变量之间的相关关系；基准回归反映的则是在其他变量保持不变的条件下，参与全球价值链对出口产品质量的影响，这里已经排除了控制变量对因变量的影响。此外，进一步对比表4-2和表4-3的结果可知，在表4-3中，参与全球价值链对出口产品质量的影响的系数仅为0.018，也小于二者之间的相关系数，这也可以说明，在相关系数矩阵中的相关系数，并没有控制同时影响参与全球价值链和出口产品质量的变量所导致的结果。

进一步关注控制变量的系数和显著性，经济发展水平在1%的水平上显著为正，表明一国的经济发展水平越高，则该国出口产品的质量也越高；对外直接投资水平在5%的水平上显著为正，表明一国的对外直接投资水平越高，则该国出口产品质量越高，这与杜威剑和李梦洁(2015)的研究结论保持一致；基础设施在5%的水平上显著为正，其内在逻辑在于，一国的基础设施完善，可以为出口产品的生产提供更好的生产环境，降低出口成本，从而提高该国的出口产品质量；行业规模在10%的水平上显著为正，根据本地市场效应原理，一国的行业规模越大，则越能发挥其规模效应，提高成本加成，进而促进出口产品质量的提升；劳动力工资水平在10%的水平上显著为正，其中的原因在于，首先，一国的劳动力工资水平越高，则其生产一单位产品的成本越高，这会倒逼该国提升其出口产品的质量，使其可以供给到对高质量产品有需求的市场(徐邦栋 等，2020)[①]，其次，根据绝对优势理论，劳动力成本是技术水平的体现，劳动力成本越高，表明其技术水平越高，相应地，其出口产品质量也越高；创新能力在10%的水平上显著为正，一国的创新能力越高，该国生产技术水平越发达，对生产要素的利用率越高，相应地，该国出口产品的质量也会越高。

---

① 徐邦栋，李荣林. 全球价值链参与对出口产品质量的影响[J]. 南方经济，2020(12)：19-37.

第四章 参与全球价值链对出口产品质量的影响

表 4-3 基准回归结果

	(1)	(2)	(3)	(4)	(5)	(6)	(7)
全球价值链参与度	0.008***	0.009***	0.011***	0.011***	0.011***	0.011***	0.018***
	(3.06)	(3.07)	(2.77)	(2.76)	(2.77)	(2.77)	(4.22)
经济发展水平		0.013***	0.010**	0.011**	0.036***	0.037***	0.039***
		(3.24)	(2.22)	(2.34)	(7.20)	(7.37)	(7.58)
对外直接投资水平			0.001*	0.001*	0.001	0.001	0.009**
			(1.80)	(1.90)	(1.58)	(1.58)	(2.34)
基础设施				0.002**	0.003***	0.003***	0.002**
				(2.17)	(2.85)	(2.86)	(2.30)
行业规模					0.001*	−0.001	0.001*
					(1.80)	(−1.16)	(1.94)
劳动力工资						0.01*	0.001*
						(1.94)	(1.86)
创新能力							0.02*
							(1.72)
常数	0.806***	0.633***	0.663***	0.650***	0.330***	0.321***	0.305***
	(423.09)	(11.79)	(11.02)	(10.81)	(5.18)	(5.03)	(4.58)
时间效应	控制	控制	控制	控制	控制	控制	控制
国家效应	控制	控制	控制	控制	控制	控制	控制
行业效应	控制	控制	控制	控制	控制	控制	控制
F	9.350	9.277	6.617	6.521	17.919	15.334	15.570
调整 R^2	0.560	0.560	0.565	0.565	0.572	0.572	0.575
N	11 340	11 340	10 476	10 476	10 194	10 194	9 630

注：小括号内的数值为 t 值，*、**和***分别代表在10%、5%和1%的水平下显著，标准差为国家层面的聚类标准差。

二、稳健性检验

虽然在第三章的第六节中，基于相关分析所得到的参与全球价值链与出口产品质量的相关系数与基准回归所得到的结论相一致，但相关分析只是分析变量之间的相关性，而基准回归强调的是主要解释变量与被解释变量之间的因果关系，因此，为验证基准回归中计量结果的稳健性，在稳健性检验部分，分别采用更换被解释变量、更换解释变量、更换计量模型和更换聚类标准误4种方法，对基准回归进行稳健性检验。

(一)更换被解释变量

参考Fan等(2015)的做法，将替代弹性σ取值10，重新计算出口产品质量，其计量结果如表4-4第(1)列所示，全球价值链参与度系数依旧在1%的水平上显著，验证了本章基准结果的稳健性。

(二)更换解释变量

参考刘斌和潘彤(2020)的做法，将全球价值链参与度表示为

$$GVC\_Participation_{ijt} = \frac{(DVA\_INT\_REX_{ijkt} + MVA_{ijkt} + PDC_{ijkt} + RDV)}{TEXP_{ijkt}}$$

(4-16)

其中：$DVA\_INT\_REX_{ijkt}$表示t年i国k行业出口至j国又出口到第三国的国内增加值部分；MVA_{ijkt}表示出口国i在t年k行业出口到j国中来源于进口国j的国外增加值部分；PDC_{ijkt}表示重复计算部分，包括来源于国内投入的重复计算(DDC)和来源于外国投入的重复计算(FDC)；RDV表示返回国内增加值；$TEXP_{ijkt}$表示出口国i在t年k行业出口到j国的出口额。更换解释变量的计量回归结果如表4-4的第(2)列所示，全球价值链参与度的系数依旧在1%的水平上显著为正，验证了本章基准回归结果的稳健性。

(三)更换计量模型

由于被解释变量出口产品质量进行标准化处理后介于0~1之间，这使得该变量数据具有双向截断的性质，此时使用最小二乘虚拟变量法得到的线性回归模型的结果会出现回归系数有偏差的问题，因此，采用Tobit模型来解决该问题。更换模型的计量回归结果如表4-4的第(3)列所示。计量结果显示，全球价值链参与度的系数依旧在1%的水平上显著为正，这表明一国全球价值链参与度的加深能够显著提高该国出口产品的质量，即本章的结论是稳健的。

(四)更换聚类标准误

在基准回归中，本章使用的标准差为国家层面的聚类标准差，在稳健性检验中，将标准误聚类到行业层面，重新进行计量回归，其回归结果如表4-4的第(4)列所示。结果表明全球价值链参与度指数的系数依旧在1%的水平上显著，验证了本章基准回归结果的稳健性。

第四章　参与全球价值链对出口产品质量的影响

(五) Heckman 两步法

由于本章在样本选取上只考虑了存在贸易关系的国家，忽略了零贸易背景下产品质量的决定问题，采取 Heckman 两步法来解决样本自选择问题。首先，构建一国是否出口的虚拟变量，若该国出口，则虚拟变量取值为 1，否则取值为 0，在基准回归控制变量的基础上，参考王海成等(2019)的做法，加入该国上一期是否出口的虚拟变量作为额外的控制变量，采用 Probit 模型进行回归，计算逆米尔斯比(IMR)；其次，将计算的逆米尔斯比带入回归方程中进行回归。其计量结果如表 4-4 的第(5)、(6)列所示。由计量结果可知，逆米尔斯比在 1% 的水平上显著，表明确实存在样本选择偏差的问题。全球价值链参与度的系数依旧在 1% 的水平上显著，验证了本章基准结果的稳健性。

(六) 更换样本

本章基准模型中出口产品质量的数据来自对外经贸大学全球价值链数据库，接下来将 ADB(Asian Development Bank)数据库所提供的出口产品质量的数据和全球价值链参与度进行匹配，从国家层面实证检验参与全球价值链对出口产品质量的影响。其计量结果如表 4-4 的第(7)列所示，其全球价值链参与度的系数依旧在 1% 的水平上显著为正，验证了本章基准回归结果的稳健性。

表 4-4　参与全球价值链对出口产品质量的影响：稳健性检验

	(1) 更换被解释变量	(2) 更换解释变量	(3) 更换模型	(4) 更换聚类	(5) Heckman 两步法	(6)	(7) 更换样本
全球价值链参与度	0.056***	0.036***	0.044***	0.010***	0.036***	0.054***	0.041***
	(13.62)	(15.82)	(9.28)	(2.99)	(5.62)		(14.52)
IMR					0.254***		
					(6.66)		
经济发展水平	0.030***	0.029***	0.030***	0.020*	0.040***	0.074***	0.030***
	(10.98)	(14.26)	(2.83)	(1.69)	(8.17)	(3.25)	(12.13)
对外直接投资水平	0.010***	0.001	0.000	0.000	0.000	0.012***	0.001
	(14.23)	(0.06)	(0.36)	(0.53)	(1.27)	(3.50)	(0.04)
基础设施	0.002*	0.039***	0.001	0.005	0.002**	0.024***	0.002*
	(1.65)	(19.63)	(0.59)	(0.70)	(2.23)	(3.83)	(1.68)
行业规模	0.050	0.088	−0.001	−0.001	−0.001	0.020***	0.061
	(0.01)	(1.01)	(−1.81)	(−1.45)	(−2.29)	(5.52)	(0.13)
劳动力工资	0.003	0.015***	−0.001	−0.000	−0.001***	0.030***	0.002
	(0.76)	(15.62)	(−1.54)	(−0.69)	(−2.05)	(4.06)	(0.84)
创新能力	0.024***	0.045***	−0.001	0.002	−0.001	0.013**	0.036***

续表

	(1)	(2)	(3)	(4)	(5)	(6)	(7)
	更换被解释变量	更换解释变量	更换模型	更换聚类	Heckman 两步法		更换样本
	(11.11)	(19.96)	(−0.77)	(0.48)	(−1.73)	(1.91)	(14.82)
常数	0.285***	0.369	0.396***	0.531***	0.295***	−0.016***	0.267***
	(16.32)	(0.01)	(2.77)	(3.57)	(4.50)	(−2.63)	(1.25)
时间效应	控制	控制	控制	控制	控制	控制	控制
国家效应	控制	控制	控制	控制	控制	控制	控制
行业效应	控制	控制	控制	控制	控制	控制	控制
F	15.267	14.635	16.724	2.286			14.832
r2-a	0.432	0.562	0.595	0.548			0.477
N	9 536	9 432	5 256	4 374	9 460	9 460	9 542

注：小括号内的数值为 t 值，*、**和***分别代表在 10％、5％和 1％的水平下显著，标准差为国家层面的聚类标准差。

三、内生性问题

在本章中，全球价值链参与率和出口产品质量之间的内生性主要出现在两个方面。一是没有将所有可能影响出口产品质量且与全球价值链参与度相关的因素一一列出，导致全球价值链参与率可能与计量方程的误差项相关；二是可能存在反向因果关系，即究竟是参与全球价值链使出口产品质量发生变化，还是由于"自选择效应"，即具有不同出口产品质量的产品，更有可能根据自身产品质量的差异选择是否参与到全球价值链之中。考虑到主要解释变量的内生性问题，采用工具变量法，解决可能存在的内生性问题。

全球价值链参与度和出口产品质量可能存在主要解释变量与误差项相关和反向因果关系，因此采用三种工具变量来解决可能存在的内生性问题。计量结果如表 4-5 所示，每种工具变量均列出了第一阶段和第二阶段的计量结果。

第一种工具变量。采用滞后一期的全球价值链参与度作为工具变量；其计量结果如表 4-5 的第(1)、(2)列所示。由第(1)列可知，工具变量和解释变量之间存在显著的相关性，在第(2)列中全球价值链参与度在 1％的水平上显著为正，表明一国参与全球价值链能够显著促进该国在全球价值链上位置的

第四章 参与全球价值链对出口产品质量的影响

攀升,并且不可识别检验和弱识别检验均验证了本节工具变量选取的合理性。

第二种工具变量。参考盛斌等(2020)的方法,采用1975年的外贸依存度作为工具变量,外贸依存度用出口占GDP的比重来进行衡量。选取该变量作为工具变量的依据为:一方面,外贸依存度高的国家,其贸易环境要更好,更倾向于参与国际贸易与分工,因此其全球价值链参与度也越高,满足工具变量与主要解释变量之间的相关性假设;另一方面,1975年的外贸依存度是历史数据,满足外生性假设。外贸依存度作为工具变量的计量回归结果如表4-5的第(3)、(4)列所示。由第(3)列可知,外贸依存度和全球价值链参与度之间存在显著的相关性,由第(4)列可知,全球价值链参与度在1%的水平上显著为正,验证了本章基准回归结果的稳健性,且不可识别检验和弱工具变量均验证了工具变量选取的合理性。

表4-5的第(5)、(6)列为同时将两个工具变量纳入计量模型中的回归结果,全球价值链参与度依旧在1%的水平上显著为正,验证了本章基准回归结果的稳健性,且不可识别检验、弱识别检验和过度识别检验均验证了工具变量选取的合理性。

进一步对比表4-3和表4-5可发现,采用工具变量克服可能存在的内生性问题后,全球价值链参与度的系数变大,其中的原因可能在于以下两个方面。首先,在基准回归中,误差项中包含了对出口产品质量可能产生影响的变量,如进口中间品质量、关税水平、服务业发展水平、政府治理水平、全球价值链生产环节的锁定等,从而导致基准回归的系数小于采用工具变量后的主要解释变量的回归系数。其次,基准回归中,使用的是全样本进行估计,得到的结果是整体平均净效应,工具变量法中,使用的是和主要解释变量最相关的部分样本进行估计,得到的是局部平均效应,因此,使用工具变量法得到的主要解释变量的回归系数,大于基准回归中主要解释变量的回归系数。

表4-5 参与全球价值链对出口产品质量的影响：内生性问题

	工具变量1		工具变量2		工具变量1+工具变量2	
	(1)	(2)	(3)	(4)	(5)	(6)
	第一阶段	第二阶段	第一阶段	第二阶段	第一阶段	第二阶段
全球价值链参与度		0.227***		0.025***		0.361***
		(5.87)		(9.25)		(14.01)
工具变量1	0.060***				0.083***	
	(6.41)				(8.49)	
工具变量2			0.013***		0.016***	
			(13.10)		(19.20)	
经济发展水平	0.005**	0.007**	0.042***	0.044***	0.047***	0.046***
	(2.16)	(2.04)	(20.45)	(22.28)	(22.76)	(12.85)
对外直接投资水平	0.004*	0.008**	0.028***	0.027***	0.046***	0.018***
	(1.67)	(2.33)	(13.89)	(12.50)	(22.87)	(3.77)
基础设施	0.004	0.012***	0.011***	0.019***	0.031***	−0.030**
	(1.33)	(3.17)	(5.25)	(9.69)	(15.04)	(−2.16)
行业规模	0.002	0.014***	0.051***	0.029***	0.053***	0.046**
	(0.62)	(3.76)	(25.53)	(12.96)	(26.19)	(2.40)
劳动力工资	0.003	0.012***	−0.033***	0.041***	0.028***	0.056***
	(0.83)	(3.15)	(−15.29)	(20.25)	(13.33)	(8.15)
创新能力	0.006*	0.000	−0.019***	0.036***	0.037***	−0.003
	(1.72)	(0.003)	(−9.13)	(17.32)	(6.73)	(−0.41)
时间效应	控制	控制	控制	控制	控制	控制
国家效应	控制	控制	控制	控制	控制	控制
行业效应	控制	控制	控制	控制	控制	控制
F	41.09***		171.53***		248.65***	
不可识别检验		42.492***		142.671***		390.463***
弱识别检验		41.092		171.526		248.648
		[16.38]		[16.38]		[19.93]

第四章　参与全球价值链对出口产品质量的影响

续表

	工具变量1		工具变量2		工具变量1+工具变量2	
	（1）	（2）	（3）	（4）	（5）	（6）
	第一阶段	第二阶段	第一阶段	第二阶段	第一阶段	第二阶段
过度识别检验						0.001
						[0.9778]
N		9 600		9 543		9 543

注：小括号内的数值为 t 值；*、**和***分别代表在10%、5%和1%的水平下显著，弱识别检验中[ ]为10%水平上的临界值，过度识别检验中的[ ]为 p 值。

四、异质性分析

考虑到参与全球价值链对出口产品质量的影响随国家发展水平、行业性质、时间、行业要素密集度等的差异而存在差异，在该部分中，将对参与全球价值链对出口产品质量的影响进行异质性分析。

（一）基于国家经济发展水平的异质性分析

设置虚拟变量 D_i，若 i 国为发达国家则 $D_i=0$，若为发展中国家则 $D_i=1$，此时计量模型为

$$TQ_{ijt}=\alpha_0+\alpha_1 GVC\_participation_{ijt}+\alpha_2 Controls+ \\ \alpha_3 DiGVC\_participation_{ijt}+u+\varepsilon_{ijt} \tag{4-17}$$

其计量结果如表4-6的第(1)列所示。由计量结果可知，全球价值链参与度与虚拟变量 D_i 乘积的系数均在1%的水平上显著为正，这表明参与全球价值链对发展中国家的出口产品质量的影响更大。根据前文中对于参与全球价值链对一国出口产品质量的理论分析可以发现，参与全球价值链既可以通过学习效应、竞争效应、国际市场效应、规模经济效应和资源配置效应提升一国出口产品质量，也可能通过价格竞争压力、创新抑制效应来抑制一国出口产品质量的提升。对于发展中国家而言，在参与全球价值链之前，发展中国家只能依靠自身的生产要素和技术进行生产并出口，发展中国家的比较优势又集中在没有更高技术水平的商品上；当参与全球分工、融入全球价值链后，随着市场规模的扩大，发展中国家可以从其他国家进口更加先进的生产要素、学习先进国家的生产经验、进口高质量中间品，促进本国出口产品的技术水

平和出口质量提升，也可以利用规模经济，结合自身比较优势，降低生产成本，而生产成本又是影响出口质量的重要因素之一（石小霞 等，2019；曾艺 等，2022），还可以更好地配置资源从而发挥比较优势来促进出口产品质量的提升。与之对应的是，由于发达国家出口产品质量已经处于世界前沿水平，参与全球价值链，无法基于学习效应来提升出口产品质量，只能通过规模经济、资源配置效应来提高成本加成和出口产品质量，也有可能通过价格竞争压力、创新抑制效应来抑制发达国家出口产品质量。因此，相对于发达国家而言，发展中国家参与全球价值链对其出口产品质量的影响更大。

（二）基于时间的异质性分析

本节进一步将样本划分为金融危机前（2000—2007 年）和金融危机后（2008-2014），实证检验不同时间段参与全球价值链对出口产品质量的影响作用。设置虚拟变量 D_t，若 t 为金融危机前则 $D_t=0$，若为金融危机后则 $D_t=1$，此时计量模型为

$$TQ_{ijt} = \alpha_0 + \alpha_1 \text{GVC-Participation}_{ijt} + \alpha_2 \text{Controls} + \alpha_3 D_t \text{GVC-Participation}_{ijt} + \mu + \varepsilon_{it} \tag{4-18}$$

其计量结果如表 4-6 的第（2）列所示。根据计量结果可知，无论是金融危机前还是金融危机后，参与全球价值链都能够显著提高一国出口产品的质量。进一步比较全球价值链参与度与虚拟变量 D_t 乘积的系数可知，金融危机前参与全球价值链对出口产品质量的促进作用要大于金融危机后，这主要是由于，金融危机给世界各国的经济带来了不同的影响。金融危机前，各国为推动本国的发展积极参与全球价值链分工，生产要素的利用效率在经济全球化的快速推进中得到了明显的提高，促进了出口产品质量的提升和本国经济的发展；金融危机之后，各国纷纷实行贸易保护政策，以期降低世界经济波动对本国经济的影响。相应地，相对于 2008 年金融危机后，金融危机前，参与全球价值链对出口产品质量的影响更大。

（三）基于生产要素密集度的异质性分析

基于要素密集度的不同，进一步将样本划分为劳动密集型行业、资本密集型行业和知识密集型行业，讨论不同要素密集度下参与全球价值链对一国出口产品质量的影响。设置虚拟变量 D_{j1} 和 D_{j2}，若 j 行业为劳动密集型行业则 $D_{j1}=1$，若为其他行业则 $D_{j1}=0$；若 j 行业为资本密集型行业则 $D_{j2}=1$，若为其他行业则 $D_{j2}=0$。此时计量模型为

第四章 参与全球价值链对出口产品质量的影响

$$TQ_{ijt} = \alpha_0 + \alpha_1 \text{GVC\_Participation}_{ijt} + \alpha_2 \text{Controls} + \alpha_3 D_{j1} \text{GVC\_Participation}_{ijt} + \alpha_4 D_{j2} \text{GVC\_Partiaipction}_{ijt} + \mu + \varepsilon_{it}$$
(4-19)

其计量结果如表 4-6 的第(3)列所示。由表 4-6 中第 3 列的计量结果可知，不同要素密集度下全球价值链参与均能够促进一国出口产品质量的提升，进一步比较其系数可知，知识密集型行业参与全球价值链对出口产品质量的影响最大，其次是资本密集型，最小的是劳动密集型。

表 4-6 参与全球价值链对出口产品质量的影响：基于国家和时间异质性的分析

	（1）发达国家与发展中国家	（2）金融危机前后	（3）要素密集度差异
全球价值链参与度	0.117***	0.018***	0.016***
	(17.73)	(5.72)	(3.97)
经济发展水平	0.072***	0.023*	0.038***
	(9.88)	(2.26)	(4.53)
对外直接投资水平	−0.000	0.000	0.001*
	(−0.57)	(0.54)	(1.86)
基础设施	−0.002	0.006	0.002
	(−0.79)	(0.78)	(1.21)
行业规模	−0.001**	−0.001	−0.001
	(−2.13)	(−1.54)	(−1.59)
劳动力工资	0.001***	−0.000	−0.004***
	(2.94)	(−0.72)	(−8.33)
创新能力	−0.001	0.003	−0.002

续表

	（1）发达国家与发展中国家	（2）金融危机前后	（3）要素密集度差异
全球价值链参与度×虚拟变量 D_i	（−0.24）	(0.62)	（−1.57）
全球价值链参与度×虚拟变量 D_t	0.124***		−0.029
全球价值链参与度×虚拟变量 D_{j1}	(5.82)	−0.106***	（−3.78）
全球价值链参与度×虚拟变量 D_{j2}		（−4.97）	−0.031
			（−4.32）
常数	0.311	0.607***	0.563***
	(2.47)	(4.68)	(6.81)
时间效应	控制	控制	控制
国家效应	控制	控制	控制
行业效应	控制	控制	控制
F	31.872	19.376	16.864
调整 R	0.653	0.611	0.647
N	9 630	9 630	9 630

注：小括号内的数值为 t 值；*、**和***分别代表在10%、5%和1%的水平下显著。

五、机制检验

在第二章第四节中，分析了参与全球价值链可能影响出口绩效的两个机制：中间品进口、技术进步。为验证上述两个机制是否适用于参与全球价值链对出口产品质量的影响这一问题，采用中介效应模型，实证检验参与全球价值链对出口产品质量影响的机制。

参考江艇(2019)的方法，构建如下计量模型：

$$TQ_{ijt} = \alpha_0 + \alpha_1 Z_{ijt} + \alpha_2 controls + \mu + \varepsilon_{ijt} \quad (4-20)$$

$$Z_{ijt} = \beta_0 + \beta_1 GVC\_Participation_{ijt} + \mu + \varepsilon_{ijt} \quad (4-21)$$

其中，Z_{ijt}代表中间品进口、技术进步这两个机制。中间品进口，使用 i 国 j 行业进口中间品占全部中间品的比重来衡量，相关数据来自 WIOD 数据库中的国家间非竞争型投入产出表。技术进步，采用蒋庚华和曹张帆(2024)的计

第四章 参与全球价值链对出口产品质量的影响

算方法，使用 i 国 j 行业的劳动生产率来衡量，具体为 i 国 j 行业的附加值与劳动力之比。

计量结果如表4-7所示。根据表4-7的计量结果可知，参与全球价值链在1%的显著性水平下，对中间品进口和劳动生产率的影响系数均为正，中间品进口和劳动生产率在1%的显著性水平下对出口产品质量的影响也均为正。上述结果说明，参与全球价值链能够通过影响中间品进口（中间品进口效应）和劳动生产率（劳动生产率效应）提升出口产品质量。

表4-7 参与全球价值链对出口产品质量的影响：机制检验

	中间品进口效应		劳动生产率效应	
	中间品进口 (1)	出口产品质量 (2)	劳动生产率 (3)	出口产品质量 (4)
全球价值链参与度	0.142*** (4.68)		0.241*** (4.49)	
中间品进口		1.277*** (6.60)		
生产率				0.184*** (5.74)
经济发展水平	0.015*** (5.59)	−0.013*** (−5.32)	0.013*** (5.26)	−0.012*** (−4.67)
对外直接投资水平	0.002*** (3.70)	−0.002*** (−3.52)	0.002*** (3.65)	−0.001*** (−3.21)
基础设施	−0.003*** (−2.82)	0.003*** (2.93)	0.003** (2.49)	0.002** (2.28)
行业规模	0.000** (2.03)	0.001** (2.21)	0.002** (2.33)	0.001** (2.16)
劳动力工资	0.011** (2.20)	0.010** (2.18)	0.013*** (2.26)	0.016*** (2.29)

续表

	中间品进口效应		劳动生产率效应	
	中间品进口	出口产品质量	劳动生产率	出口产品质量
	(1)	(2)	(3)	(4)
创新能力	0.021**	0.020**	0.019**	0.020**
	(2.10)	(2.08)	(2.06)	(2.09)
常数	0.008***	0.007***	0.008***	0.007***
	(4.39)	(4.20)	(4.25)	(4.22)
时间固定效应	控制	控制	控制	控制
国家固定效应	控制	控制	控制	控制
行业固定效应	控制	控制	控制	控制
F	12.435	13.226	10.596	14.355
调整 R^2	0.612	0.583	0.694	0.733
N	11 340	11 340	11 340	11 340

注：小括号内的数值为 t 值；*、**和***分别代表在10%、5%和1%的水平下显著。

六、进一步分析

在进一步分析部分，首先，考虑到由于参与全球价值链可能对一国出口产品质量产生的"锁定"效应，即发展中国家被"锁定"在全球价值链的低附加值生产环节，本节通过在计量方程中加入被解释变量的平方项来验证全球价值链参与率和出口产品质量的非线性关系是否存在；其次，进一步探究前向参与度和后向参与度对出口产品质量的影响；最后，将基于中国的相关数据，验证在现阶段参与全球价值链对中国出口产品质量的影响。

(一) 基于非线性关系的考查

首先，为验证全球价值链参与度和出口产品质量的非线性关系，将全球价值链参与度的二次项加入到基准模型中，构建如下计量方程：

$$TQ_{ijt} = \alpha_0 + \alpha_1 GVC\_Participation_{ijt} + \alpha_2 GVC\_Participation_{ijt}^2 + \alpha_3 Controls + \mu + \varepsilon_{it} \quad (4-20)$$

其中，$GVC\_Participation_{ijt}^2$ 为全球价值链参与度的平方项，其余变量与基准

第四章 参与全球价值链对出口产品质量的影响

回归中保持一致。其计量结果如表 4-8 的第(1)列所示,结果表明,全球价值链参与度和出口产品质量之间存在"倒 U 形"关系。这主要是由于,当一国嵌入全球价值链达到一定程度时,可能会陷入"低端锁定",无法进一步通过参与全球价值链提升出口产品质量(吕越 等,2018),从而导致融入全球生产分工体系会对一国出口产品质量产生负面作用。

(二)基于前向参与率和后向参与度的考查

本节进一步探究前向参与度和后向参与度对出口产品质量的影响,并比较两者之间的大小,其计量结果如表 4-8 的第(2)~(4)列所示。根据计量结果可知,前向参与度对出口产品质量的影响显著为正,后向参与度对出口产品质量的影响显著为负,这主要是由于后向参的国家主要是依靠进口其他国家的中间品进行再加工的方式来参与全球分工,处于上游的国家为防止本国先进技术外溢,将低技术含量和低附加值的中间品出口到下游国家,从而对下游国家形成"低端锁定",进而抑制后向参与国家出口产品质量的提升。

表 4-8 参与全球价值链对出口产品质量的影响:进一步分析

	(1)	(2)	(3)	(4)
全球价值链参与度	0.056***			
	(14.91)			
全球价值链参与度二次项	−0.005***			
	(−13.22)			
前向参与度		0.064***		0.014***
		(3.71)		(4.37)
后向参与度			−0.057***	−0.059***
			(−10.58)	(−10.89)
经济发展水平	0.039***	0.038***	0.038***	0.039***
	(7.99)	(7.40)	(7.39)	(7.72)
对外直接投资水平	0.000	0.000	0.000	0.000
	(1.17)	(1.01)	(1.35)	(1.34)
基础设施	0.002**	0.002**	0.003***	0.003**
	(2.16)	(2.34)	(2.96)	(2.56)

续表

	(1)	(2)	(3)	(4)
行业规模	-0.001***	-0.001	-0.001***	-0.001***
	(-2.93)	(-1.54)	(-2.84)	(-2.87)
劳动力工资	-0.000	-0.001**	-0.000	-0.000
	(-1.03)	(-2.07)	(-0.86)	(-1.15)
创新能力	-0.001	-0.002*	-0.002*	-0.001
	(-1.14)	(-1.92)	(-1.89)	(-1.58)
常数	0.267***	0.321***	0.306***	0.285***
	(4.15)	(4.79)	(4.57)	(4.33)
时间效应	控制	控制	控制	控制
国家效应	控制	控制	控制	控制
行业效应	控制	控制	控制	控制
F	39.745	14.692	27.779	28.782
调整 R^2	0.592	0.570	0.574	0.581
N	9 630	9 630	9 630	9 630

注：小括号内的数值为 t 值；*、**和***分别代表在10%、5%和1%的水平下显著。

(三)基于中国样本数据的考查

为进一步讨论中国参与全球价值链对出口产品质量的影响，本节对中国样本进行实证分析，其计量结果如表 4-9 所示。其中，第(1)列为基准回归，由计量结果可知，全球价值链参与度的系数在1%的水平上显著为正，表明在现有样本下，参与全球价值链能够显著促进中国出口产品质量提升。第(2)~(5)列分别为更换被解释变量、更换解释变量、更换模型以及更换聚类情况下的实证检验结果，全球价值链参与率的系数均在1%的水平上显著为正，验证了基准回归结果的稳健性。

第四章 参与全球价值链对出口产品质量的影响

表 4-9 参与全球价值链对中国出口产品质量的影响：进一步分析

	(1) 基准回归	(2) 更换被解释变量	(3) 更换解释变量	(4) 更换模型	(5) 更换聚类
全球价值链参与度	0.361*** (9.40)	0.066*** (9.90)	0.023*** (6.23)	0.016*** (16.62)	0.184*** (10.25)
经济发展水平	0.056*** (4.47)	0.047*** (−4.09)	0.012 (0.02)	0.032** (2.03)	0.063** (2.33)
对外直接投资水平	0.004*** (3.62)	0.004*** (4.05)	0.001*** (9.99)	0.008* (1.77)	0.010* (1.69)
基础设施	0.012*** (7.33)	0.011*** (8.12)	0.102*** (6.66)	0.086** (2.22)	0.032** (2.36)
行业规模	0.045* (1.81)	0.035* (1.72)	0.039 (0.32)	0.012 (0.96)	0.063 (0.89)
劳动力工资	0.371 (1.60)	−0.295 (−1.57)	0.002 (0.002)	0.074** (2.39)	0.057** (2.43)
创新能力	0.976 (1.16)	0.295 (1.57)	0.016** (2.03)	0.022** (2.32)	0.036* (1.90)
常数	0.061** (2.40)	0.032 (0.06)	0.051 (0.22)	−1.36*** (−12.22)	0.987** (6.33)
时间效应	控制	控制	控制	控制	控制
行业效应	控制	控制	控制	控制	控制
F	30.25	25.88	36.23	41.02	20.32
调整 R^2	0.623	0.542	0.553	0.489	0.501
N	270	264	266	266	270

注：小括号内的数值为 t 值，*、** 和 *** 分别代表在 10%、5% 和 1% 的水平下显著。

第四节 本章主要结论

本章通过计算 2000—2014 年 42 个国家的制造业全球价值链参与度和出口产品质量，在相关文献所提出的研究假说的基础上，实证检验了全球价值链参与度对出口产品质量的影响，得到的结论如下。

第一，虽然从理论上来说，参与全球价值链，既可能提高一国出口产品质量，也可能由于"锁定效应"降低出口产品质量，但基于现有样本的计量分析表明，一国积极参与全球价值链能够显著提高该国出口产品质量，并且通过改变解释变量、改变被解释变量、更换聚类和更换模型之后，其结果依旧稳健。

第二，通过将样本划分为发达国家和发展中国家发现，发展中国家参与全球价值链对出口产品质量的促进作用要大于发达国家。

第三，通过比较不同时期全球价值链对出口产品质量的影响可知，金融危机前参与全球价值链对出口产品质量产生的促进作用大于金融危机后。

第四，知识密集型行业参与全球价值链对出口产品质量的影响最大，其次是资本密集型，最小的是劳动密集型。

第五，从参与全球价值链对出口产品质量的影响机制的检验结果来看，参与全球价值链能够通过提高中间品进口和劳动生产率从而提升出口产品质量。

第六，通过对参与全球价值链与出口产品质量之间的非线性关系的考察可知，参与全球价值链与出口产品质量之间存在"倒 U 形"的非线性关系。

第七，前向参与度促进了一国出口产品质量的提升，后向参与度由于受到"低端锁定"的影响，对出口产品质量产生了负向作用。

第七，在现阶段，参与全球价值链能够显著促进中国出口产品质量的提升，在更换被解释变量、更换解释变量、更换模型以及更换聚类后，这一结果同样依然稳健。

第五章　参与全球价值链对出口国内附加值率的影响

与第四章类似,在本章中,将以第二章中相关理论和第三章中对相关数据所进行的分析为基础,考虑到在全球价值链背景下,出口收益的衡量更多的是基于出口国内附加值的多少和出口国内附加值率的高低而非出口总量的大小,因此,本章以出口国内附加值率作为衡量出口绩效的指标,再基于相关文献,首先提出参与全球价值链对出口国内附加值率影响的理论机制,其次采用计量经济学的相关方法,实证研究参与全球价值链对出口国内附加值率的影响。

第一节　参与全球价值链对出口国内附加值率影响的理论机制

参与全球价值链对出口国内附加值率的影响可以归纳为正面影响和负面影响两个方面。

从正面影响来看,参与全球价值链对出口国内附加值率的影响主要来自以下五个方面。

第一,中间品进口效应。一方面,中间品质量的提高有助于提升一国的出口国内附加值率。参与全球价值链使得各国进口更具有比较优势国家生产的中间品,这些中间品,要么具有较低的成本,要么具有较高的技术。对于进口包含较高技术水平的中间品而言,进口中间品可以通过技术溢出效应来促进本国创新能力以及生产技术的提高,从而促进国内出口国内附加值率的提升(诸竹君 等,2018)。另一方面,参与全球价值链增加了中间品来源的多样性，一国不仅可以使用本国的中间产品进行生产，同时还可以进口国外优质的中间品进行生产，从而加剧了国内中间品市场的竞争激烈程度（Hidalgo et al.，2007），国内市场中的中间品通过降低价格、提高质量来提高其在市场中的竞争力。如果企业为追求利润最大化从而选择国内中间品进行生产，由于相对此前更低的生产成本，本国出口产品的国内附加值率将得到提高（宋灿等，2023）。

第二，学习效应。参与全球价值链可以促进不同国家和地区之间的技术交流和创新合作。同时对于发展中国家和新兴经济体而言，参与全球价值链可以促进其学习发达国家先进的生产技术、管理经验以及进口发达国家的产品（陶锋等，2008）。通过学习先进的生产技术和管理经验，同时将其和本国的生产实际结合起来，能够提高本国的生产效率和生产技术，进而提高本国出口产品的附加值率。

第三，市场集聚效应。参与全球价值链促进了国际贸易网络的扩张，一国出口产品的范围和规模在不断地增加，进而加剧了市场的竞争程度。在此背景下，一国想要提升其在国际市场的竞争力，俘获更大的市场份额，就必须充分发挥市场集聚效应，打破市场分割，为企业获取国内生产要素创造更多的便利，从而提高本国的出口国内附加值率（龚三乐，2009；吕越等，2018）。

第四，外商直接投资效应。全球价值链的嵌入为本国吸引了更多的外商直接投资（罗伟等，2019）。外国企业的进入往往会带来先进的生产技术、管理经验和人力资本，本土企业可以通过学习、模仿来提高本国的生产技术和劳动力质量，进一步提高生产要素利用率和生产效率（包群等，2002；赖明勇等，2005；王滨，2010），从而提高一国的出口国内附加值率。

第五，分工合作。全球价值链促使各国企业在生产过程中选择最具竞争力的环节参与，通过优化资源配置，提高生产效率和降低成本。这种分工合作使得出口国企业可以专注于自身擅长的环节，并从其他国家的企业获取相对低成本的中间产品或服务。通过分工合作，出口企业的附加值率可以得到提高。

参与全球价值链对出口国内附加值率的负面影响，主要包括以下两个方面。

第一，价格竞争效应。参与全球价值链使得一国面临更加激烈的市场竞

第五章 参与全球价值链对出口国内附加值率的影响

争,企业为了在国际竞争中获利,可能会从降低成本的角度,使用一些无法满足高质量要求的中间品,或是迫于竞争压力减少研发投入,从而降低出口国内附加值率。

第二,低端"锁定",抑制技术创新。发展中国家参与全球价值链过程中,往往会受制于发达国家的跨国公司,被"锁定"在国内附加值率较低的生产环节,使得该国的生产技术受制于其他国家(李小平 等,2021),无法基于要素禀赋,进行有利于本国技术水平提升的技术创新,从而抑制了出口国内附加值率的提升。

基于上述分析,本书提出如下研究假说。

研究假说了:参与全球价值链是否能够提高一国的出口国内附加值率,取决于参与全球价值链所带来的正面影响和负面影响的比较,如果正面影响大于负面影响,参与全球价值链将提高出口国内附加值率,反之,将降低出口国内附加值率。

第二节 计量模型的设定和数据来源

一、计量模型的设定

本书的被解释变量为出口国内附加值率,解释变量为全球价值链参与度,构建如下计量方程:

$$DVAR_{ijt} = \alpha_0 + \alpha_1 \text{GVC-Participation}_{ijt} + \alpha_2 \text{Controls} + \mu + \varepsilon_{it} \quad (5-1)$$

其中,$DVAR_{ijt}$ 为 t 年 i 国 j 行业的出口国内附加值率;$GVC\_Partiaipction_{ijt}$ 为 t 年 i 国 j 行业的全球价值链参与度;Controls 为控制变量;μ 表示一系列固定效应,具体包括时间固定效应、国家固定效应和行业固定效应;ε_{it} 为随机扰动项。

二、变量的选取

1. 出口国内附加值率。王直等(2015)将被国外吸收的国内增加值(DVA)分为三部分,分别为最终出口中的国内增加值(DVA_FIN)、被直接进口国吸收的中间出口(DVA_INT)和被直接进口国生产向第三国出口所吸收的中间出口(DVA-INTREX)。DVA 可最终表示为：

$$\mathrm{DVA}_{ij} = \underbrace{(V^i B^{ii})' \# Y^{ij}}_{\mathrm{DVA\text{-}FIN}} + \underbrace{(V^i L^{ii})' \# (A^{ij} B^{jj} Y^{jj})}_{\mathrm{DVA\text{-}INT}} +$$

$$\underbrace{\{(V^i L^{ii})' \# (A^{ij} B^{jk} Y^{kk}) + (V^i L^{ii})' \# (A^{ij} B^{jj} Y^{jk}) + (V^i L^{ii})' \# (A^{ij} B^{jk} Y^{kj})\}}_{\mathrm{DVA\text{-}INTREX}} \quad (5\text{-}2)$$

本书将出口国内附加值率定义为

$$\mathrm{DVAR}_{ijt} = \frac{\mathrm{DVA}_{ijt}}{\mathrm{EXPE}_{ijt}} \tag{5-3}$$

其中，DVA_{ijt} 为 t 年 i 国 j 行业的出口国内附加值，EXPE_{ijt} 为 t 年 i 国 j 行业的出口额。

2. 全球价值链参与度。Wang 等(2017)将一国的总生产活动分为纯国内生产活动、传统国际贸易、简单 GVC 活动和复杂 GVC 活动 4 部分：

$$\hat{V}B\hat{Y} = \hat{V}L\hat{Y}^D + \hat{V}L\hat{Y}^F + \hat{V}LA^F\hat{X} = \hat{V}L\hat{Y}^D + \hat{V}L\hat{Y}^F + \hat{V}LA^FB\hat{Y}$$
$$= \hat{V}L\hat{Y}^D + \hat{V}L\hat{Y}^F + \hat{V}LA^FB\hat{Y}^D + \hat{V}LA^F(B\hat{Y} - L\hat{Y}^D) \tag{5-4}$$

加总公式(5-4)的各列，可以得到各国各行业增加值的去向：

$$va' = \hat{V}BY = \underbrace{\hat{V}L\,Y^D}_{V\_D} + \underbrace{\hat{V}L\,Y^F}_{V\_RT} + \underbrace{\hat{V}LA^FL\,Y^D}_{V\_GVC\_S} + \underbrace{(B\hat{Y} - L\hat{Y}^D)}_{V\_GVC\_C} \tag{5-5}$$

加总公式(5-4)的各行，可得到各国各行业最终产出的增加值来源：

$$Y' = VB\hat{Y} = \underbrace{VL\hat{Y}^D}_{Y\_D} + \underbrace{VL\hat{Y}^F}_{Y\_RT} + \underbrace{VLA^FL\hat{Y}^D}_{Y\_GVC\_S} + \underbrace{VLV^F(B\hat{Y} - L\hat{Y}^D)}_{Y\_GVC\_C} \tag{5-6}$$

其中：V_D 和 Y_D 为纯国内生产并吸收的增加值；V_RT 和 Y_RT 为包含在最终产品出口中的国内附加值；V_GVC_S 和 Y_GVC_S 为简单跨境生产；V_GVC_S 是一国中间产品出口中所包含的国内增加值，Y_GVC_S 为外国中间产品进口中所包含的国外增加值；V_GVC_C 和 Y_GVC_C 为复杂跨境生产；V_GVC_C 是指一国出口的国内增加值被其他国家进口用于生产出口品；Y_GVC_C 为其他国家进口中间品包含的外国增加值或折返的国内增加值。因此，将一国 GVC 前向参与度和后向参与度表示为

第五章　参与全球价值链对出口国内附加值率的影响

$$\text{GVCPt}_f = \frac{\text{V\_GVC\_S}}{va'} + \frac{\text{V\_GVC\_C}}{va'} = \frac{\hat{V}LA^F BY}{va'} \tag{5-7}$$

$$\text{GVCPt}_b = \frac{\text{Y\_GVC\_S}}{Y'} + \frac{\text{Y\_GVC\_C}}{Y'} = \frac{VLA^F B\hat{Y}}{Y'} \tag{5-8}$$

参考马盈盈(2019)的方法构建全球价值链参与度和出口国内附加值率指数：

$$\text{GVC\_Participation} = \text{GVCPt}_f + \text{GVCPt}_b \tag{5-9}$$

3. 控制变量。①经济发展水平(lnGDP)：用一国国内生产总值的对数值来衡量；②互联网发展水平(lnict)，用固定电话和移动电话订阅数之和的对数值来衡量；③行业规模(lnemp)：用行业内就业人数的对数值进行衡量；④资本密集度(lnk)：用行业资本存量与从业人员比值的对数值来进行衡量；⑤研发投入(rd)：用研发支出占 GDP 百分比来进行衡量；⑥人力资本(hc)，用人力资本指数来进行衡量。

三、相关数据来源

本章被解释变量出口国内附加值率和解释变量全球价值链参与度数据来源于对外经贸大学全球价值链数据库，经济发展水平(lnGDP)、互联网发展水平(lnict)、研发投入(rd)三个控制变量的数据来源于世界银行数据库，行业规模(lnemp)、资本密集度(lnk)这两个控制变量的数据来源于社会经济账户(SEA)数据库，人力资本(hc)来源于佩恩表。本章选取了 42 个国家 2000—2014 年 54 个行业的数据为研究样本。表 5-1 为变量的描述性统计，从中可以发现，本章的计量分析使用的是平衡面板数据，除互联网发展水平一项外，其余各变量的方差均在 2.0 以下。表 5-2 为各变量间的相关系数矩阵，由表 5-2 可知，全球价值链参与度和出口国内附加值率的相关系数显著为正，与预期保持一致，且主要解释变量与控制变量之间相关系数的绝对值均未超过 0.7，说明主要解释变量与控制变量之间不存在较强的线性关系。

表 5-1 变量描述性统计

	观测值	均值	方差	最小值	中位数	最大值
出口国内附加值率	34 020	−0.20	0.43	−2.40	−0.22	5.16
全球价值链参与度	34 020	−0.51	0.54	−2.59	−0.44	3.25
经济发展水平	34 020	13.12	1.71	9.04	12.99	16.72
互联网发展水平	34 020	8.38	2.80	0.00	9.08	12.89
行业规模	34 020	3.63	1.81	0.00	3.58	9.40
研发投入	34 020	2.26	1.22	0.00	2.74	3.79
人力资本	34 020	3.25	1.08	0.00	1.88	3.65
资本密集度	34 020	25.05	1.80	20.73	25.13	29.16

表 5-2 变量间相关系数矩阵

	lnDVAR	lnGVC-Participation	lnGDP	Lnict	lnemp	rd	gc	lnk
lnDVAR	1.000							
lnGVC-Participation	−0.611***	1.000						
	(0.000)							
lnGDP	0.389***	−0.458***	1.000					
	(0.000)	(0.000)						
lnict	0.130***	−0.140***	0.510***	1.000				
	(0.000)	(0.000)	(0.000)					
lnemp	0.304***	−0.304***	0.754***	0.254***	1.000			
	(0.000)	(0.000)	(0.000)	(0.000)				
rd	−0.212***	0.260***	−0.014	0.414***	−0.132***	1.000		
	(0.000)	(0.000)	(0.139)	(0.000)	(0.000)			
hc	0.325***	−0.348***	0.702***	0.240***	0.633***	−0.035***	1.000	
	(0.000)	(0.000)	(0.000)	(0.000)	(0.000)	(0.000)		
lnk	0.338***	−0.421***	0.981***	0.613***	0.720***	0.078***	0.721***	1.000
	(0.000)	(0.000)	(0.000)	(0.000)	(0.000)	(0.000)	(0.000)	

注：小括号内的数值为 p 值；*、**和***分别代表在10%、5%和1%的水平下显著。

第五章　参与全球价值链对出口国内附加值率的影响

第三节　计量结果及分析

一、基准回归结果及分析

基于计量方程(5-1)，表 5-3 为逐步加入控制变量的基准回归结果。根据计量结果可知，在逐步加入控制变量之后，全球价值链参与度的系数始终在 1% 的水平上显著为正，这表明在现有样本下，嵌入全球价值链能够显著提高一国的出口国内附加值率。进一步关注控制变量的系数及其显著性可知，经济发展水平在 1% 的水平上显著为正，说明一国经济发展水平越高，相应的技术水平和生产率也越高，因此，该国出口中所包含的本国国内附加值越高；互联网发展水平的系数在 1% 的水平上显著为正，一国互联网发展水平越高，则该国的基础设施越完善，创新能力越高，因此出口国内附加值率越高；行业规模在 1% 的水平上显著为正，行业规模越大，越能够发挥规模效应，进而提高生产要素的利用率，从而促进出口国内附加值率的提升；研发投入的系数在 1% 的水平上显著为正，一国研发投入占 GDP 的比重越大，表明该国越重视科技创新，因此在出口产品中所包含的本国国内的附加值就越高；人力资本的系数在 1% 的水平上显著为正，一国劳动力受教育水平越高，越有能力创造和使用先进的生产要素，从而提高出口国内附加值率；资本密集度的系数在 10% 的水平上显著为正，一国生产过程中使用资本要素越多，越能够提高本国出口产品中的国内附加值。控制变量的估计结果也基本符合常识。

表 5-3　参与全球价值链对出口国内附加值率的影响：基准回归结果

	(1)	(2)	(3)	(4)	(5)	(6)	(7)
全球价值链参与度	0.265***	0.262***	0.270***	0.268***	0.268***	0.266***	0.269***
	(11.24)	(11.09)	(11.48)	(11.03)	(10.99)	(10.99)	(10.48)
经济发展水平		0.118***	0.137***	0.109***	0.102***	0.080*	0.147***
		(3.94)	(3.90)	(2.57)	(2.40)	(1.86)	(7.50)
互联网发展水平			0.001***	0.002	0.001	0.001	0.001***
			(6.38)	(0.50)	(0.41)	(0.41)	(6.34)
行业规模				0.011***	0.010***	0.006*	0.002***
				(3.15)	(3.04)	(1.99)	(5.76)
研发投入					0.016**	−0.016**	0.021***
					(2.24)	(−2.27)	(2.76)
人力资本						0.014***	0.018***
						(4.20)	(5.00)
资本密集度							0.073*
							(1.70)
常数	−0.332***	−1.880***	−2.144***	−1.816***	−1.683***	−1.493***	−0.573
	(−26.63)	(−4.80)	(−4.78)	(−3.35)	(−3.09)	(−2.73)	(−1.05)
时间效应	控制	控制	控制	控制	控制	控制	控制
国家效应	控制	控制	控制	控制	控制	控制	控制
行业效应	控制	控制	控制	控制	控制	控制	控制
F	126.393	76.900	55.697	34.992	28.661	31.016	24.825
调整 R^2	0.579	0.580	0.603	0.599	0.599	0.600	0.593
N	34 020	34 020	34 020	34 020	34 020	34 020	34 020

注：小括号内的数值为 t 值；*、** 和 *** 分别代表在 10%、5% 和 1% 的水平下显著，标准差为国家层面的聚类标准差。

二、稳健性检验

为验证基准回归中计量结果的稳健性，在稳健性检验中，采用更换解释变量、更换聚类标准误、剔除异常值和更换样本 4 种方法，对基准回归进行稳健性检验。

第五章　参与全球价值链对出口国内附加值率的影响

(一)更换解释变量

参考刘斌和潘彤(2020)的做法,将全球价值链参与度表示为

$$\text{GVC\_Participation}_{ijt} = \frac{(\text{DVA\_INT\_REX}_{ijkt} + \text{MVA}_{ijkt} + \text{PDC}_{ijkt} + \text{RDV})}{\text{TEXP}_{ijkt}}$$

(5-10)

其中:$\text{DVA\_INT\_REX}_{ijkt}$表示$t$年$i$国$k$行业出口至$j$国又出口到第三国的国内增加值部分;$\text{MVA}_{ijkt}$表示出口国$i$在$t$年$k$行业出口到$j$国中来源于进口国$j$的国外增加值部分;$\text{PDC}_{ijkt}$表示重复计算部分,包括来源于国内投入的重复计算(DDC)和来源于外国投入的重复计算(FDC);RDV表示返回国内增加值;TEXP_{ijkt}表示出口国i在t年k行业出口到j国的出口额。更换解释变量的计量回归结果如表 5-4 的第(1)列所示,全球价值链参与度的系数依旧在 1% 的水平上显著为正,验证了本章基准回归结果的稳健性。

(二)更换聚类标准误

本节将标准误聚类到行业层面,重新进行计量回归,其回归结果如表 5-4 的第(2)列所示,结果表明全球价值链参与度指数的系数依旧在 1% 的水平上显著,验证了本章基准回归结果的稳健性。

(三)剔除异常值

首先,为消除异常值对计量结果的影响,分别对被解释变量和解释变量进行 2.5% 的缩尾处理,其计量结果如表 5-4 的第(3)、第(4)列所示。

其次,考虑到金融危机给各国的经济发展带来了不同程度的影响,为消除金融危机对当年计量结果的影响,进一步剔除 2008 年的数据,重新进行计量回归,其结果如表 5-4 的第(5)列所示。其全球价值链参与度的系数依旧在 1% 的水平上显著为正,验证了本章基准回归结果的稳健性。

(四)更换样本Ⅰ

本书基准模型中出口国内附加值率的数据是通过对外经贸大学全球价值链数据库进行测算的,本书进一步将 OECD 数据库所提供的出口国内附加值率的数据和全球价值链参与度进行匹配,从国家层面实证检验参与全球价值链对出口国内附加值率的影响。其计量结果如表 5-4 的第(6)列所示,结果表明,其全球价值链参与度的系数依旧在 1% 的水平上显著为正,验证了本书基准回归结果的稳健性。

(五)更换样本 II

本章基准模型中出口国内附加值率的数据是通过对外经贸大学全球价值链数据库进行测算的，进一步将 ADB 数据库所提供的出口国内附加值率的数据和全球价值链参与度进行匹配，从国家层面实证检验参与全球价值链对出口国内附加值率的影响。其计量结果如表 5-4 的第(7)列所示，其全球价值链参与度的系数依旧在 1% 的水平上显著为正，验证了本章基准回归结果的稳健性。

表 5-4 参与全球价值链对出口国内附加值率的影响：稳健性检验

	(1) 更换解释变量	(2) 更换聚类	(3) 被解释变量缩尾	(4) 解释变量缩尾	(5) 剔除 2008 年数据	(6) 更换样本 I	(7) 更换样本 II
全球价值链参与度	0.236***	0.269***	0.260***		0.223***	0.024***	0.245***
	(9.65)	(4.12)	(13.06)		(19.63)	(24.32)	(10.04)
全球价值链参与度(缩尾处理)				0.352***			
				(17.91)			
经济发展水平	0.152***	0.147*	0.173***	0.162*	0.123	0.265*	0.163***
	(10.45)	(1.75)	(2.87)	(1.68)	(0.26)	(1.77)	(10.76)
互联网发展水平	0.023***	0.001	−0.001	0.001	0.030***	0.236***	0.027***
	(6.66)	(0.37)	(−0.52)	(0.35)	(2.88)	(15.64)	(6.98)
行业规模	0.029***	0.002***	−0.002	0.003	0.014***	0.025	0.034***
	(3.26)	(11.32)	(−1.02)	(1.02)	(6.23)	(1.42)	(3.41)
研发投入	0.032	0.021***	0.018***	0.022***	0.033***	0.002	0.030
	(0.06)	(3.06)	(2.97)	(3.00)	(15.26)	(0.001)	(0.05)
人力资本	0.008***	0.018	0.012***	0.017***	0.020	0.026***	0.012***
	(11.26)	(1.45)	(4.65)	(4.95)	(0.36)	(19.69)	(13.37)
资本密集度	0.325***	−0.073**	−0.093***	−0.078*	0.263	0.027	0.334***
	(16.99)	(−2.28)	(−3.40)	(−1.89)	(1.21)	(0.98)	(17.66)
常数	0.263	−0.573	−0.317	−0.664	16.32**	14.43	0.282

第五章 参与全球价值链对出口国内附加值率的影响

续表

	(1)	(2)	(3)	(4)	(5)	(6)	(7)
	更换解释变量	更换聚类	被解释变量缩尾	解释变量缩尾	剔除2008年数据	更换样本Ⅰ	更换样本Ⅱ
	(0.023)	(−0.89)	(−0.78)	(−1.23)	(2.01)	(0.03)	(0.029)
时间效应	控制	控制	控制	控制	控制	控制	控制
国家效应	控制	控制	控制	控制	控制	控制	控制
行业效应	控制	控制	控制	控制	控制	控制	控制
F	15.23	9.106	34.368	59.901	30.26	22.26	16.07
r2-a	0.635	0.593	0.692	0.604	0.562	0.459	0.662
N	34 020	34 020	32 100	31 000	31 752	630	34 160

注：小括号内的数值为 t 值；*、**和***分别代表在10%、5%和1%的水平下显著。

三、内生性问题的处理

在本章中，全球价值链参与率和出口国内附加值率之间的内生性主要出现在两个方面。一是没有将所有可能影响出口国内附加值率的因素一一列出，导致全球价值链参与率可能与计量方程的误差项相关；二是可能存在反向因果关系，即究竟是参与全球价值链使出口国内附加值率发生变化，还是由于"自选择效应"，即一国选择将本国出口国内附加值率更高的产品用于参与到全球价值链分工之中。考虑到主要解释变量的内生性问题，本节采用工具变量法，找到可行的工具变量，对可能存在的内生性问题进行处理。

全球价值链参与度和出口国内附加值率可能存在基于"自选择效应"的反向因果关系，因此本书采用工具变量法来解决可能存在的内生性问题。

第一，采用滞后一期的全球价值链参与度作为工具变量；其计量结果如表5-5的第(1)、(2)列所示。由第(1)列可知，工具变量和解释变量之间存在显著的相关性，在第(2)列中全球价值链参与度在1%的水平上显著为正，表明一国参与全球价值链能够显著促进该国制造业出口国内附加值率的提升，并且不可识别检验和弱识别检验均验证了本节工具变量选取的合理性。

第二，参考盛斌等(2020)的方法采用1975年的外贸依存度作为工具变量，外贸依存度用出口占GDP的比重来进行衡量。选取该变量作为工具变量的依据为：一方面，外贸依存度高的国家，其贸易环境要更好，更倾向于参与国际贸易与分工，因此其全球价值链参与度也越高，满足相关性假设；另一方面，1975年的外贸依存度是历史数据，满足外生性假设。外贸依存度作为工具变量的计量回归结果如表5-5的第(3)、(4)列所示。由第(3)列可知，外贸依存度和全球价值链参与度之间存在显著的相关性，由第(4)列可知，全球价值链参与度在1%的水平上显著为正，验证了本章基准回归结果的稳健性，且不可识别检验和弱工具变量均验证了工具变量选取的合理性。

表5-5中的第(5)、(6)列为同时将两个工具变量纳入计量模型中的回归结果，全球价值链参与度依旧在1%的水平上显著为正，验证了本章基准回归结果的稳健性，且不可识别检验、弱识别检验和过度识别检验均验证了工具变量选取的合理性。

对比表5-3和表5-5可以发现，采用工具变量克服可能存在的内生性问题后，全球价值链参与度的系数变大。同时采用工具变量1和工具变量2后，主要解释变量的回归系数变大约23%。其中的原因在于，基准回归中，使用的是全样本进行估计，得到的结果是整体平均净效应，工具变量法中，使用的是和主要解释变量最相关的部分样本进行估计，得到的是局部平均效应，因此，使用工具变量法得到的主要解释变量的回归系数，大于基准回归中主要解释变量的回归系数。

表5-5 参与全球价值链对出口国内附加值率的影响：内生性检验

	工具变量1		工具变量2		工具变量1+工具变量2	
	(1)	(2)	(3)	(4)	(5)	(6)
	第一阶段	第二阶段	第一阶段	第二阶段	第一阶段	第二阶段
全球价值链参与度		0.453***		0.186***		0.3332***
		(15.23)		(19.66)		(17.32)
工具变量1	0.023***				0.026***	
	(14.36)				(6.49)	
工具变量2			0.064***		0.063***	
			(49.63)		(9.88)	
经济发展水平	0.026**	0.324	0.024***	0.032***	0.065***	0.047***
	(21.26)	(11.29)	(4.24)	(29.98)	(26.35)	(19.35)
互联网发展水平	0.056	0.018**	0.045***	0.022***	0.021***	0.008
	(1.02)	(2.33)	(18.59)	(19.33)	(25.00)	(0.231)

第五章　参与全球价值链对出口国内附加值率的影响

续表

	工具变量1		工具变量2		工具变量1+工具变量2	
	(1)	(2)	(3)	(4)	(5)	(6)
	第一阶段	第二阶段	第一阶段	第二阶段	第一阶段	第二阶段
行业规模	0.025	1.002	0.073***	0.023	0.001***	0.024**
	(0.02)	(0.082)	(44.25)	(0.001)	(17.84)	(2.16)
研发投入	0.220***	0.014**	0.007***	0.024***	0.003***	0.046**
	(10.36)	(2.36)	(28.53)	(17.65)	(26.18)	(2.33)
人力资本	0.063	0.024	0.234***	0.004	0.028*	0.082***
	(0.05)	(1.22)	(9.62)	(0.00)	(1.75)	(14.25)
资本密集度	0.044***	0.005	0.003*	0.022***	0.144***	0.024
	(9.24)	(0.03)	(1.88)	(19.65)	(8.55)	(0.25)
时间效应	控制	控制	控制	控制	控制	控制
国家效应	控制	控制	控制	控制	控制	控制
行业效应	控制	控制	控制	控制	控制	控制
F	33.63***		189.32***		223.45***	
不可识别检验		78.281***		144.54***		3 000.477***
弱识别检验		53.241		92.564		187.59
		[16.38]		[16.38]		[19.93]
过度识别检验						0.021
						[0.258]
N		33 960		38 650		33 960

注：小括号内的数值为 t 值；*、**和***分别代表在10%、5%和1%的水平下显著，弱识别检验中[]为10%水平上的临界值，过度识别检验中的[]为 p 值。

四、异质性分析

考虑到不同类型的国家、行业、要素密集度等可能在参与全球价值链对出口国内附加值的影响上所产生的异质性影响，在该部分中，书将基于不同性质的样本,对参与全球价值链对出口国内附加值率的影响进行异质性分析。

(一)基于国家经济发展水平的异质性分析

按照国家发展水平的不同,进一步将样本划分为发展中国家和发达国家,分别检验不同经济发展水平下,全球价值链参与度对一国出口国内附加值率的影响。设置虚拟变量 D_i,若 i 国为发达国家则 $D_i=0$,若为发展中国家则 $D_i=1$,此时计量模型为

$$\text{DVAR}_{ijt} = \alpha_0 + \alpha_1 \text{GVC\_Participation}_{ijt} + \alpha_2 \text{Controls} + \alpha_3 D_i \text{GVC\_Participation}_{ijt} + \mu + \varepsilon_{it} \quad (5\text{-}11)$$

其计量结果如表 5-6 的第(1)列所示。由计量结果可知,无论是发达国家还是发展中国家,其全球价值链参与度的系数均为显著为正。进一步比较全球价值链参与度与虚拟变量 D_i 乘积的系数可知,发展中国家参与全球价值链对出口国内附加值率的影响要大于发达国家。其中可能的原因是,发展中国家技术水平较低,在参与全球价值链之前,单纯依靠本国技术水平和要素禀赋,无法生产具有高国内附加值率的产品;参与全球价值链可以通过学习效应、外溢效应提高发展中国家的技术水平,进而提升发展中国家的出口国内附加值率,这也是国际贸易促进发展中国家技术水平提升的一个佐证。

(二)基于时间的异质性分析

本节进一步将样本划分为金融危机前(2000—2007 年)和金融危机后(2008—2014 年),实证检验不同时间段参与全球价值链对出口国内附加值率的影响作用。设置虚拟变量 D_t,若 t 为金融危机前则 $D_t=0$,若为金融危机后则 $D_t=1$,此时计量模型为

$$\text{DVAR}_{ijt} = \alpha_0 + \alpha_1 \text{GVC\_Participation}_{ijt} + \alpha_2 \text{Controls} + \alpha_3 D_t \text{GVC\_Participation}_{ijt} + \mu + \varepsilon_{it} \quad (5\text{-}12)$$

其计量结果如表 5-6 的第(2)列所示。根据计量结果可知,无论是金融危机前,还是金融危机后,全球价值链参与度的系数均在 1% 的水平上显著为正。进一步比较全球价值链参与度与虚拟变量 D_t 乘积的系数可知,金融危机前参与全球价值链对出口国内附加值率的促进作用要大于金融危机后。这一计量结果产生的可能原因在于,2008 年金融危机后,各国对于来自其他国家的中间品限制程度增加,导致参与全球价值链无法获得更高质量的中间品,从而降低了本国出口产品的国内附加值率。

第五章　参与全球价值链对出口国内附加值率的影响

(三)基于要素密集度的异质性分析

基于要素密集度的不同,进一步将样本划分为劳动密集型行业、资本密集型行业和知识密集型行业,讨论不同要素密集度下参与全球价值链对一国出口国内附加值率的影响。设置虚拟变量 D_{j1} 和 D_{j2},若 j 行业为劳动密集型行业则 $D_{j1}=1$,若为其他行业则 $D_{j1}=0$;若 j 行业为资本密集型行业则 $D_{j2}=1$,若为其他行业则 $D_{j2}=0$,此时计量模型为

$$\text{DVAR}_{ijt} = \alpha_0 + \alpha_1 \text{GVC\_Participation}_{ijt} + \alpha_2 \text{Controls} + \alpha_3 D_{j1} \text{GVC\_Participation}_{ijt} + \alpha_4 D_{j2} \text{GVC\_Participation}_{ijt} + \mu + \varepsilon_{it} \tag{5-13}$$

其计量结果如表 5-7 第(1)列所示。由计量结果可知,全球价值链参与度的系数均为显著正,且知识密集型行业全球价值链系数最大,其次是资本密集型行业,最小的是劳动密集型行业。这主要是由于,劳动密集型行业主要依靠劳动力进行生产活动,其创造的附加值较少;而资本密集型行业和知识密集型行业更依靠高科技生产要素,积极参与全球价值链可以使其引进全球范围内先进的生产要素,结合本国相关丰裕的生产要素,提升本国技术水平,创造更多的附加值,此外,引进其他国家的先进技术,还能通过技术溢出效应,促进本国出口国内附加值率提升。

(四)基于全球价值链嵌入程度的异质性分析

本节根据一国嵌入全球价值链的程度将样本划分为嵌入程度深和嵌入程度浅两组,实证检验不同的全球价值链嵌入程度对出口国内附加值率的影响。其计量结果如表 5-7 的第(2)列所示。设置虚拟变量 D_i,若 i 国为全球价值链嵌入程度深的国家则 $D_i=0$,若为嵌入程度浅的国家则 $D_i=1$,此时计量模型为

$$\text{DVAR}_{ijt} = \alpha_0 + \alpha_1 \text{GVC\_Participation}_{ijt} + \alpha_2 \text{Controls} + \alpha_3 D_i \text{GVC\_Participation}_{ijt} + \mu + \varepsilon_{it} \tag{5-14}$$

根据计量结果可知,无论是全球价值链嵌入程度深还是嵌入程度浅,全球价值链系数均在 1% 的水平上显著为正。进一步关注其系数的大小可知,相比于深层次嵌入,当全球价值链嵌入程度较浅时,出口国内附加值率受到的促进作用更大。这主要是由于,全球价值链嵌入程度较浅的国家,在国际分工中主要从事加工组装等生产环节,对于这些国家,进一步嵌入全球价值链能够通过溢出效应、学习效应等学习先进国家的生产技术和管理经验,同时可以以更低

的成本进口生产要素,从而提高本国出口产品中所包含的国内附加值。

表 5-6　参与全球价值链对出口国内附加值率的影响:异质性分析

	(1) 发达国家与发展中国家	(2) 金融危机前后
全球价值链参与度	0.310***	0.287***
	(14.17)	(12.01)
经济发展水平	0.133	0.109
	(0.61)	(0.53)
互联网发展水平	0.003	−0.003
	(0.52)	(−0.54)
行业规模	0.047***	0.002
	(4.18)	(0.73)
研发投入	−0.008	−0.021**
	(−1.02)	(−2.43)
人力资本	0.023***	0.022***
	(5.62)	(4.98)
资本密集度	−0.084**	−0.028
	(−1.67)	(−0.31)
全球价值链参与度×虚拟变量 D_i	0.126	−0.084***
全球价值链参与度×虚拟变量 D_t	(1.93)	(−4.56)
常数	2.214***	1.377
	(3.08)	(1.23)
时间效应	控制	控制
国家效应	控制	控制
行业效应	控制	控制
F	24.916	24.887
调整后 R^2	0.601	0.598
N	34 020	34 020

注:小括号内的数值为 t 值;*、**和***分别代表在10%、5%和1%的水平下显著。

第五章　参与全球价值链对出口国内附加值率的影响

表5-7　参与全球价值链对出口国内附加值率的影响:基于要素密集度的异质性分析

	（1）要素密集度差异	（2）嵌入程度深浅	（3）农业、制造业和服务业
全球价值链参与度	0.283***	0.512***	0.028***
	(13.96)	(19.62)	(5.31)
经济发展水平	0.158	0.027	0.036*
	(1.23)	(0.34)	(2.43)
互联网发展水平	−0.001	−0.001	0.036***
	(−0.26)	(−0.54)	(2.78)
行业规模	0.012*	0.018***	0.092
	(2.13)	(4.57)	(1.56)
研发投入	−0.022*	−0.036***	0.002
	(−1.89)	(−5.01)	(0.98)
人力资本	0.017	0.021***	0.071***
	(4.98)	(4.84)	(8.89)
资本密集度	−0.061	−0.029	0.234***
全球价值链参与度×虚拟变量 D_{j1}	(−1.37)		(2.97)
全球价值链参与度×虚拟变量 D_{j2}	−0.056	(−0.86)	−0.009
	(−1.72)		
全球价值链参与度×虚拟变量 D_i	−0.039	0.289***	(−1.93)
全球价值链参与度×虚拟变量 D_{k1}	(−1.58)	(5.06)	0.047***
全球价值链参与度×虚拟变量 D_{k2}			(5.28)
常数	−1.258	0.794	0.578***
	(−2.37)	(1.86)	(11.12)
时间效应	控制	控制	控制
国家效应	控制	控制	控制
行业效应	控制	控制	控制
F	37.476	84.381	19.721
调整 R^2	0.732	0.653	0.583
N	34 020	34 020	34 020

注:小括号内的数值为 t 值;*、**和***分别代表在10%、5%和1%的水平下显著。

（五）分位数回归

由于基准回归是均值回归,无法判断解释变量边际效应是否存在结构性变化(田国强 等,2020)。因此,选择 0.25、0.5、0.75 三个分位点实证检验全球价值链参与度对出口国内附加值率的影响的边际差异,其计量结果如表 5-8 所示。根据计量结果可知,在三个分位点下,全球价值链参与度的系数均在 1% 的水平上显著为正,表明参与全球价值链能够显著提高本国出口国内附加值率。进一步关注其系数可知,随着分位点数的增加,系数在逐渐减小,这表明随着全球价值链嵌入程度的不断加深,能够从中获得的促进作用是逐渐减少的。

表 5-8 参与全球价值链对出口国内附加值率的影响:分位数回归

	(1) $q=0.25$	(2) $q=0.50$	(3) $q=0.75$
全球价值链参与度	0.142***	0.062***	0.029***
	(9.12)	(10.14)	(20.01)
经济发展水平	7.573**	5.158	4.980***
	(2.29)	(1.18)	(9.83)
互联网发展水平	0.056***	0.084***	0.016
	(11.73)	(11.53)	(0.01)
行业规模	0.123***	0.183**	0.006***
	(6.16)	(2.25)	(5.01)
研发投入	0.593***	0.453***	3.945***
	(5.60)	(6.45)	(20.55)
人力资本	0.000	0.127***	0.032
	(0.00)	(15.96)	(0.13)
资本密集度	0.057	0.097***	0.011***
	(0.04)	(9.06)	(5.00)
时间效应	控制	控制	控制
国家效应	控制	控制	控制
行业效应	控制	控制	控制
N	34 020	34 020	34 020

注:小括号内的数值为 t 值;*、**和***分别代表在 10%、5% 和 1% 的水平下显著。

五、机制检验

在机制检验部分,本节采用中介效应模型,重点检验参与全球价值链能

第五章　参与全球价值链对出口国内附加值率的影响

否通过中间品进口效应和劳动生产率效应影响出口国内附加值率。

参考江艇(2019)的方法，构建如下计量模型：

$$TQ_{ijt} = \alpha_0 + \alpha_1 Z_{ijt} + \alpha_2 \text{controls} + \mu + \varepsilon_{ijt} \quad (5\text{-}15)$$

$$Z_{ijt} = \beta_0 + \beta_1 \text{GVC\_Participation}_{ijt} + \mu + \varepsilon_{ijt} \quad (5\text{-}16)$$

其中，Z_{ijt}代表中间品进口、技术进步这两个机制。中间品进口，使用i国j行业进口中间品占全部中间品的比重来衡量，相关数据来自 WIOD 数据库中的国家间非竞争型投入产出表；技术进步，参考蒋庚华和曹张帆(2024)的计算方法，使用i国j行业的劳动生产率来衡量，具体为i国j行业的附加值与劳动力之比。

根据表 5-9 的计量结果可知，在 1% 的显著性水平下，参与全球价值链对中间品进口和劳动生产率的影响均为正，且中间品进口和劳动生产率对出口国内附加值率的影响亦为正，说明参与全球价值链，能够通过中间品进口效应和劳动生产率效应，促进出口国内附加值率的提高。

表 5-9　参与全球价值链对出口国内附加值率的影响：机制检验

	中间品进口效应		劳动生产率效应	
	中间品进口	出口国内附加值率	劳动生产率	出口国内附加值率
	(1)	(2)	(3)	(4)
全球价值链参与度	0.262***		0.265***	
	(4.82)		(5.27)	
中间品进口		0.375***		
		(4.90)		
劳动生产率				0.120***
				(4.50)
经济发展水平	0.185***	0.166***	0.117***	0.121***
	(4.25)	(3.98)	(2.71)	(2.89)
互联网发展水平	0.005***	0.001	0.003***	0.002**
	(3.27)	(0.72)	(2.66)	(2.03)
行业规模	0.016***	0.013***	0.008**	0.006**
	(3.27)	(3.08)	(2.49)	(2.11)

续表

	中间品进口效应		劳动生产率效应	
	中间品进口	出口国内附加值率	劳动生产率	出口国内附加值率
	(1)	(2)	(3)	(4)
研发投入	0.019**	−0.023**	0.012*	0.015**
	(2.33)	(−2.52)	(1.95)	(2.12)
人力资本	0.015***	0.023***	0.013***	0.016***
	(4.55)	(5.72)	(3.47)	(4.64)
资本密集度	0.076*	0.082**	−0.071	0.054
	(1.84)	(2.29)	(−1.02)	(1.51)
常数	−1.832***	−1.880***	−2.264***	−1.908***
	(−4.63)	(−4.80)	(−4.96)	(−4.17)
时间固定效应	控制	控制	控制	控制
国家固定效应	控制	控制	控制	控制
行业固定效应	控制	控制	控制	控制
F	60.277	52.645	39.744	45.221
调整 R^2	0.791	0.623	0.504	0.433
N	34 020	34 020	34 020	34 020

注：小括号内的数值为 t 值；*、**和***分别代表在10%、5%和1%的水平下显著。

六、进一步分析

在进一步分析中，主要做了两项工作：一是进一步分析前向参与度和后向参与度对出口国内附加值率的影响；二是基于中国的相关数据，分析参与全球价值链对中国出口国内附加值率的影响。

（一）前向参与度和后向参与度对出口国内附加值率的影响

在该部分中，进一步分析前向参与度和后向参与度对出口国内附加值率的影响，计量结果如表5-10所示。由计量结果可知，无论是前向参与度还是后向参与度，均能显著促进出口国内附加值率的提升。进一步比较其系数可知，前向参与度对出口国内附加值率的影响大于后向参与度。这主要是由于，

第五章 参与全球价值链对出口国内附加值率的影响

一方面，前向参与的国家主要处于全球价值链的上游，自身技术水平较高，出口国内附加值率也较高，另一方面，后向参与的国家主要依靠进口其他国家的中间品进行再加工的方式来参与全球分工，处于上游的国家为防止本国先进技术外溢，将低技术含量和低附加值的中间品出口到下游国家，对下游国家形成"低端锁定"，抑制了后向参与国家出口国内附加值率的提升。

表 5-10 前向参与度和后向参与度对出口国内附加值率的影响：计量结果

	(1) 出口国内附加值率	(2) 出口国内附加值率
前向参与度		0.186***
		(9.65)
后向参与度	0.145*	0.031***
	(1.77)	(5.63)
经济发展水平	0.333***	0.032*
	(18.65)	(1.68)
互联网发展水平	0.320*	0.004
	(1.85)	(0.012)
行业规模	0.666***	0.211
	(7.21)	(0.065)
研发投入	0.023***	0.014***
	(10.23)	(14.32)
人力资本	0.230***	0.078***
	(6.66)	(14.25)
资本密集度	0.013	0.066
	(0.62)	(0.009)
常数	33.32***	15.23***
	(23.32)	(26.32)
时间效应	控制	控制
国家效应	控制	控制
行业效应	控制	控制
F	52.25	40.32
调整 R^2	0.623	0.596
N	33 695	38 652

注：小括号内的数值为 t 值；*、**和***分别代表在10%、5%和1%的水平下显著。

(二) 基于中国样本的分析

同上一章相类似，本节进一步讨论参与全球价值链对中国出口国内附加值率的影响。其计量结果如表 5-11 所示。其中第(1)列为基准回归结果，全球价值链参与度系数在 1%的水平上显著为正，表明参与全球价值链能够显著提高中国出口国内附加值率。第(2)~(5)列分别为更换解释变量、更换聚类、对被解释变量进行缩尾以及对解释变量进行缩尾的计量回归结果，其全球参与度系数至少在 5%的水平上显著为正。经过一系列的稳健性检验，验证了基于中国数据所进行的基准回归结果的稳健性。

表 5-11 参与全球价值链对中国出口国内附加值率的影响：计量结果

	(1) 基准回归	(2) 更换解释变量	(3) 更换聚类	(4) 被解释变量进行缩尾	(5) 解释变量进行缩尾
全球价值链参与度	0.687***	0.521***	0.666***	0.469**	
	(13.32)	(10.65)	(9.87)	(2.03)	
全球价值链参与度(缩尾处理)					0.023***
					(2.76)
经济发展水平	0.023***	0.015***	0.213	0.086***	−0.078***
	(10.36)	(9.65)	(0.14)	(9.35)	(−10.91)
互联网发展水平	0.016**	0.032**	0.254*	0.019***	0.018***
	(2.34)	(2.31)	(1.65)	(2.74)	(2.98)
行业规模	0.012*	0.026	0.032	0.130***	0.115***
	(1.76)	(0.27)	(1.41)	(4.66)	(4.21)
研发投入	0.023***	0.016	0.031**	0.032***	0.014***
	(9.65)	(0.98)	(1.98)	(3.53)	(15.20)
人力资本	0.037*	0.025**	0.143***	0.012***	0.005***
	(1.88)	(2.14)	(3.25)	(14.25)	(7.14)
资本密集度	0.032	0.014	0.117*	−0.051***	−0.739***
	(0.12)	(0.14)	(1.75)	(−7.11)	(−3.87)
常数	−10.23***	−9.65***	−5.62	0.028***	−0.001
	(14.25)	(8.89)	(0.24)	(4.32)	(−0.12)
时间效应	控制	控制	控制	控制	控制
行业效应	控制	控制	控制	控制	控制
F	23.32	18.96	32.35	24.56	33.02
调整 R^2	0.625	0.653	0.561	0.621	0.603
N	810	798	810	788	805

注：小括号内的数值为 t 值，*、**和***分别代表在 10%、5%和 1%的水平下显著。

第五章　参与全球价值链对出口国内附加值率的影响

第四节　本章主要结论

在本章中，基于相关研究假说实证检验了参与全球价值链对出口国内附加值率的影响，得到如下主要研究结论。

第一，基于现有样本的实证研究表明，参与全球价值链能够显著促进该国出口国内附加值率的提升，在经过如更换解释变量、更换聚类、剔除异常值和更换样本等一系列稳健性检验后，其结果依旧稳健。

第二，参与全球价值链对发展中国家出口国内附加值率的促进作用大于其对发达国家出口国内附加值率的促进作用。

第三，金融危机前全球价值链嵌入对出口国内附加值率的促进作用要大于金融危机后。

第四，基于要素密集度的不同，知识密集型行业出口国内附加值率受到参与全球价值链的影响最大，其次是资本密集型行业，影响最小的是劳动密集型行业。

第五，基于嵌入全球价值链的程度不同，全球价值链参与度对出口国内附加值率的影响也不同，相对于嵌入全球价值链程度较深的国家，全球价值链嵌入程度浅的国家出口国内附加值率受到的促进作用更大。

第六，全球价值链参与度对出口国内附加值率的影响作用存在边际差异，随着全球价值链参与程度的增加，其能够为出口国内附加值率带来的促进作用是逐渐减小的。

第七，机制检验表明，参与全球价值链能够通过中间品进口效应和劳动生产率效应，提高出口国内附加值率。

第七，进一步分析表明，前向参与度和后向参与度均能显著促进出口国内附加值率的提升，且前向参与度的影响作用大于后向参与度。

第八，使用中国样本进行进一步分析，结果表明参与全球价值链能够显著促进中国出口国内附加值率的提升，且这一结果经过一系列稳健性检验后依旧成立。

第六章 参与全球价值链对出口技术复杂度的影响

本章结构与第四章和第五章类似,在第二章中相关理论分析和第三章中对相关数据所进行的分析的基础上,以出口技术复杂度作为衡量出口绩效的指标,首先,基于相关文献,提出参与全球价值链对出口国内附加值率影响的理论机制,其次,采用计量经济学的相关方法,实证研究参与全球价值链对出口技术复杂度的影响。

第一节 参与全球价值链对出口技术复杂度影响的理论机制

参与全球价值链对出口技术复杂度的影响主要体现在积极影响和消极影响两个方面。

从参与全球价值链对出口技术影响的积极影响来看,其主要基于三方面效应促进出口技术复杂度的提升。

第一,成本效应。参与全球价值链可以降低生产成本从而促进出口技术复杂度的提升。全球价值链为世界各国提供了良好的生产和贸易环境,首先,发展中国家凭借廉价的生产要素参与全球价值链的分工,以更低的生产成本进行生产,使其将更多的资源应用到提高本国出口技术复杂度的过程中,进而推动出口技术复杂度的提升;其次,参与全球价值链的成本存在叠加效应,成本的微小变化将导致全球价值链总成本的几何级数的变化,通过参与全球价值链,进口低成本的中间品,能够降低企业生产成本(倪红福,2020);再锚,在国际市场中,发展中国家和新兴经济体可以以较低的成本学习模仿和

第六章　参与全球价值链对出口技术复杂度的影响

吸收发达国家的生产技术，促进本国的技术进步和生产效率提高，降低本国的生产成本；最后，参与全球价值链有助于推动产业集群升级从而降低企业生产成本(陈启斐等，2018)。通过上述4个途径，参与全球价值链可以促进企业生产成本的下降，提高本国的出口技术复杂度。

第二，资源优化效应。全球价值链的存在可以使得各个国家和地区在生产过程中更好地利用各自的资源和优势。全球价值链打破传统贸易过程中的国家边界，使得世界各国共同生产成为现实。全球价值链的形成使得生产要素在全球范围内进行流动，各国将本国处于比较劣势的生产环节外包给其他国家，同时吸收世界范围内本国具有比较优势的生产要素，集中所有的生产技术和生产经验进行具有比较优势环节的生产，比较优势的充分发挥有助于推动本国出口技术复杂度的提升。

第三，技术转移与知识溢出效应。全球价值链使得不同国家和地区的企业之间进行技术转移和学习更加便利。跨国公司在不同国家设有生产基地和供应链，并进行技术和知识的流动和转移，有助于技术的传播和吸收。通过与跨国公司进行合作，本国企业可以学习到先进的技术和管理经验，提高全要素生产率(李跟强 等，2023；高小龙 等，2023)，从而提高技术水平和出口技术复杂度。

虽然通过上述三个渠道，参与全球价值链将有助于提升出口技术复杂度，但参与全球价值链同样可能降低出口技术复杂度。主要表现为：发展中国家在参与全球价值链后，被"锁定"在全球价值链的低附加值生产环节，依附于发达国家的跨国公司，无法进行自主创新，技术水平受制于发达国家的跨国公司；相应地，发展中国家也无法通过降低成本、资源优化及技术进步来提升出口技术复杂度和出口成本加成(刘磊 等，2019；司增绰 等，2023)，从而降低了出口绩效。

研究假说了：参与全球价值链是否有助于提升一国的出口技术复杂度，取决于其所带来的正面影响和负面影响的比较。

王直等(2017)在构建全球价值链参与度指数的基础上进一步构建了前向参与度和后向参与度指数。前向参与度指数表明一国主要以向其他国家提供原材料或者中间产品的方式参与全球价值链，该指数越高，则表明其在全球价值链中越处于上游部分；后向参与度指数表明一国在全球价值链中主要依靠进口他国的中间产品和原材料进行组装和加工等生产过程，该指数越高则表明其在全球价值链中越处于下游的位置。

全球价值链中的上游企业主要是通过嵌入外部生产网络并与其中的国家进行知识共享等获得知识溢出效应(郑丹青,2021)。一方面,这些国家可以与其他创新型企业和研究机构进行合作,学习和吸收先进的生产技术和知识,提高自己的生产水平;另一方面,全球价值链上游企业通过参与国际分工促进其技术的升级和产业结构的转型,加快向高技术和高附加值产业转型,从而提高本国出口技术复杂度。

全球价值链下游企业主要是通过加工、组装等方式参与全球价值链,在这个过程中会与上游企业产生需求关联(郑丹青,2021):一方面,通过进口上游企业的中间产品可以获得知识溢出效应,提高自身的创新能力和生产技术水平,从而提升自己的出口技术复杂度;另一方面,为使其出口的产品满足上游企业对质量、生产技术等的要求,下游企业会通过改进生产工艺、提高生产效率和生产技术水平来使其自身出口的产品满足上游企业的要求,进而提高了出口技术复杂度。

同样地,无论是前向参与还是后向参与,都有可能导致"锁定"的问题,从而影响出口技术复杂度。

基于上述分析,提出本章中的第二个研究假说。

研究假说4:前向参与度和后向参与度能否提高一国出口技术复杂度,取决于其对出口技术复杂度所带来的正面影响和负面影响的比较。

第二节　计量模型的设定和数据来源

一、计量模型的设定

本章的被解释变量为出口技术复杂度,解释变量为全球价值链参与度,构建如下计量方程:

$$\ln SOP_{ijt} = \alpha_0 + \alpha_1 GVC\_Participation_{ijt} + \alpha_2 Controls + \mu + \varepsilon_{ijt} \quad (6\text{-}1)$$

其中:SOP_{ijt} 为 t 年 i 国 j 行业的出口技术复杂度;$GVC\_Participation_{ijt}$ 为 t 年 i 国 j 行业的全球价值链参与度;$Controls$ 为控制变量;μ 表示一系列固定效应,具体包括时间固定效应、国家固定效应和行业固定效应;ε_{it} 为随机扰动项。

第六章　参与全球价值链对出口技术复杂度的影响

二、变量的选取

(一) 被解释变量

本章中的被解释变量为出口技术复杂度。Hausmann(2006)基于出口总量指标来测算出口技术复杂度，考虑到在全球价值链背景下，单纯地考察出口总量并不能准确反映出口收益，即存在所谓的"所见非所得"现象，参考马盈盈和盛斌(2018)、齐俊妍和强华俊(2022)将出口技术复杂度构建为

$$\text{SOP}_{ijt} = \frac{\text{VBE}_{ijt}}{\sum_j \text{VBE}_{ijt}} \times \sum_i \frac{\frac{\text{VBE}_{ijt}}{\sum_j \text{VBE}_{ijt}}}{\sum_i \left(\frac{\text{VBE}_{ijt}}{\sum_j \text{VBE}_{ijt}} \right)} Y_{it} \quad (6\text{-}2)$$

其中：SOP_{ijt} 表示 t 年 i 国 j 行业的出口技术复杂度；VBE_{ijt} 表示 t 年 i 国 j 行业的出口国内附加值；$\frac{\text{VBE}_{ijt}}{\sum_j \text{VBE}_{ijt}}$ 表示 t 年 i 国 j 行业的出口国内附加值占 i 国总体制造业出口国内附加值的比重。

(二) 主要解释变量

本章中的主要解释变量为全球价值链参与率。

Wang等(2017)将一国的总生产活动分为纯国内生产活动、传统国际贸易、简单GVC活动和复杂GVC活动4部分：

$$\hat{V}B\hat{Y} = \hat{V}L\hat{Y}^D + \hat{V}L\hat{Y}^F + \hat{V}LA^F\hat{X} = \hat{V}L\hat{Y}^D + \hat{V}L\hat{Y}^F + \hat{V}LA^F B\hat{Y}$$
$$= \hat{V}L\hat{Y}^D + \hat{V}L\hat{Y}^F + \hat{V}L A^F B\hat{Y}^D + \hat{V}LA^F (B\hat{Y} - L\hat{Y}^D) \quad (6\text{-}3)$$

加总公式(6-3)的各列，可以得到各国各行业增加值的去向：

$$va' = \hat{V}BY = \underbrace{\hat{V}LY^D}_{V\_D} + \underbrace{\hat{V}L\,Y^F}_{V\_RT} + \underbrace{\hat{V}LA^F LY^D}_{V\_GVC\_S} + \underbrace{(B\hat{Y} - L\hat{Y}^D)}_{V\_GVC\_C} \quad (6\text{-}4)$$

加总公式(6-3)的各行，可得到各国各行业最终产出的增加值来源：

$$Y' = VB\hat{Y} = \underbrace{VL\hat{Y}^D}_{Y\_D} + \underbrace{VL\hat{Y}^F}_{Y\_RT} + \underbrace{VLA^F L\hat{Y}^D}_{Y\_GVC\_S} + \underbrace{VLV^F (B\hat{Y} - L\hat{Y}^D)}_{Y\_GVC\_C} \quad (6\text{-}5)$$

其中：V_D和Y_D为纯国内生产并吸收的增加值；V_RT和Y_RT为包含在最终

产品出口中的国内附加值；V_GVC_S 和 Y_GVC_S 为简单跨境生产；V_GVC_S 是一国中间产品出口中所包含的国内增加值；Y_GVC_S 为外国中间产品进口中所包含的国外增加值；V_GVC_C 和 Y_GVC_C 为复杂跨境生产；V_GVC_C 是一国出口的国内增加值被其他国家进口用于生产出口品；Y_GVC_C 为其他国家进口中间品包含的外国增加值或折返的国内增加值。因此，将一国 GVC 前向参与度和后向参与度表示为

$$GVCPt_f = \frac{V\_GVC\_S}{va'} + \frac{V\_GVC\_C}{va'} = \frac{\hat{V}L\ A^F BY}{va'} \qquad (6-6)$$

$$GVCPt_b = \frac{Y\_GVC\_S}{Y'} + \frac{Y\_GVC\_C}{Y'} = \frac{VLA^F B\hat{Y}}{Y'} \qquad (6-7)$$

参考马盈盈(2019)的方法构建全球价值链参与度和出口技术复杂度指数：

$$GVC\_Participation = GVCPt_f + GVCPt_b \qquad (6-8)$$

(三)控制变量

本章中的控制变量主要包括：

①经济发展水平(lnGDP)：用一国国内生产总值的对数值来衡量；②外商直接投资水平(lnfdi)：用一国对外投资水平的对数值来衡量；③人力资本(lnhc)：用受高等教育人数占总人数的比重的对数值来进行衡量；④资本劳动比(lnk)：用资本存量与就业人数比值的对数值来进行衡量；⑤行业规模(lnemp)：用行业内就业人数的对数值进行衡量；⑥制度质量(lnzd)，用世界银行公布的世界治理指标来进行衡量，其中世界治理指标主要包括话语权与问责制、政治稳定与杜绝暴力/恐怖主义、政府效率、监管质量、法治水平和腐败控制。

三、相关数据来源

本章中出口技术复杂度和全球价值链参与度的数据来源于对外经贸大学全球价值链数据库，经济发展水平、外商直接投资水平、人力资本和制度质量的数据来源于世界银行，资本劳动比和行业规模的数据来源于 WIOD 社会经济账户。本章选取了 42 个国家 2000—2014 年 18 个制造业的数据为研究样本。表 6-1 显示了变量间的描述性统计结果，可以看出，计量模型所采用的是非平衡面板数据，除对外投资水平(lnfdi)和人力资本(lnhc)外，其余各变量的方差均未超过 2.0。表 6-2 为各变量间的相关系数矩阵，由表 6-2 可知，全球

第六章 参与全球价值链对出口技术复杂度的影响

价值链参与度和出口技术复杂度的相关系数显著为正，与预期保持一致；全球价值链参与度和控制变量之间的相关系数均未超过 0.7，说明主要解释变量与控制变量之间不存在较强的多重共线性。图 6-1 为全球价值链参与度和出口技术复杂度之间的散点图，由图 6-1 可知，两者之间存在正相关关系，初步推断，参与全球价值链能够提高一国的出口技术复杂度。

表 6-1 变量描述性统计

	样本量	均值	方差	最小值	中位数	最大值
lnSOP	11 340	6.96	1.42	0.00	7.21	9.91
GVC-Participation	11 340	0.69	0.55	0.00	0.64	25.84
lnGDP	11 340	13.12	1.71	9.04	12.99	16.72
lnf	10 476	8.38	2.80	0.00	9.08	12.89
lnhc	10 710	8.10	2.43	1.10	7.89	13.74
lnk	10 294	21.29	1.29	16.47	21.35	25.42
lnemp	11 058	3.63	1.81	0.00	3.58	9.40
lnzd	10 944	9.72	1.87	0.36	1.41	2.35

表 6-2 变量间相关系数矩阵

	lnSOP	GVC-Participation	lnGDP	lnf	lnhc	lnk	lnemp	lnzd
lnSOP	1.000							
GVC-Participation	0.080***	1.000						
	(0.000)							
lnGDP	0.014***	0.306***	1.000					
	(0.000)	(0.000)						
lnfdi	0.003***	0.094***	0.510***	1.000				
	(0.000)	(0.000)	(0.000)					
lnhc	0.045***	0.335***	0.911***	0.484***	1.000			
	(0.000)	(0.000)	(0.000)	(0.000)				
lnk	0.342***	0.272***	0.044***	0.364***	0.051***	1.000		

续表

	lnSOP	GVC-Participation	lnGDP	lnf	lnhc	lnk	lnemp	lnzd
	(0.000)	(0.000)	(0.000)	(0.000)	(0.000)			
lnemp	0.009***	0.193***	0.754***	0.254***	0.689***	−0.016	1.000	
	(0.000)	(0.000)	(0.000)	(0.000)	(0.000)	(0.104)		
lnzd	0.024*	0.330***	0.942***	0.341***	0.842***	−0.174***	0.781***	1.000
	(0.012)	(0.000)	(0.000)	(0.000)	(0.000)	(0.000)	(0.000)	

注：小括号内的数值为 p 值；*、** 和 *** 分别代表在 10%、5% 和 1% 的水平下显著。

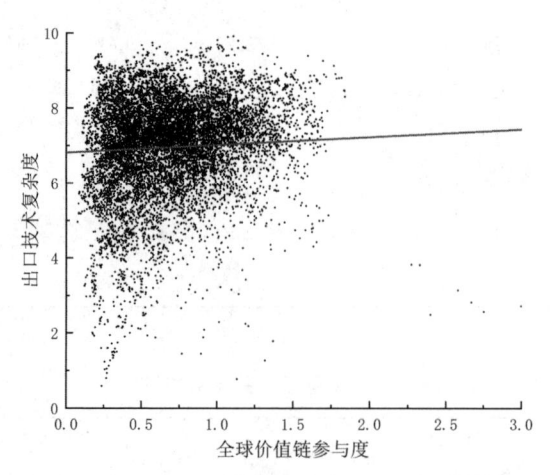

图 6-1 全球价值链参与率与出口技术复杂度散点图

第三节 计量结果及分析

一、基准回归结果及分析

基于计量方程(6-1)，表 6-3 显示了逐步加入控制变量后的全球价值链参与度对出口技术复杂度影响的计量回归结果。根据计量结果可知，在逐步加入控制变量的过程中，全球价值链参与度对出口技术复杂度的影响均在 1% 的水平上显著，这表明基于现有样本，一国参与全球价值链能够显著提高本国

第六章　参与全球价值链对出口技术复杂度的影响

的出口技术复杂度。且在逐步加入控制变量的过程中,参与全球价值链对出口技术复杂度影响的系数符号没有发生变化,这也初步说明基准回归的计量结果是稳健的。进一步关注控制变量的系数及其符号可知,经济发展水平的系数在1%的水平上显著为正,这表明一国经济发展水平能够显著提高该国的出口技术复杂度。其原因在于,经济发展水平较高的国家,其技术水平、生产率水平也较高,相应地,该国出口技术复杂度也更高。对外直接投资的系数在1%的水平上显著为正,这表明一国能够通过外资引进的方式学习先进的技术和经验,产生学习效应和技术溢出效应,从而提高自身的出口技术复杂度。人力资本在10%的水平上显著为正,工人的受教育水平越高,劳动生产率和劳动效率越高,从而推动出口技术复杂度的提升。资本劳动比在1%的水平上显著为正,资本要素相对于劳动要素的投入越多,资本密集度越高,出口技术复杂度也越高;行业规模在1%的水平上显著为正,行业规模越大,越能够发挥其规模效应,降低生产成本,提高成本加成率,提高生产要素利用率,进而提高出口技术复杂度;制度质量在10%的水平上显著为正,一国的制度质量越高,越能够为高技术人才创造良好的研发环境,从而推动出口技术复杂度的提升。

表 6-3　参与全球价值链对出口技术复杂度的影响:基准回归结果

	(1)	(2)	(3)	(4)	(5)	(6)	(7)
全球价值链参与度	0.081***	0.082***	0.214***	0.389***	1.479***	1.453***	1.456***
	(3.52)	(3.58)	(7.79)	(10.34)	(32.21)	(31.14)	(26.74)
经济发展水平		0.232*	0.227	0.212	1.467***	1.524***	1.544***
		(1.81)	(1.59)	(1.43)	(16.11)	(14.67)	(11.87)
对外直接投资			0.010***	0.011***	0.000***	0.001***	0.001***
			(8.68)	(7.03)	(5.04)	(9.11)	(10.17)
人力资本				0.013***	0.029*	0.040**	0.035*
				(9.51)	(1.87)	(2.47)	(1.67)
资本劳动比					1.010***	1.004***	1.014***
					(8.51)	(6.82)	(3.09)
行业规模						0.042***	0.043***
						(4.87)	(3.38)
制度质量							0.418*

续表

	(1)	(2)	(3)	(4)	(5)	(6)	(7)
							(1.72)
常数	6.902***	3.852**	3.728**	3.714*	7.935***	7.292***	3.330
	(362.99)	(2.28)	(2.01)	(1.95)	(6.84)	(5.40)	(1.07)
时间效应	控制	控制	控制	控制	控制	控制	控制
国家效应	控制	控制	控制	控制	控制	控制	控制
行业效应	控制	控制	控制	控制	控制	控制	控制
F	12.357	7.810	21.582	27.671	1 711.109	1 398.138	646.876
调整 R^2	0.380	0.380	0.383	0.394	0.712	0.712	0.707
N	11 340	11 340	10 476	9 900	8 980	8 722	8 434

注：小括号内的数值为 t 值；*、**和***分别代表在 10%、5% 和 1% 的水平下显著，标准差为国家层面的聚类标准差。

二、稳健性检验

为检验基准回归结果的稳健性，在稳健性检验中，采用 6 种方法：更换被解释变量、更换解释变量、更换聚类标准差、剔除样本异常值、更换估计方法和更换样本。

（一）更换被解释变量

参考 Huasmann(2007)的做法，构建传统的出口技术复杂度指数作为被解释变量的替代指标：

$$\mathrm{PRODY}_{ijt} = \sum_i \frac{\dfrac{x_{ij}}{\sum_j x_{ij}}}{\sum_i \left(\dfrac{x_{ij}}{\sum_j x_{ij}}\right)} Y_i \qquad (6\text{-}9)$$

$$\mathrm{EXPY}_{ijt} = \sum_j \frac{x_{ij}}{\sum_j x_{ij}} \cdot \mathrm{PRODY}_{ijt} \qquad (6\text{-}10)$$

其中：PRODY_{ijt} 为出口商品 j 的技术复杂度指数；x_{ij} 为 i 国商品 j 的出口额；$\sum_j x_{ij}$ 为国家 i 的出口总额；Y_i 为 i 国的人均收入水平，一般用人均 GDP 来表示；EXPY_{ijt} 为一国出口技术复杂度指数。更换被解释变量的计量结果如表

第六章　参与全球价值链对出口技术复杂度的影响

6-4 的第(1)列所示。根据计量结果可知,全球价值链参与度依旧在1%的水平上显著为正,即在更换被解释变量的测算方法后,参与全球价值链依旧能够显著提高一国出口技术复杂度,验证了本章基准结果的稳健性。

(二)更换解释变量

参考刘斌和潘彤(2020)的做法,将全球价值链参与度表示为

$$\text{GVC-Participation}_{ijt} = \frac{(\text{DVA\_INT\_REX}_{ijkt} + \text{MVA}_{ijkt} + \text{PDC}_{ijkt} + \text{RDV})}{\text{TEXP}_{ijkt}}$$

(6-11)

其中:$DVA\_INT\_REX_{ijkt}$ 表示 t 年 i 国 k 行业出口至 j 国又出口到第三国的国内增加值部分;MVA_{ijkt} 表示出口国 i 在 t 年 k 行业出口到 j 国中来源于进口国 j 的国外增加值部分;PDC_{ijkt} 表示重复计算部分,包括来源于国内投入的重复计算(DDC)和来源于外国投入的重复计算(FDC),RDV 表示返回国内增加值;$TEXP_{ijkt}$ 表示出口国 i 在 t 年 k 行业出口到 j 国的出口额。更换解释变量的计量回归结果如表 6-4 的第(2)列所示,全球价值链参与度的系数依旧在 1%的水平上显著为正,进一步验证了本章基准回归结果的稳健性。

(三)更换聚类标准误

将标准误聚类到行业层面,重新进行计量回归,其回归结果如表 6-4 的第(3)列所示。全球价值链参与度的系数依旧在 1%的水平上显著为正,验证了本章基准回归结果的稳健性,即参与全球价值链将显著提高出口技术复杂度。

(四)处理异常值

为避免异常值对计量结果的影响,本书对被解释变量和解释变量均做 2.5%的缩尾处理,其计量结果如表 6-4 的第(4)列所示。结果表明,在 1%的显著水平下,参与全球价值链对出口技术复杂度的影响依旧为正。

(五)更换估计方法

考虑到因变量可能受到其滞后期的影响,在基准计量模型中,加入滞后 1 期的因变量,采用系统广义矩估计(generalized method of moments,GMM)方法,对计量方程进行估计,估计结果如表 6-4 的第(5)列所示。结果表明,在考虑到因变量滞后 1 期的影响后,全球价值链参与度对出口技术复杂度的影响在 1%的显著性水平下仍旧为正,只是系数略有下降,验证了本章基准回归结果的稳健性。

(六)更换样本

本章基准模型中出口技术复杂度的数据是通过对外经贸大学全球价值链数据库进行测算的,本章进一步将 ADB 数据库所提供的出口技术复杂度的数据和全球价值链参与度进行匹配,从国家层面实证检验参与全球价值链对出口技术复杂度的影响。其计量结果如表 6-4 的第(6)列所示。全球价值链参与度的系数依旧在 1% 的水平上显著为正,验证了本章基准回归结果的稳健性,即现阶段即使基于不同样本对计量方程进行估计,参与全球价值链对出口技术复杂度的影响同样为正。

表 6-4 参与全球价值链对出口技术复杂度的影响:稳健性检验

	(1) 更换被解释变量	(2) 更换解释变量	(3) 更换聚类	(4) 处理异常值	(5) 系统 GMM	(6) 更换样本
全球价值链参与度	0.986*** (10.99)	0.632*** (8.65)	1.456*** (5.10)	0.765*** (6.65)	0.546*** (9.38)	0.872*** (10.08)
出口技术复杂度滞后1期					0.231*** (6.66)	
经济发展水平	0.102*** (8.56)	0.120 (0.03)	1.544*** (12.59)	0.320 (0.06)	0.360*** (8.65)	0.131*** (8.82)
对外直接投资	0.562*** (0.225)	0.163*** (10.23)	0.001 (0.28)	0.002 (1.03)	0.321*** (3.69)	0.498*** (0.216)
人力资本	0.635 (0.03)	0.231*** (3.26)	0.035 (1.52)	0.006*** (6.32)	0.865*** (6.78)	0.647 (0.03)
资本劳动比	0.241*** (5.26)	0.256*** (5.55)	−1.014*** (−14.66)	0.235*** (11.23)	0.054*** (4.85)	0.228*** (5.17)
行业规模	0.623*** (9.99)	0.06 (1.11)	−0.043 (−0.92)	0.362*** (2.56)	0.002*** (3.33)	0.711*** (10.32)
制度质量	0.666 (0.00)	0.63 (0.98)	0.418 (1.33)	0.512*** (5.55)	0.041*** (5.22)	0.659 (0.00)
常数	14.26 (0.12)	13.23*** (16.2)	3.330 (0.97)	2.87 (0.23)	14.32 (0.01)	14.28 (0.13)
时间效应	控制	控制	控制	控制	控制	控制
国家效应	控制	控制	控制	控制	控制	控制
行业效应	控制	控制	控制	控制	控制	控制

第六章 参与全球价值链对出口技术复杂度的影响

续表

	(1)	(2)	(3)	(4)	(5)	(6)
	更换被解释变量	更换解释变量	更换聚类	处理异常值	系统GMM	更换样本
AR(1)					0.000	
AR(2)					0.236	
Sargan					0.865	
Kleibergen-Paap rk LM					2 341.26 [0.000]	
Kleibergen-Paap rk Wald F					3 321.64 {16.38}	
F	24.65	21.30	38.041	32.21	24.13	23.81
调整R^2	0.625	0.658	0.707	0.564	0.687	0.617
N	8 430	8 434	8 434	8434	8 327	8 428

注：小括号内的数值为 t 值，*、** 和 *** 分别代表在10％、5％和1％的水平下显著，{ } 内数值为 Stock-Yogo 检验 10％ 水平上的临界值。

三、内生性问题的处理

在本章中，全球价值链参与率和出口技术复杂度之间的内生性主要出现在两个方面。一是没有将所有可能影响出口技术复杂度且与全球价值链参与率密切相关的因素一一列出，导致全球价值链参与率可能与计量方程的误差项相关；二是可能存在反向因果关系，即究竟是参与全球价值链导致出口技术复杂度发生变化，还是存在"自选择效应"，即一国为了能够获得更高的收益，选择将技术复杂度更高的产品参与到全球价值链分工之中。考虑到主要解释变量的内生性问题

本节采用两种方法来解决。一是采用工具变量法来解决可能存在的内生性问题；二是考虑到主要解释变量和被解释变量的滞后期可能对被解释变量当期值产生的影响，采用动态面板对模型进行估计。

（一）工具变量法

由于全球价值链参与度和出口技术复杂度可能存在反向因果关系，采用工具变量法来解决可能存在的内生性问题。第一，采用滞后一期的全球价值

链参与度作为工具变量，其计量结果如表6-5的第(1)、(2)列所示。由表6-5的第(1)列可知，工具变量和解释变量之间存在显著的相关性，由表6-5的第(2)列可知，全球价值链参与度在1%的水平上显著为正，表明一国参与全球价值链能够显著促进该国制造业出口技术复杂度的提升，并且不可识别检验和弱识别检验均验证了本章工具变量选取的合理性。

参考盛斌等(2020)的做法，采用1975年的外贸依存度作为工具变量，其中外贸依存度用出口占GDP的比重来进行衡量。选取该变量作为工具变量的依据为：一方面，外贸依存度高的国家，其贸易环境要更好，更倾向于参与国际贸易与分工，因此其全球价值链参与度也更高，满足相关性假设；另一方面，1975年的外贸依存度是历史数据，满足外生性假设。外贸依存度作为工具变量的计量回归结果如表6-5的第(3)、(4)列所示，由第(3)列可知，外贸依存度和全球价值链参与度之间存在显著的相关性，由第(4)列可知，不可识别检验和弱工具变量均验证了工具变量选取的合理性，从主要解释变量的回归系数来看，全球价值链参与度在1%的水平上显著为正，验证了本章基准回归结果的稳健性。

(二) 采用动态面板对计量方程进行估计

对于可能存在的反向因果关系导致的内生性问题，采用系统GMM法来解释。其计量结果如表6-4的第(5)列所示。根据计量结果可知：AR(1)和AR(2)表明存在一阶自相关而不存在二阶序列自相关问题，同时Sargan检验接受了所有工具变量是有效的原假设；全球价值链参与度在1%的水平上显著为正，表明本章中的基准结果是稳健的。在此基础上，表6-5的第(5)、(6)列为同时将两个工具变量纳入计量模型中的回归结果，结果表明，不可识别检验、弱识别检验和过度识别检验均验证了工具变量选取的合理性，在回归系数的符号上，全球价值链参与度依旧在1%的水平上显著为正，验证了本章基准回归结果的稳健性。

进一步对比使用工具变量法的回归结果和基准回归结果可以发现，采用工具变量克服可能存在的内生性问题后，全球价值链参与度的系数变小。这其中的原因可能在于，在基准回归中，误差项中包含了对出口技术复杂度可能产生影响的变量，其中存在与主要解释变量正相关的变量，从而夸大了基准回归的计量结果。

第六章　参与全球价值链对出口技术复杂度的影响

表6-5　参与全球价值链对出口技术复杂度的影响：内生性问题的处理

	工具变量1		工具变量2		工具变量1+工具变量2	
	(1)	(2)	(3)	(4)	(5)	(6)
	第一阶段	第二阶段	第一阶段	第二阶段	第一阶段	第二阶段
全球价值链		0.263***		0.056***		0.562***
参与度		(11.23)		(11.26)		(10.32)
工具变量1	0.018***				0.022***	
	(9.36)				(6.49)	
工具变量2			0.054***		0.013***	
			(5.63)		(9.43)	
经济发展	0.006**	0.414	0.049***	0.056***	0.025***	0.046***
水平	(2.16)	(1.19)	(31.84)	(26.28)	(23.45)	(12.85)
对外直接	0.051*	0.008**	0.023***	0.043***	0.041***	0.008***
投资	(1.52)	(2.33)	(14.59)	(16.33)	(26.67)	(3.45)
人力资本	0.003	1.272	0.003***	0.023***	0.011***	0.030**
	(0.02)	(0.002)	(5.25)	(4.56)	(18.04)	(2.16)
资本劳动比	0.120***	0.024**	0.010***	0.029***	0.023***	0.012**
	(10.36)	(2.36)	(29.63)	(12.96)	(27.19)	(2.33)
行业规模	0.073	0.039	0.001***	0.002***	0.028***	0.012***
	(0.65)	(1.59)	(5.29)	(14.56)	(19.53)	(9.65)
制度质量	0.056***	0.000	0.023***	0.042***	0.137***	0.003
	(5.24)	(0.03)	(9.13)	(17.53)	(8.88)	(0.41)
时间效应	控制	控制	控制	控制	控制	控制
国家效应	控制	控制	控制	控制	控制	控制
行业效应	控制	控制	控制	控制	控制	控制
F	88.63***		169.32***		123.45***	
不可识别检验		56.231***		156.54***		250.463***
弱识别检验		44.023		142.564		124.59
		[16.38]		[16.38]		[19.93]
过度识别检验						0.021
						[0.478]
N		9 600		9 543		9 543

注：小括号内的数值为 t 值，*、**和***分别代表在10%、5%和1%的水平下显著，弱识别检验中[ ]为10%水平上的临界值，过度识别检验中的[ ]为p值。

· 153 ·

四、异质性分析

考虑到参与全球价值链对出口技术复杂度的影响随国家发展水平、行业性质、时间、行业要素密集度等的差异而存在差异,在该部分中,将对参与全球价值链对出口技术复杂度的影响进行异质性分析。

(一)基于国家经济发展水平的异质性分析

按照国家发展水平的不同,将样本划分为发展中国家和发达国家,检验不同经济发展水平下,参与全球价值链对一国出口技术复杂度的影响。设置虚拟变量 D_i,若 i 国为发达国家则 $D_i=0$,若为发展中国家则 $D_i=1$,此时计量模型为

$$SOP_{ijt} = \alpha_0 + \alpha_1 GVC\_Participation_{ijt} + \alpha_2 Controls + \\ \alpha_3 D_i GVC\_Participation_{ijt} + \mu + + \varepsilon_{ijt} \quad (6-12)$$

其计量结果如表 6-6 的第(1)列所示。由表 6-6 中第(1)列的计量结果可知,无论是发达国家还是发展中国家,全球价值链参与度的系数均显著为正。进一步比较全球价值链参与度与虚拟变量 D_i 乘积的系数可知,发展中国家出口技术复杂度所受到的影响要大于发达国家。其中的原因,可能与第四章中对于参与全球价值链对出口产品质量影响中针对国家异质性的分析相类似,即融入全球价值链后,发展中国家可以从其他国家进口更加先进的生产要素,学习先进国家的生产经验,进口高质量中间品,从而促进本国出口产品的技术水平和出口质量的提升,而这也为"Rodrik 悖论"[①]提供了一个可能的解释。

(二)基于时间的异质性分析

将样本划分为金融危机前(2000—2007 年)和金融危机后(2008—2014 年),实证检验不同时间段参与全球价值链对出口产品质量的影响。设置虚拟变量 D_t,若 t 为金融危机前则 $D_t=0$,若为金融危机后则 $D_t=1$,此时计量模型为

$$SOP_{ijt} = \alpha_0 + \alpha_1 GVC\_Participation_{ijt} + \alpha_2 Controls + \\ \alpha_3 D_t GVC\_Participation_{ijt} + \mu + + \varepsilon_{ijt} \quad (6-13)$$

---

① Rodrik(2006)指出,中国的出口复杂度显著高于同等收入水平的国家和地区,这违背了中国自身的要素禀赋和发展阶段,这一结论被称为"Rodrik 悖论"。

第六章　参与全球价值链对出口技术复杂度的影响

其计量结果如表 6-6 的第(2)列所示。根据表 6-6 中第(2)列的计量结果可知，无论是金融危机前，还是金融危机后，全球价值链参与度系数均在 1% 的水平上显著为正。进一步比较全球价值链参与度与虚拟变量 D_t 乘积的系数可知，金融危机前参与全球价值链对出口技术复杂度的促进作用要大于金融危机后。其中的原因可能在于，在金融危机前，属于全球化进程和全球价值链的高速发展阶段，各国更容易依靠参与全球价值链进口高质量中间品，实现技术进步，提升出口技术复杂度，因此，参与全球价值链对出口技术复杂度的影响也更大；与之对应的是，金融危机后，世界各国对于融入全球价值链的态度更加谨慎，这也导致参与全球价值链对一国出口技术复杂度的影响小于金融危机之前。

（三）基于要素密集度的异质性分析

基于要素密集度的不同，将样本划分为劳动密集型行业、资本密集型行业和知识密集型行业，讨论不同要素密集度下参与全球价值链对一国出口技术复杂度的影响。设置虚拟变量 D_{j1} 和 D_{j2}，若 j 行业为劳动密集型行业则 $D_{j1}=1$，若为其他行业时 $D_{j1}=0$；若 j 行业为资本密集型行业则 $D_{j2}=1$，若为其他行业时 $D_{j2}=0$，此时计量模型为：

$$\text{SOP}_{ijt} = \alpha_0 + \alpha_1 \text{GVC\_Participation}_{ijt} + \alpha_2 \text{Controls} + \\ \alpha_3 D_{j1} \text{GVC\_Participation}_{ijt} + \\ \alpha_4 D_{j2} \text{GVC\_Participation}_{ijt} + \mu + \varepsilon_{ijt} \tag{6-14}$$

其计量结果如表 6-6 的第(3)列所示。由表 6-6 第(3)列的计量结果可知，三个行业的全球价值链参与度的系数均为正，但劳动密集型行业的系数不显著，制造业和服务业的系数在 1% 的水平上显著。这主要是由于，相比于劳动密集型行业，资本密集型行业和知识密集型行业对先进技术等生产要素的需求较大，通过参与全球价值链，可以在全球范围内利用高技术生产要素，从而提高制造业的出口技术复杂度。

表 6-6　参与球价值链对出口技术复杂度的影响：异质性分析

	（1）发达国家与发展中国家	（2）金融危机前后	（3）要素密集度差异
全球价值链参与度	1.938***	1.567***	0.632***
	(10.16)	(23.52)	(24.75)
经济发展水平	1.631***	2.371***	1.953***
	(7.69)	(8.48)	(8.63)
对外直接投资	0.042**	0.026	0.009
	(2.52)	(1.21)	(0.65)
人力资本	0.263**	0.023	0.084**
	(3.12)	(0.42)	(2.35)
资本劳动比	1.284***	−1.259***	0.632***
	(41.71)	(−59.66)	(3.80)
行业规模	0.097***	−0.081***	0.031***
	(5.35)	(−4.79)	(3.89)
制度质量	1.188**	0.726	0.905
	(2.09)	(1.48)	(8.97)
全球价值链参与度×虚拟变量 D_i	0.246**		
	(2.87)		
全球价值链参与度×虚拟变量 D_t		−0.034***	
		(−2.93)	
全球价值链参与度×虚拟变量 D_{j1}			−0.598
			(−0.19)
全球价值链参与度×虚拟变量 D_{j2}			−0.030***
			(−2.86)
常数	2.683**	6.218	18.614
	(2.34)	(1.12)	(1.35)
时间效应	控制	控制	控制
国家效应	控制	控制	控制
行业效应	控制	控制	控制
F	564.375	649.627	765.236
调整 R^2	0.797	0.773	0.668
N	8 434	8 434	8 434

注：小括号内的数值为 t 值；*、**和***分别代表在10%、5%和1%的水平下显著。

第六章　参与全球价值链对出口技术复杂度的影响

五、机制检验

在机制检验部分，采用中介效应模型，实证检验参与全球价值链通过中间品进口效应和劳动生产率对出口技术复杂度的影响。

参考江艇（2019）的方法，构建如下计量模型：

$$\text{SOP}_{ijt} = \alpha_0 + \alpha_1 Z_{ijt} + \alpha_2 \text{controls} + \mu + \varepsilon_{ijt} \tag{6-15}$$

$$Z_{ijt} = \beta_0 + \beta_1 \text{GVC-Participation}_{ijt} + \mu + \varepsilon_{ijt} \tag{6-16}$$

其中，Z_{ijt}代表中间品进口、技术进步这两个机制。中间品进口，使用i国j行业进口中间品占全部中间品的比来衡量，相关数据来自WIOD数据库中的国家间非竞争型投入产出表；技术进步，参与蒋庚华和曹张帆（2024）的计算方法，使用i国j行业的劳动生产率来衡量，具体为i国j行业的附加值与劳动力之比。

计量结果如表6-6所示。根据表6-6的计量结果可知，参与全球价值链在1%的显著性水平下，对中间品进口和劳动生产率的影响系数均为正，中间品进口和劳动生产率在1%的显著性水平下对出口技术复杂度的影响也均为正。上述结果说明了，参与全球价值链能够通过影响中间品进口效应（中间品进口效应）和劳动生产率（劳动生产率效应）提升出口技术复杂度。

表6-6　参与全球价值链对出口技术复杂度的影响：机制检验

	中间品进口效应		生产率效应	
	中间品进口	劳动生产率	中间品进口	劳动生产率
	(1)	(2)	(3)	(4)
全球价值链参与度	0.142*** (4.68)		0.241*** (4.49)	
中间品进口		1.277*** (6.60)		
生产率				0.184*** (5.74)
经济发展水平	0.308*** (2.56)	0.362*** (2.98)	0.312*** (2.64)	0.467*** (4.17)

续表

	中间品进口效应		生产率效应	
	中间品进口	劳动生产率	中间品进口	劳动生产率
	(1)	(2)	(3)	(4)
对外直接投资	0.010***	0.011***	0.000***	0.001***
	(6.68)	(5.03)	(3.04)	(4.32)
人力资本	0.013*	0.032*	0.033***	0.022*
	(1.85)	(2.34)	(3.57)	(2.41)
资本劳动比	1.521***	1.342***	1.118***	0.957***
	(7.13)	(5.77)	(5.36)	(3.09)
行业规模	0.051***	0.033***	0.043***	0.059***
	(4.63)	(4.06)	(3.27)	(4.64)
制度质量	0.463***	0.431**	0.575***	0.504**
	(2.83)	(2.29)	(2.80)	(2.18)
常数	3.766**	3.314*	3.070	3.891***
	(2.14)	(1.87)	(1.56)	(2.98)
时间固定效应	控制	控制	控制	控制
国家固定效应	控制	控制	控制	控制
行业固定效应	控制	控制	控制	控制
F	12.336	14.872	10.545	8.421
调整 R^2	0.449	0.526	0.617	0.396
N	11 340	11 340	11 340	11 340

注：小括号内的数值为 t 值；*、**和***分别代表在10%、5%和1%的水平下显著。

六、进一步分析

在进一步分析部分，首先分析参与全球价值链对前向出口技术复杂度和后向出口技术复杂度的影响；其次，分析前向全球价值链参与率和后向全球价值链参与率对出口技术复杂度的影响；最后，基于中国的数据，具体分析参与全球价值链对中国出口技术复杂度的影响。

(一)基于前向出口技术复杂度和后向出口技术复杂度的分析

在王直等(2015)对三国增加值进行分解中，将以部门前向和后向分解的

第六章　参与全球价值链对出口技术复杂度的影响

增加值出口表示为

$$\text{VAX\_F}^{SR} = \hat{V}^S B^{SS} Y^{SR} + \hat{V}^S B^{SR} Y^{RR} + \hat{V}^S B^{ST} Y^{TR} \tag{6-15}$$

$$\text{VAX\_B}^{SR} = (V^S B^{SS})^T \# Y^{SR} + (V^{SS} L^{SS})^T \# (A^{SR} B^{RR} Y^{RR}) + \\ (V^S L^{SS})^T \# (A^{ST} B^{TR} Y^{RR}) + (V^S L^{SS})^T \# (A^{ST} B^{TT} Y^{TR}) \tag{6-16}$$

其中，$\hat{V}^S$ 为以 S 国增加值系数 V^S 为对角元的对角阵，# 表示点乘。

参考马盈盈和盛斌(2018)的做法，构建前向出口技术复杂度指数和后向出口技术复杂度指数。

$$\text{NPODY\_F}_{ijt} = \sum_i \frac{\dfrac{\text{VAX\_F}_{ijt}}{\sum_i \text{VAX\_F}_{ijt}}}{\sum_j \left(\dfrac{\text{VAX\_F}_{ijt}}{\sum_i \text{VAX\_F}_{ijt}} \right)} Y_{it} \tag{6-17}$$

$$\text{SOP\_F}_{ijt} = \sum_i \frac{\text{VAX\_F}_{ijt}}{\sum_i \text{VAX\_F}_{ijt}} \text{NPODY\_F}_{ijt} \tag{6-18}$$

$$\text{NPODY\_B}_{ijt} = \sum_i \frac{\dfrac{\text{VAX\_B}_{ijt}}{\sum_i \text{VAX\_B}_{ijt}}}{\sum_j \left(\dfrac{\text{VAX\_B}_{ijt}}{\sum_i \text{VAX\_B}_{ijt}} \right)} Y_{it} \tag{6-19}$$

$$\text{SOP\_B}_{ijt} = \sum_i \frac{\text{VAX\_B}_{ijt}}{\sum_i \text{VAX\_B}_{ijt}} \text{NPODY\_B}_{ijt} \tag{6-20}$$

其中：VAX_F_{ijt} 为 t 年 i 国前向增加值出口额；$\sum_i \text{VAX\_F}_{ijt}$ 是 i 国所有制造业部门的前向增加值出口额；Y_{it} 为 i 国人均 GDP；SOP_B_{ijt} 为 t 年 i 国 j 部门的前向出口复杂度；VAX_B_{ijt} 为 t 年 i 国后向增加值出口额；$\sum_i \text{VAX\_B}_{ijt}$ 为 i 国所有制造业部门的后向增加值出口额；SOP_B_{ijt} 为 t 年 i 国 j 部门的后向出口技术复杂度。

$$\text{SOP\_F}_{ijt} = \alpha_0 + \alpha_1 \text{GVC\_Participation}_{ijt} + \alpha_2 \text{Controls} + \mu + \varepsilon_{it} \tag{6-21}$$

$$\text{SOP\_B}_{ijt} = \alpha_0 + \alpha_1 \text{GVC\_Participation}_{ijt} + \alpha_2 \text{Controls} + \mu + \varepsilon_{it} \tag{6-22}$$

通过将前向出口技术复杂度和后向出口技术复杂度纳入到基准计量方程中，进一步讨论全球价值链参与度对前向出口技术复杂度和后向技术出口复杂度的影响，其计量结果如表 6-7 第(1)、(2)列所示。根据计量结果可知，无论是前向出口技术复杂度还是后向出口技术复杂度,其参与全球价值链系数均在1%的水平上显著为正,这表明参与全球价值链能够显著提高前向和后向出口技术复杂度。进一步关注其系数大小可知,前向出口技术复杂度所受到的促进作用要小于后向出口技术复杂度,这主要是由于前向参与的国家基本上是发展水平较高的国家,这些国家的出口技术本身就处于较高的水平,因此受到参与全球价值链所带来的影响是有限的;而后向参与的国家大部分是发展中国家,这些国家通过参与全球价值链学习先进技术和经验,从而提高本国制造业的出口技术复杂度。

(二)基于前向参与度和后向参与度的分析

进一步讨论前向参与度和后向参与度对出口技术复杂度的影响,并进一步比较两者之间影响作用的大小,其计量结果如表6-7的第(3)~(5)列所示。根据计量结果可知,无论是前向参与还是后向参与,其均能够显著提高该国制造业的出口技术复杂度。进一步比较其系数可知,前向参与对出口技术复杂度的促进作用要大于后向参与对出口技术复杂度的促进作用。其中的原因可能在于,前向参与的国家或行业处于全球价值链的上游,更多地是出口中间产品,出口技术复杂度较高;而后向参与度较高的国家或行业,主要是通过进口其他国家的中间品进行再加工的方式来参与全球分工,处于全球生产分工体系的下游,处于上游的国家为防止本国先进技术外溢,可能存在对下游国家形成"低端锁定"的情况,从而抑制了后向参与度较高的国家或行业出口技术复杂度的提高。

表6-7 参与全球价值链对出口技术复杂度的影响:进一步分析

	(1) 前向出口技术复杂度	(2) 后向出口技术复杂度	(3) 出口技术复杂度	(4) 出口技术复杂度	(5) 出口技术复杂度
前向参与度			0.200*** (2.58)		0.202*** (4.58)
后向参与度				0.174* (1.77)	0.031*** (5.63)
全球价值链参与度	0.024*** (19.63)	0.033*** (15.32)			
经济发展水平	0.006***	0.032***	0.976***	0.969***	0.021*

第六章 参与全球价值链对出口技术复杂度的影响

续表

	(1) 前向出口技术复杂度	(2) 后向出口技术复杂度	(3) 出口技术复杂度	(4) 出口技术复杂度	(5) 出口技术复杂度
	(21.30)	(19.65)	(12.35)	(12.32)	(1.65)
对外直接投资	0.521	0.231***	0.592	0.675*	0.004
	(0.002)	(5.32)	(1.52)	(1.73)	(0.012)
人力资本	0.025*	0.024**	0.633***	0.666***	0.211
	(1.74)	(2.32)	(7.19)	(7.21)	(0.065)
资本劳动比	0.012	0.005	0.009***	0.014***	0.014***
	(0.032)	(0.021)	(3.33)	(3.37)	(14.32)
行业规模	0.000	0.125	0.040***	0.040***	0.078***
	(0.11)	(0.95)	(3.03)	(3.06)	(14.25)
制度质量	0.023***	0.261***	0.003	0.003	0.021
	(20.36)	(4.32)	(1.38)	(1.24)	(0.010)
常数	14.205***	21.036***	36.106***	36.203***	14.26***
	(0.322)	(3.62)	(11.85)	(11.86)	(11.23)
时间效应	控制	控制	控制	控制	控制
国家效应	控制	控制	控制	控制	控制
行业效应	控制	控制	控制	控制	控制
F	23.457	33.254	44.909	44.385	38.96
调整 R^2	0.568	0.701	0.649	0.649	0.702
N	9 400	9 400	8 434	8 434	8 434

注：小括号内的数值为 t 值；*、**和***分别代表在10%、5%和1%的水平下显著。

(三) 基于中国样本的分析

在该部分中，使用中国样本进行进一步分析，实证检验参与全球价值链对中国出口技术复杂度的影响，其计量结果如表6-8所示。其中，第(1)列为基准回归结果，全球价值链参与度系数在1%的水平上显著为正，表明在现阶段，参与全球价值链能够显著促进中国出口技术复杂度的提升。第(2)~(5)列分别为更换被解释变量、更换解释变量、更换聚类以及处理异常值的计量回归结果。由结果可知，全球价值链参与度的系数依旧在1%的水平上显著为正，验证了基准回归结果的稳健性。

表 6-8　参与全球价值链对中国出口技术复杂度的影响：计量结果

	（1）基准回归	（2）更换被解释变量	（3）更换解释变量	（4）更换聚类	（5）处理异常值
全球价值链参与度	0.079***	0.025***	0.109***	0.041***	0.097***
	(11.04)	(3.04)	(4.00)	(3.03)	(6.36)
经济发展水平	0.017***	−0.078***	0.014***	−0.001	0.183***
	(2.92)	(−10.86)	(15.68)	(−0.05)	(7.87)
对外直接投资	0.111***	0.017***	0.005***	0.001	0.086***
	(4.07)	(2.93)	(7.33)	(0.09)	(9.68)
人力资本	0.014***	0.112***	−0.765***	0.037	0.019
	(15.37)	(4.11)	(−4.02)	(0.42)	(0.02)
资本劳动比	0.006***	0.014***	0.083***	0.006***	0.041
	(7.74)	(15.25)	(8.49)	(2.74)	(0.10)
行业规模	−0.762***	0.005***	0.016***	−0.010***	0.130
	(−4.01)	(7.18)	(19.20)	(−5.10)	(0.15)
制度质量	0.023***	−0.792***	0.005***	−1.180***	0.775*
	(2.77)	(−4.16)	(7.14)	(−2.90)	(1.72)
常数	−0.076***	0.013***	−0.739***	0.045***	0.321
	(−10.64)	(13.10)	(−3.87)	(3.48)	(0.02)
时间效应	控制	控制	控制	控制	控制
行业效应	控制	控制	控制	控制	控制
F	23.36	36.32	44.21	20.32	37.56
调整 R^2	0.966	0.498	0.689	0.741	0.666
N	720	714	708	720	688

注：小括号内的数值为 t 值，*、**和***分别代表在10%、5%和1%的水平下显著。

第四节　本章主要结论

本章通过计算出口技术复杂度和全球价值链参与度，实证检验了参与全球价值链对一国制造业出口技术复杂度的影响。其主要结论如下。

第一，参与全球价值链能够显著促进一国制造业的出口技术复杂度提升，并且通过更换被解释变量、更换解释变量、更换聚类、处理异常值和采用工

第六章　参与全球价值链对出口技术复杂度的影响

具变量法和动态面板数据法解决可能存在的内生性问题之后，其结果依旧稳健。

第二，参与全球价值链对发展中国家制造业出口技术复杂度的促进作用要大于发达国家。

第三，金融危机前，参与全球价值链对制造业出口技术复杂度的促进作用要大于金融危机后。

第四，劳动密集型行业参与全球价值链对出口技术复杂度的影响为正，但不显著，对资本密集型行业和知识密集型行业的出口技术复杂度的影响在1%的水平上显著为正。

第五，机制检验表明，参与全球价值链能够通过提高中间品进口效应和劳动生产率效应两个机制提高出口技术复杂度。

第五，前向参与的出口技术复杂度所受到的促进作用小于后向出口技术复杂度所受到的促进作用。

第六，前向参与对出口技术复杂度的促进作用要大于后向参与对出口技术复杂度的促进作用。

第七，进一步分析参与全球价值链对中国出口技术复杂度的影响可知，参与全球价值链能够显著提高中国出口技术复杂度。

第七章 参与全球价值链对全球价值链位置的影响

在全球价值链背景下，一国（地区）某一行业或企业在全球价值链上的位置，在某种程度上决定了其在对外贸易中的利得。根据"微笑曲线"，处于全球价值链底端的行业或企业，往往只能通过参与全球价值链的加工组装环节获得少许的加工费；处于全球价值链前端的研发环节和处于全球价值链后端的销售、营销环节，往往会获得更高的收益。因此，在本章中，以全球价值链位置作为测算出口绩效的指标，在第二章中相关理论和第三章中对相关数据所进行的分析的基础上，首先基于相关文献，提出参与全球价值链对全球价值链位置影响的理论机制，其次，采用计量经济学的相关方法，实证研究参与全球价值链对全球价值链位置的影响。

第一节 参与全球价值链对全球价值链位置影响的理论机制

科学技术的快速发展和经济全球化的不断演进，加速了世界经济格局的演变，全球价值链应运而生。"生产碎片化"是全球价值链的主要特征，对于发达国家而言，其不再将生产的全部过程置于本国国内，而是将附加值较低、成本较高、能耗较高的生产环节外包给发展中国家，而其自身进行产品核心生产环节的研发设计以及市场营销等生产活动，因此，发达国家在全球价值链中一般位于较高的地位；对于发展中国家和新兴经济体而言，其主要参与组装、加工等低附加值的生产过程，这些国家在全球价值链中往往处于较低的地位。因此，逐渐形成了发达国家主导、发展中国家追随的发展格局。

第七章　参与全球价值链对全球价值链位置的影响

参与全球价值链对各国全球价值链位置攀升的影响可以从正面影响和负面影响两个方面来分析。

参与全球价值链对各国全球价值链位置攀升的正面影响，主要包括以下五个方面。

第一，技术转移和知识积累。参与全球价值链可以促使发展中国家直接接触到先进的生产技术和管理经验，从而促进技术转移和知识积累。通过学习发达国家先进的生产技术和管理经验，可以提高发展中国家的生产效率，推动本国的产业结构升级（张鹏杨 等，2024；杨阳 等，2024），进而提高在全球价值链中的地位。

第二，规模经济效应。参与全球价值链可以带来规模经济效应（贾依帛 等，2023；刘子鹏 等，2024）。全球价值链中的国家可以利用跨国生产和供应网络，采取分工合作的方式，实现生产成本和规模效益的最大化。通过规模扩大和分工合作，国家可以降低生产成本，提高生产效率和成本加成率，从而提高在全球价值链中的地位。

第三，扩大市场份额。参与全球价值链使一国能够进入更广阔的市场。通过参与全球价值链，可以将产品和服务迅速推向全球市场（李晨 等，2018）。通过拓展市场份额，可以获得更多的销售收入和利润，从而有更多的资金从事产品的研发，促使企业向全球价值链上游攀升，提高在全球价值链中的地位。

第四，提高经济竞争力。参与全球价值链可以帮助企业提高经济竞争力。通过参与全球价值链，企业可以获得更多的机会和资源，在国际市场上与其他企业进行竞争。通过与其他企业的竞争，企业能够不断提升自身的竞争力和创新能力，从而提高在全球价值链中的位置。

第五，参与全球价值链可以增加国际竞争力和降低风险。全球价值链的参与使得企业和产业可以与全球市场连接起来，获得更广阔的销售渠道和客户资源。这可以扩大企业的规模和市场份额，提高竞争力。同时，参与全球价值链还可以通过分工和合作在某种程度上分散风险，减少对国内市场的依赖，降低经济波动对参与国或地区的影响，显著降低了企业出口风险（刘宏曼 等，2023）。这种降低风险的机制可以使参与国或地区更加稳定地融入全球价值链，并提升自身的全球价值链位置。

参与全球价值链对各国全球价值链位置攀升的负面影响机制主要是，参与全球价值链，可能使发展中国家受制于主导全球价值链的发达国家跨国公司，导致发展中国家被"锁定"于全球价值链的低附加值生产环节，阻碍了发展中国家向全球价值链的中高端生产环节的移动，从而阻碍发展中国家全球价值链位置的攀升。

基于上述分析，在本章中，提出如下参与全球价值链对一国全球价值链地位影响的研究假说。

研究假说5：参与全球价值链是否促进一国全球价值链位置的攀升，主要取决于参与全球价值链通过技术转移和知识积累、规模经济效应、扩大市场份额、提高经济竞争力、降低风险对一国全球价值链地位攀升所带来的正面影响，和被锁定于特定生产环节所带来的负面影响二者绝对值的大小。

第二节 计量模型的设定和数据来源

一、计量模型的设定

本章的被解释变量为全球价值链位置，解释变量为全球价值链参与度，构建如下计量方程：

$$\text{GVC\_Position}_{ijt} = \alpha_0 + \alpha_1 \text{GVC\_Participation}_{ijt} + \alpha_2 \text{Controls} + \mu + \varepsilon_{it} \tag{7-1}$$

其中：GVC_Position_{it} 为 t 年 i 国 j 行业的全球价值链位置；$\text{GVC\_Participation}_{ijt}$ 为 t 年 i 国 j 行业的全球价值链参与度；$Controls$ 为控制变量；μ 表示一系列固定效应，具体包括时间固定效应、国家固定效应和行业固定效应；ε_{it} 为随机扰动项。

二、变量的选取

(一) 被解释变量和解释变量

Wang等 (2017a) 将一国的总生产活动分为纯国内生产活动、传统国际贸易、简单GVC活动和复杂GVC活动4部分：

$$\hat{V}B\hat{Y} = \hat{V}L\hat{Y}^D + \hat{V}L\hat{Y}^F + \hat{V}LA^F\hat{X} = \hat{V}L\hat{Y}^D + \hat{V}L\hat{Y}^F + \hat{V}LA^FBY$$

第七章　参与全球价值链对全球价值链位置的影响

$$= \hat{V}L\hat{Y}^D + \hat{V}L\hat{Y}^F + \hat{V}LA^F B\hat{Y}^D + \hat{V}LA^F(B\hat{Y} - L\hat{Y}^D) \qquad (7\text{-}2)$$

加总公式(7-2)的各列，可以得到各国各行业增加值的去向：

$$va' = \hat{V}BY = \underbrace{\hat{V}LY^D}_{V\_D} + \underbrace{\hat{V}LY^F}_{V\_RT} + \underbrace{\hat{V}LA^F LY^D}_{V\_GVC\_S} + \underbrace{(B\hat{Y} - L\hat{Y}^D)}_{V\_GVC\_C} \qquad (7\text{-}3)$$

加总公式(7-3)的各行，可得到各国各行业最终产出的增加值来源：

$$Y' = VB\hat{Y} = \underbrace{VL\hat{Y}^D}_{Y\_D} + \underbrace{VL\hat{Y}^F}_{Y\_RT} + \underbrace{VLA^F L\hat{Y}^D}_{Y\_GVC\_S} \underbrace{VLV^F(B\hat{Y} - L\hat{Y}^D)}_{Y\_GVC\_C} \qquad (7\text{-}4)$$

其中：V_D 和 Y_D 为纯国内生产并吸收的增加值；V_RT 和 Y_RT 为包含在最终产品出口中的国内附加值；V_GVC_S 和 Y_GVC_S 为简单跨境生产；V_GVC_S 是一国中间产品出口中所包含的国内增加值，Y_GVC_S 为外国中间产品进口中所包含的国外增加值；V_GVC_C 和 Y_GVC_C 为复杂跨境生产；V_GVC_C 是指一国出口的国内增加值被其他国家进口用于生产出口品；Y_GVC_C 为其他国家进口中间品包含的外国增加值或折返的国内增加值。基于公式(7-4)，可以将一国 GVC 前向参与度和后向参与度表示为

$$\text{GVCPt}_f = \frac{V\_GVC\_S}{va'} + \frac{V\_GVC\_C}{va'} = \frac{\hat{V}LA^F BY}{va'} \qquad (7\text{-}5)$$

$$\text{GVCPt}_b = \frac{Y\_GVC\_S}{Y'} + \frac{Y\_GVC\_C}{Y'} = \frac{VLA^F B\hat{Y}}{Y'} \qquad (7\text{-}6)$$

参考马盈盈(2019)的方法构建全球价值链参与度和全球价值链位置指数：

$$\text{GVC\_Participation} = \text{GVCPt}_f + \text{GVCPt}_b \qquad (7\text{-}7)$$

$$\text{GVC\_Position} = \ln(1 + \text{GVCPt}_f) - \ln(1 + \text{GVCPt}_b) \qquad (7\text{-}8)$$

其中，全球价值链参与度(GVC_Participation)为主要解释变量，全球价值链位置(GVC_Position)为被解释变量。

(二)控制变量

①经济发展水平(lnGDP)：用一国国内生产总值的对数值来衡量；②外商直接投资水平(lnfdi)：用一国对外投资水平的对数值来衡量；③创新能力(lnrd)：用一国研发投入占 GDP 比重的对数值进行衡量；④基础设施(lninfr)：用每百万人中固定宽带订阅人数的对数值来衡量；⑤资本深化(lnk)：用一国资本存量与就业人数比值的对数值来衡量。

(三)数据来源

本章全球价值链参与度和全球价值链位置指数的数据来源于对外经贸大学全球价值链数据库,经济发展水平、外商直接投资水平、创新能力和基础设施的数据来源于世界银行数据库,资本深化数据来源于世界投入产出数据库(WIOD)中的社会经济账户数据库。本书选取了 2000—2014 年 42 个国家 54[①] 个行业的数据作为研究样本。

表 7-1 为变量的描述性统计,表 7-2 为各变量之间的相关系数矩阵。根据表 7-1 可知,计量模型所采用的是非平衡面板数据,除 lnk 和 $lnfdi$ 这两个变量外,其余变量的方差均未超过 2.0。根据表 7-2 可知,在相关系数矩阵中,全球价值链参与度和全球价值链位置的相关系数显著为正,说明在现有样本下,参与全球价值链能够促进一国向全球价值链上游攀升;经济发展水平和全球价值链位置存在显著正相关关系,与预期保持一致;基础设施与全球价值链位置之间存在显著正向相关关系,与预期保持一致;创新能力与全球价值链位置存在显著正相关关系,与预期保持一致;资本深化与全球价值链位置存在显著的正相关关系,与预期保持一致;对外直接投资与全球价值链位置存在显著正相关关系,与预期保持一致。进一步关注相关系数的绝对值,各变量之间的相关系数绝对值均小于 0.7,表明各变量之间不存在多重共线性。图 7-1 为全球价值链参与度和全球价值链位置的散点图,由图 7-1 可知,全球价值链参与度和全球价值链位置之间为正相关关系,初步猜测,一国参与全球价值链能够提高该国(行业)在全球价值链中的位置。

表 7-1 变量的描述性统计

	观测值	均值	方差	最小值	中位数	最大值
GVC-Participation	34 020	0.45	0.42	0.00	0.37	25.84
GVC-Position	34 020	0.01	0.13	−1.09	0.00	2.95
lnGDP	34 020	26.57	1.73	22.61	26.67	30.51
lninfr	34 020	2.26	1.22	0.00	2.74	3.79
lnrd	31 644	0.85	0.36	0.05	0.82	1.67
lnk	32 152	5.46	2.44	0.00	4.90	16.12
lnfdi	31 212	22.51	3.12	0.00	23.08	27.11

---

① 由于机械和设备的维修和安装、海外组织和机构的活动存在数据为 0 的情况,因此本书将这两个行业剔除掉,最终选取 54 个行业。

第七章 参与全球价值链对全球价值链位置的影响

表 7-2 变量间相关系数矩阵

	GVC-Participation	GVC-Position	lnGDP	lninfr	lnrd	lnk	lnfdi
GVC-Participation	1.000						
GVC-Position	0.428***	1.000					
	(0.000)						
lngdp	−0.274***	0.050***	1.000				
	(0.000)	(0.000)					
lninfr	0.156***	0.077***	0.087***	1.000			
	(0.000)	(0.000)	(0.000)				
lnrd	0.010	0.124***	0.485***	0.487***	1.000		
	(0.077)	(0.000)	(0.000)	(0.000)			
lnk	0.039***	0.037***	0.218***	0.072***	0.296***	1.000	
	(0.000)	(0.000)	(0.000)	(0.000)	(0.000)		
lnfdi	−0.013*	0.068***	0.498***	0.452***	0.554***	0.029***	1.000
	(0.018)	(0.000)	(0.000)	(0.000)	(0.000)	(0.000)	

注：括号内为 p 值；*、**和***分别代表在 10%、5% 和 1% 的水平下显著。

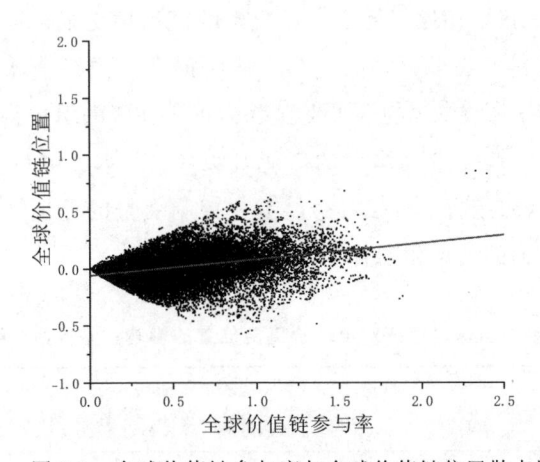

图 7-1 全球价值链参与度与全球价值链位置散点图

第三节 计量结果及分析

一、基准回归结果及分析

基于计量方程(7-1)，表 7-3 的第(1)列~(6)列显示了逐步添加控制变量后的参与全球价值链对全球价值链位置基准的回归结果。由表 7-3 的计量结果可知，基于现有样本，在逐步加入控制变量后，全球价值链参与度对全球价值链位置的影响，依旧在 1% 的水平上显著为正，这表明全球价值链的嵌入能够提高一国在全球价值链中的位置。进一步关注控制变量的显著性及符号，经济发展水平在 5% 的水平上显著为正，一国经济发展水平越高，则该国在全球价值链中的位置越高；基础设施在 1% 的水平上显著为正，一国基础设施的完善有利于提高该国生产要素的利用效率，从而促进一国全球价值链位置的提高；创新能力在 5% 的水平上显著为正，一国的创新能力越高，则该国能够凭借技术优势抢占市场，从而提高该国在全球价值链中的位置；资本深化在 1% 的水平上显著为正，相比于劳动力，资本的流动性更强，提高资本在生产要素中的使用将有利于获得更多的优势，从而提高一国在全球价值链中的位置；外商直接投资水平在 5% 的水平上显著为正，外资的引进将为东道国带来先进的技术和生产经验，带动国内的产业升级，进一步促进东道国在全球价值链位置上的攀升(张鹏杨 等，2018)。上述控制变量的计量结果，也与基于相关理论分析所得到的结论相吻合。

表 7-3 参与全球价值链对全球价值链位置的影响：基准回归结果

	(1) gvcp	(2) gvcp	(3) gvcp	(4) gvcp	(5) gvcp	(6) gvcp
全球价值链参与度	0.194***	0.194***	0.194***	0.194***	0.229***	0.241***
	(11.30)	(11.29)	(11.29)	(11.01)	(27.54)	(38.24)
经济发展水平		0.015***	0.017***	0.016***	0.011**	0.014**
		(3.10)	(3.54)	(2.95)	(2.02)	(2.32)
基础设施			0.010***	0.013***	0.013***	0.013***

第七章　参与全球价值链对全球价值链位置的影响

续表

	(1) gvcp	(2) gvcp	(3) gvcp	(4) gvcp	(5) gvcp	(6) gvcp
			(7.33)	(8.96)	(8.86)	(8.39)
创新能力				0.015*	0.016*	0.018**
				(1.70)	(1.95)	(2.04)
资本深化					0.006***	0.005***
					(9.13)	(7.88)
对外直接投资水平						0.001**
						(2.42)
常数	−0.079***	−0.486***	−0.567***	−0.544***	−0.476***	−0.563***
	(−10.31)	(−3.65)	(−4.26)	(−3.81)	(−3.23)	(−3.66)
时间效应	控制	控制	控制	控制	控制	控制
国家效应	控制	控制	控制	控制	控制	控制
行业效应	控制	控制	控制	控制	控制	控制
F	127.670	64.293	66.123	63.904	209.263	288.199
调整 R^2	0.558	0.558	0.559	0.565	0.554	0.561
N	34 020	34 020	34 020	31 644	30 021	27 451

注：小括号内的数值为 t 值，*、**和***分别代表在10%、5%和1%的水平下显著；标准差为国家层面的聚类标准差。

二、稳健性检验

为进一步确保基准回归结果的稳健性，在稳健性检验部分，本节主要采用4种稳健性检验的方法：一是更换被解释变量的测算方法；二是通过对解释变量（全球价值链参与率）做2.5%缩尾处理来处理异常值；三是更换聚类标准，将标准误聚类到行业层面；四是更换样本对计量方程进行估计，具体包括两种方法，一是将样本采取间隔一年的划分方式对样本进行处理，二是采用ADB数据库提供的全球价值链位置的数据代替WIOD的数据。

（一）更换被解释变量

Wang等（2017b）基于生产步长构建了全球价值链位置指标，将全球价值链位置定义为前向价值链生产步长和后向价值链生产步长的比值，即

$$GVC\_P = \frac{Plv\_GVC}{Ply\_GVC} \tag{7-9}$$

其中：GVC_P 为全球价值链位置指数，该值越大，说明一国越靠近价值链的上游，其分工地位越高；Plv_GVC 为前向价值链生产步长，该值越大，这表明一国越处于全球价值链的上游；Ply_GVC 为后向价值链生产步长，该值越大，这表明一国越处于全球价值链的下游。更换被解释变量的计量回归结果如表7-4的第(1)列所示。由计量结果可知，全球价值链参与度依旧在1%的水平上显著为正，表明一国参与全球价值链有利于该国提高其在全球价值链中的位置，同时也验证了本章基准回归结果的稳健性。

(二)处理异常值

为解决异常值可能对计量回归结果产生的影响，将全球价值链参与度做2.5%缩尾处理，其计量回归结果如表7-4第(2)列所示。由计量结果可知，全球价值链参与度依旧在1%的水平上显著为正，这表明参与全球价值链能够显著提高一国在全球价值链中的位置，即本章的基准回归结果是稳健的。

(三)更换聚类标准

本节将标准误聚类到行业层面，重新进行计量回归，其计量回归结果如表7-4的第(3)列所示。根据表7-4的第(3)，全球价值链参与度依旧在1%的水平上显著为正，验证了本章基准回归结果的稳健性。

(四)更换样本Ⅰ

采取间隔一年的划分方式对样本进行处理，并重新进行计量回归，其回归结果如表7-4的第(4)列所示，结果表明全球价值链参与度的系数依旧在1%的水平上显著为正，验证了本章基准回归的稳健性。

(五)更换样本Ⅱ

本章基准模型中全球价值链位置的数据是通过对外经贸大学全球价值链数据库进行测算的，进一步将ADB数据库所提供的全球价值链位置的数据和全球价值链参与度进行匹配，从国家层面实证检验参与全球价值链对全球价值链位置的影响。其计量结果如表7-4的第(5)列所示，其全球价值链参与度的系数依旧在1%的水平上显著为正，验证了本章基准回归结果的稳健性。

第七章 参与全球价值链对全球价值链位置的影响

表 7-4 参与全球价值链对全球价值链位置的影响：稳健性检验

	(1) 更换被解释变量	(2) 处理异常值	(3) 更换聚类	(4) 更换样本 I	(5) 更换样本 II
全球价值链参与度	0.163***	0.258***	0.241***	0.248***	0.198***
	(13.76)	(50.46)	(7.60)	(36.37)	(15.23)
经济发展水平	0.035*	0.015**	0.014**	0.017**	0.037**
	(1.96)	(2.51)	(2.27)	(2.15)	(2.01)
基础设施	0.012***	0.013***	0.013***	0.016***	0.013***
	(3.07)	(8.37)	(9.90)	(7.55)	(3.32)
创新能力	0.011	0.017*	0.018*	0.020*	0.014
	(0.54)	(1.92)	(1.90)	(1.71)	(0.66)
资本深化	0.005***	0.005***	0.005*	0.006***	0.005***
	(2.59)	(7.64)	(1.70)	(6.76)	(2.61)
对外直接投资水平	0.001	0.001**	0.001***	0.001**	0.001
	(1.20)	(2.46)	(2.94)	(2.18)	(1.34)
常数	−0.012	−0.597***	−0.563***	−0.667***	−0.178
	(−0.03)	(−3.89)	(−3.56)	(−3.26)	(−1.24)
时间效应	控制	控制	控制	控制	控制
国家效应	控制	控制	控制	控制	控制
行业效应	控制	控制	控制	控制	控制
F	38.639	456.182	37.109	244.549	39.977
调整 R^2	0.646	0.564	0.561	0.565	0.658
N	27 451	27 451	27 451	14 640	27 605

注：小括号内的数值为 t 值；*、**和***分别代表在10%、5%和1%的水平下显著。

三、内生性问题的处理

在本章中，全球价值链参与率和全球价值链位置之间的内生性主要出现在两个方面：一是没有将所有可能影响全球价值链位置且与全球价值链参与度密切相关的因素一一列出，导致全球价值链参与率可能与计量方程的误差项相关；二是可能存在反向因果关系，即究竟是参与全球价值链导致的全球价值链位置发生变化，还是由于"自选择效应"。考虑到主要解释变量的内生性问题，本章采用工具变量来解决可能存在的内生性问题。

本章中的工具变量主要包括两个。

第一，采用滞后1期的全球价值链参与度作为工具变量；其计量结果如

表7-5的第(1)、(2)列所示。由表7-5的第(1)列可知,工具变量和解释变量之间存在显著的相关性。在表7-5的第(2)列中,全球价值链参与度在1%的水平上显著为正,表明一国参与全球价值链能够显著促进该国全球价值链位置攀升,并且不可识别检验和弱识别检验均验证了本章工具变量选取的合理性。

第二,参考盛斌等(2020)的做法,采用1975年的外贸依存度作为的工具变量,其中外贸依存度用出口占GDP的比重来进行衡量。选取该变量作为工具变量的依据为:一方面,外贸依存度高的国家,其贸易环境要更好,更倾向于参与国际贸易与分工,因此其全球价值链参与度也越高,满足相关性假设;另一方面,1975年的外贸依存度是历史数据,满足外生性假设。外贸依存度作为工具变量的计量回归结果如表7-5的第(3)、(4)列所示,由表7-5的第(3)列可知,外贸依存度和全球价值链参与度之间存在显著的相关性,由表7-5的第(4)列可知,全球价值链参与度在1%的水平上显著为正,验证了本章基准回归结果的稳健性,且不可识别检验和弱工具变量均验证了工具变量选取的合理性。

第三,表7-5的第(5)、(6)列为同时将两个工具变量纳入计量模型中的回归结果,全球价值链参与度依旧在1%的水平上显著为正,验证了本章基准回归结果的稳健性,且不可识别检验、弱识别检验和过度识别检验均验证了工具变量选取的合理性。

进一步对比表7-3和表7-5可发现,采用工具变量克服可能存在的内生性问题后,全球价值链参与度的系数变大,同时采用工具变量1和工具变量2后,回归系数增大幅度约为12.44%。其中的原因可能同样在于,基准回归中的误差项包含了可能对全球价值链位置产生负向影响且与全球价值链参与度存在线性关系的变量。

第七章　参与全球价值链对全球价值链位置的影响

表 7-5　参与全球价值链对全球价值链位置的影响：内生性检验

	工具变量1		工具变量2		工具变量1+工具变量2	
	(1)	(2)	(3)	(4)	(5)	(6)
	第一阶段	第二阶段	第一阶段	第二阶段	第一阶段	第二阶段
全球价值链参与度		0.244***		0.272***		0.271***
		(44.64)		(9.25)		(14.01)
工具变量Ⅰ	0.963***				0.083***	
	(150.77)				(8.49)	
工具变量Ⅱ			0.013***		0.016***	
			(13.10)		(19.20)	
控制变量	控制	控制	控制	控制	控制	控制
时间效应	控制	控制	控制	控制	控制	控制
国家效应	控制	控制	控制	控制	控制	控制
行业效应	控制	控制	控制	控制	控制	控制
F	41.09***		171.53***		248.65***	
不可识别检验		42.492***		142.671***		390.463***
弱识别检验		41.092		171.526		248.648
		[16.38]		[16.38]		[19.93]
过度识别检验						0.001
						[0.9778]
N	25 661	25 661	20 032	20 032	20 032	20 032

注：小括号内的数值为 t 值；*、**和***分别代表在10%、5%和1%的水平下显著；弱识别检验中[]为10%水平上的临界值，过度识别检验中的[]为 p 值。

四、异质性分析

考虑到参与全球价值链对全球价值链位置的影响随国家发展水平、行业性质、时间、行业要素密集度等的差异而存在差异，在该部分中，将对参与全球价值链对全球价值链位置的影响进行异质性分析。

(一)基于国家发展水平的异质性分析

设置虚拟变量 D_i，若 i 国为发达国家则 $D_i=0$，若为发展中国家则 $D_i=1$，此时计量模型为

$$\text{GVC\_Position}_{ijt} = \alpha_0 + \alpha_1 \text{GVC\_Participation}_{ijt} + \alpha_2 \text{Controls} +$$
$$\alpha_3 D_i \text{GVC\_Participation}_{ijt} + \mu + \varepsilon_{ijt} \tag{7-10}$$

表 7-6 的第(1)列为区分国家发展水平的计量回归结果,由计量结果可知,无论是发展中国家还是发达国家,参与全球价值链均能够促进该国全球价值链位置的攀升。进一步比较其系数大小可知,发展中国家全球价值链参与度的系数要大于发达国家,主要原因有:对于发达国家而言,其本身的嵌入全球价值链的程度较深,且在全球价值链上主要处于上游的位置,参与全球价值链对其全球价值链位置攀升的促进作用有限;对于发展中国家而言,这些国家本身处于全球价值链较低的位置,从事加工和组装等生产环节,嵌入全球价值链的程度较浅,对于这些国家而言,积极参与全球价值链将有助于其学习国外先进的技术和经验,从而推动其全球价值链位置的攀升。

(二)基于不同行业的异质性分析

进一步将行业划分为农业、制造业和服务业,探究不同行业内参与全球价值链对全球价值链位置的影响作用。设置虚拟变量 D_{j1} 和 D_{j2},若 j 行业为农业则 $D_{j1}=1$,若为其他行业则 $D_{j1}=0$;若 j 行业为制造业则 $D_{j2}=1$,若为其他行业则 $D_{j2}=0$,此时计量模型为

$$\text{GVC\_Position}_{ijt} = \alpha_0 + \alpha_1 \text{GVC\_Participation}_{ijt} + \alpha_2 \text{Controls} +$$
$$\alpha_3 D_{j1} \text{GVC\_Participation}_{ijt} +$$
$$\alpha_4 D_{j2} \text{GVC\_Participation}_{ijt} + \mu + \varepsilon_{it} \tag{7-11}$$

其计量回归结果如表 7-6 的第(2)列所示。由表 7-6 中的计量结果可知,在不同行业内参与全球价值链对全球价值链位置的攀升均存在促进作用。进一步比较其系数可知,嵌入全球价值链对全球价值链位置攀升促进作用最大的是制造业,其次是服务业,促进作用最小的是农业。这表明参与全球价值链对制造业全球价值链位置攀升的促进作用大于其对服务业和农业的促进作用,这主要是由于相比于服务业和农业,制造业更多进行加工组装,积极参与全球价值链将有利于其获得国外更加先进的技术和生产要素,从而降低生产成本,提高生产效率,进而推动其全球价值链位置的攀升。

(三)基于不同要素密集度的异质性分析

参考葛明等(2015)的方法,根据要素密集度的不同将样本划分为初级产品、劳动密集型、资本密集型、知识密集型和教育服务五组,讨论参与全球价值链对不同要素密集度行业全球价值链位置攀升的影响作用。设置虚拟变

第七章　参与全球价值链对全球价值链位置的影响

量 D_{k1}、D_{k2}、D_{k3} 和 D_{k4}，若 k 行业为初级产品则 $D_{k1}=1$，若为其他行业则 $D_{k1}=0$；若 k 行业为劳动密集型行业则 $D_{k2}=1$，若为其他行业则 $D_{k2}=0$；若 k 行业为资本密集型行业则 $D_{k3}=1$，若为其他行业则 $D_{k3}=0$；若 k 行业为知识密集型行业则 $D_{k4}=1$，若为其他行业则 $D_{k4}=0$，此时计量模型为

$$\begin{aligned} \text{GVC\_Position}_{ijt} = & \alpha_0 + \alpha_1 \text{GVC\_Participation}_{ijt} + \alpha_2 \text{Controls} + \\ & \alpha_3 D_{k1} \text{GVC\_Participation}_{ijt} + \\ & \alpha_4 D_{k2} \text{GVC\_Participation}_{ijt} + \alpha_5 D_{k3} \text{GVC\_Participation}_{ijt} + \\ & \alpha_6 D_{k4} \text{GVC\_Participation}_{ijt} + \mu + \varepsilon_{it} \end{aligned} \quad (7\text{-}12)$$

其计量结果如表 7-6 第(2)列所示。由表 7-6 的计量结果可知，初级产品、劳动密集型、资本密集型和知识密集型行业的全球价值链参与度的系数均为正，但初级产品全球价值链参与度的系数不显著，教育服务行业全球价值链参与度的系数为负，但不显著。进一步比较其系数可知，知识密集型行业的系数最大，劳动密集型行业的系数最小。这一结果也说明了，技术水平越高的行业，参与全球价值链，通过学习效应、技术外溢效应，更有可能向全球价值链上游移动，提升全球价值链位置。

(四)基于不同时间的异质性分析

2008 年金融危机给世界各国经济都带来了不同程度冲击，因此，将样本划分为金融危机前和金融危机后，讨论不同时间段内参与全球价值链对价值链位置攀升的影响。设置虚拟变量 D_t，若 t 为金融危机前则 $D_t=0$，若为金融危机后则 $D_t=1$，此时计量模型为

$$\begin{aligned} \text{GVC\_Position}_{ijt} = & \alpha_0 + \alpha_1 \text{GVC\_Participation}_{ijt} + \\ & \alpha_2 \text{Controls} + \alpha_3 D_t \text{GVC\_Participation}_{ijt} + \mu + \varepsilon_{it} \end{aligned} \quad (7\text{-}11)$$

其计量结果如表 7-6 的第(3)列所示。根据表 7-6 的计量结果可知，无论是金融危机前还是金融危机后，全球价值链参与度指数均在 1% 的水平上显著为正，表明在不同时期内积极参与全球价值链均能够推动一国全球价值链位置的攀升。进一步比较其系数可知，金融危机前全球价值链参与度指数的系数要大于金融危机后，这主要是由于在金融危机前，世界处于经济全球化进程快速发展的时期，各国都积极参与国际分工和生产，积极融入全球生产网络，参与全球价值链提高了生产要素在全国范围内的配置效率，各国充分发挥其自身的比较优势，进而提升其在全球价值链上的位置。金融危机的冲击使得各国为降低自身受到世界不利因素的冲击而实行各种贸易保护政策，从

而使得参与全球价值链对一国全球价值链位置提升的促进作用减小。

表 7-6 参与全球价值链对全球价值链位置的影响：异质性分析

	(1) 发达国家与发展中国家	(2) 农业、制造业和服务业	(3) 要素密集度差异	(4) 金融危机前后
全球价值链参与度	0.289***	0.279***	0.323***	0.231***
	(22.63)	(31.67)	(17.96)	(22.33)
经济发展水平	0.028	0.015	0.011	−0.033*
	(1.72)	(1.46)	(1.12)	(−1.98)
基础设施	0.025***	0.019***	0.016***	0.029**
	(4.97)	(6.53)	(5.71)	(2.57)
创新能力	−0.026	0.027	0.023	−0.008
	(−0.93)	(1.82)	(1.39)	(−0.76)
资本深化	0.003**	0.002	0.010***	0.005***
	(2.11)	(0.59)	(8.37)	(4.93)
对外直接投资水平	0.002**	0.002**	0.001**	−0.000
	(4.17)	(2.41)	(2.38)	(−0.51)
常数	−0.629	−0.622**	−0.424	0.564
	(−2.38)	(−2.74)	(−2.06)	(1.71)
全球价值链参与度×虚拟变量 D_i	0.018			
	(1.32)			
全球价值链参与度×虚拟变量 D_{j1}		−0.024		
		(−0.87)		
全球价值链参与度×虚拟变量 D_{j2}		0.014		
		(1.21)		
全球价值链参与度×虚拟变量 D_t				0.007***
				(5.64)
全球价值链参与度×虚拟变量 D_{k1}			−0.007	
			(−1.26)	
全球价值链参与度×虚拟变量 D_{k2}			−0.011	
			(−0.82)	
全球价值链参与度×虚拟变量 D_{k3}			0.024**	
			(2.01)	
全球价值链参与度×虚拟变量 D_{k4}			0.017***	
			(1.89)	

第七章　参与全球价值链对全球价值链位置的影响

续表

	（1）发达国家与发展中国家	（2）农业、制造业和服务业	（3）要素密集度差异	（4）金融危机前后
时间效应	控制	控制	控制	控制
国家效应	控制	控制	控制	控制
行业效应	控制	控制	控制	控制
F	85.377	175.812	166.893	79.832
调整 R^2	0.612	0.621	0.597	0.575
N	27 451	27 451	27 451	27 451

注：小括号内的数值为 t 值；*、**和***分别代表在10%、5%和1%的水平下显著。

五、机制检验

在机制检验部分，采用中介效应模型，实证检验参与全球价值链是否能够通过中间品进口效应和劳动生产率效应影响全球价值链位置。

参考江艇（2019）的方法，构建如下计量模型

$$\text{GVC\_Positon}_{ijt} = \alpha_0 + \alpha_1 Z_{ijt} + \alpha_2 \text{controls} + \mu + \varepsilon_{ijt} \tag{7-12}$$

$$Z_{ijt} = \beta_0 + \beta_1 \text{GVC\_Participation}_{ijt} + \mu + \varepsilon_{ijt} \tag{7-13}$$

其中，Z_{ijt} 代表中间品进口、技术进步这两个机制。中间品进口，使用 i 国 j 行业进口中间品占全部中间品的比重来衡量，相关数据来自 WIOD 数据库中的国家间非竞争型投入产出表，参考蒋庚华和曹张帆（2024）的计算方法，劳动生产率的计算方法为 i 国 j 行业的附加值与劳动力之比。

根据表 7-9 的计量结果可知，在 1% 的显著性水平下，全球价值链参与度对中间品进口和劳动生产率的影响均为正，且中间品进口和劳动生产率对全球价值链位置的影响同样为正，这一计量结果说明了，参与全球价值链能够通过中间品进口效应和劳动生产率效应这两条机制，提高全球价值链位置。

表 7-7 参与全球价值链对出口产品质量的影响:机制检验

	中间品进口效应		生产率效应	
	中间品进口	全球价值链位置	劳动生产率	全球价值链位置
	(1)	(2)	(3)	(4)
全球价值链参与度	0.262***		0.265***	
	(4.82)		(5.27)	
中间品进口		0.375***		
		(4.90)		
生产率				0.120***
				(4.50)
经济发展水平	−0.023***	0.031***	0.018***	0.027***
	(−3.23)	(3.67)	(3.04)	(3.41)
基础设施	0.016***	−0.021***	0.003***	−0.019***
	(5.64)	(−6.07)	(2.66)	(−3.11)
创新能力	−0.013**	0.014***	0.013**	0.011**
	(−2.21)	(2.93)	(2.49)	(2.28)
资本深化	0.000***	0.001***	0.002***	0.001***
	(3.27)	(4.23)	(5.15)	(4.62)
外商直接投资水平	−0.006**	0.007***	0.013***	0.006**
	(−2.51)	(2.62)	(3.47)	(2.34)
常数	−0.061***	0.056***	−0.058***	0.064***
	(5.81)	(−5.41)	(5.29)	(−5.32)
时间固定效应	控制	控制	控制	控制
国家固定效应	控制	控制	控制	控制
行业固定效应	控制	控制	控制	控制
F	32.752	30.335	28.057	41.364
调整 R^2	0.648	0.537	0.841	0.562
N	34 020	34 020	34 020	34 020

注:小括号内的数值为 t 值;*、**和***分别代表在10%、5%和1%的水平下显著。

第七章　参与全球价值链对全球价值链位置的影响

六、进一步分析

在该部分中，与前文类似，首先将全球价值链参与度进一步区分为前向参与度和后向参与度，具体分析前向参与度和后向参与度对全球价值链位置的影响；其次，基于中国的样本，具体分析参与全球价值链对中国全球价值链位置的影响。

(一)基于前向参与度和后向参与度的分析

计量结果如表 7-8 所示。根据表 7-8 的计量结果可知，前向参与度能够显著提高一国在全球价值链中的位置，后向参与度对全球价值链位置的系数为正，但不显著，这主要是由于在参与全球价值链的过程中存在"低端锁定"的问题，发达国家和跨国公司大多处于全球价值链的上游生产环节，为抑制发展中国家的发展，发达国家更容易通过全球价值链，将发展中国家锁定在全球价值链较低的位置。

表 7-8　前向参与度和后向参与度对全球价值链位置的影响：计量结果

	(1) 全球价值链位置	(2) 全球价值链位置
前向参与度		0.265***
		(9.63)
后向参与度	0.185	0.031****
	(1.23)	(5.63)
经济发展水平	0.263***	0.062*
	(32.23)	(1.65)
基础设施	0.023	0.009
	(0.32)	(0.006)
创新能力	0.236***	0.122
	(9.32)	(0.000)
资本深化	0.025**	0.023***
	(2.01)	(18.47)
对外直接投资水平	0.016***	0.564***
	(9.62)	(18.65)
常数	0.026	0.621
	(0.00)	(0.320)

续表

	（4）	（5）
	全球价值链位置	全球价值链位置
时间效应	控制	控制
国家效应	控制	控制
行业效应	控制	控制
F	44.385	38.96
调整 R^2	0.649	0.702
N	27 451	27 451

注：小括号内的数值为 t 值；*、**和***分别代表在10%、5%和1%的水平下显著。

（二）基于中国样本的分析

接下来，使用中国样本进行进一步分析，实证检验参与全球价值链对中国全球价值链位置的影响，其计量结果如表7-9所示。其中，第（1）列为基准回归结果，全球参与度系数在1%的水平上显著为正，表明参与全球价值链能够显著促进中国全球价值链位置的攀升。第（2）～（5）列分别为更换被解释变量、更换解释变量、更换聚类以及更换样本的计量回归结果，由结果可知，全球价值链参与度的系数依旧在1%的水平上显著为正，验证了基准回归结果的稳健性。

表7-9　参与全球价值链对中国全球价值链位置的影响：计量结果

	（1）基准回归	（2）更换被解释变量	（3）处理异常值	（4）更换聚类	（5）更换样本
全球价值链参与度	0.231***	0.222***	0.165***	0.142***	0.123***
	(12.56)	(11.35)	(9.35)	(10.23)	(9.63)
经济发展水平	0.122***	0.102*	0.023	0.111	0.127
	(9.65)	(1.73)	(0.98)	(1.23)	(1.47)
基础设施	0.052	0.023*	0.098***	0.087	0.326
	(1.11)	(1.86)	(7.25)	(0.79)	(0.045)
创新能力	0.062**	0.001	0.142	0.006*	0.036*

第七章 参与全球价值链对全球价值链位置的影响

续表

	（1） 基准回归	（2） 更换被解释变量	（3） 处理异常值	（4） 更换聚类	（5） 更换样本
	（2.01）	（1.54）	（0.76）	（1.79）	（1.92）
资本深化	0.022	0.012***	0.079**	0.001	0.011**
	（0.85）	（9.63）	（2.44）	（0.00）	（2.43）
对外直接投资水平	0.032*	0.214	0.321**	0.014	0.042
	（1.78）	（0.56）	（2.52）	（0.02）	（1.58）
常数	−0.325	4.25***	3.26*	0.323	−0.589
	（0.00）	（8.74）	（1.88）	（0.07）	（−1.39）
时间效应	控制	控制	控制	控制	控制
行业效应	控制	控制	控制	控制	控制
F	26.59	35.26	40.32	32.16	23.21
调整 R^2	0.695	0.648	0.555	0.598	0.601
N	800	784	777	800	391

注：小括号内的数值为 t 值，*、**和***分别代表在10％、5％和1％的水平下显著。

第四节 本章主要结论

在本章中，利用全球价值链数据库计算了全球价值链参与度指数和全球价值链位置指数，实证检验了一国参与全球价值链对其全球价值链位置攀升的影响。本章的主要研究结论如下。

第一，参与全球价值链能够显著提高一国在全球价值链中的位置，并且经过更换被解释变量、处理异常值、更换聚类方式、更换样本、处理内生性等一系列检验之后，结果依旧稳健。

第二，发展中国家参与全球价值链对其全球价值链位置攀升的影响作用要大于发达国家，这主要是由于目前发展中国家在全球价值链中依旧处于较低的位置，积极参与全球价值链可以使其学习国外先进的生产技术和经验从而推动其全球价值链位置的攀升。

第三，参与全球价值链对制造业的全球价值链攀升的影响作用最大，服务业次之,农业最小。

第四,对于不同要素密集度而言,参与全球价值链对初级产品行业全球价值链位置攀升的促进作用不显著,对知识密集型行业的影响作用最大,资本密集型行业次之,劳动密集型行业最小,对教育服务行业的影响为负,但不显著。

第五,对于不同时间段而言,金融危机前世界经济全球化进程正处于快速发展的阶段,因此在该时期内参与全球价值链对一国全球价值链位置攀升的影响作用要大于金融危机后。

第六,机制检验表明,参与全球价值链能够通过中间品进口效应和劳动生产率效应两个机制促进全球价值链位置的提升。

第六,前向参与度对一国全球价值链位置的提升存在显著的促进作用,后向参与度能够促进全球价值链位置的提升,但促进作用不显著。

第七,进一步使用中国样本进行实证检验可知,参与全球价值链能够显著提高中国在全球价值链中的位置。

第八章 主要结论和政策启示

第一节 主要研究结论

本书在对相关文献进行梳理的基础上,首先对世界主要国家和地区的主要行业参与全球价值链和以出口产品质量、出口国内附加值率、出口技术复杂度、全球价值链位置为代表的出口绩效的变化趋势进行了分析;其次,基于相关文献所形成的研究假说,采用计量经济学的相关方法,实证研究了参与全球价值链对以出口产品质量、出口国内附加值率、出口技术复杂度、全球价值链位置为代表的出口绩效的影响,得到如下结论。

第一,针对2000—2014年世界主要国家和地区主要行业相关数据的分析得到以下结论。

首先,针对全球价值链参与率的分析表明,全球价值链参与率、前向参与率和后向参与率,整体上呈现出上升趋势,但在2009年出现了较低点,2009年后继续上升;发达国家的全球价值链参与率远高于发展中国家,且发达国家的前向参与率均高于其后向参与率;制造业的全球价值链参与率最高,其次是农业,服务业的全球价值链参与率最低;从初级产品和资源产品、劳动密集型行业、资本密集型行业、知识密集型行业和健康教育公共服务业来看,各要素密集度行业整体上的全球价值链参与率都呈上升趋势,其中资本密集型行业的全球价值链参与率最高,健康教育公共服务业的全球价值链参与率最低。

其次,针对出口绩效变化趋势的分析表明,出口国内附加值和出口国内附加值率、出口技术复杂度、全球价值链位置、出口产品质量整体均呈上升趋势，且发达国家在以出口国内附加值和出口国内附加值率、出口技术复杂度、全球价值链位置和出口产品质量为代表的出口绩效上的表现强于发展中国家，制造业出口绩效强于农业和服务业。

最后，对全球价值链参与率与出口国内附加值率、出口技术复杂度、全球价值链位置和出口产品质量之间相关系数的分析表明，全球价值链参与率与出口国内附加值、出口技术复杂度、全球价值链位置位置正相关，与出口产品质量负相关，这一结论对于不同类型国家、不同行业、不同要素密集度行业均成立。

第二，实证研究参与全球价值链对出口产品质量的影响，得到以下主要结论。

首先，一国积极参与全球价值链能够显著提高该国出口产品质量。

其次，发展中国家参与全球价值链对出口产品质量的促进作用要大于发达国家；金融危机前参与全球价值链对出口产品质量产生的促进作用大于金融危机后；知识密集型行业参与全球价值链对出口产品质量的影响最大，其次是资本密集型，最小的是劳动密集型。

再次，参与全球价值链能够通过中间品进口效应和劳动生产率效应这两个机制影响出口产品质量。

然后，参与全球价值链和出口产品质量之间存在"倒U形"的非线性关系；前向参与率促进了一国出口产品质量的提升，后向参与率由于受到"低端锁定"的影响，对出口产品质量产生了负向作用。

最后，基于中国样本的研究表明，参与全球价值链能够显著促进中国出口产品质量的提升。

第三，实证研究参与全球价值链对出口国内附加值率的影响，得到如下主要结论。

首先，参与全球价值链能够显著促进出口国内附加值率的提升，并且通过更换解释变量、更换聚类、剔除异常值和更换样本之后，其结果依旧稳健。

其次，参与全球价值链对于发展中国家出口国内附加值率的促进作用大于其对发达国家的促进作用；参与全球价值链在金融危机前对出口国内附加值率的促进作用要大于金融危机后；参与全球价值链对知识密集型行业出口国内附加值率的影响最大，对劳动密集型行业的影响最小；基于嵌入全球价

第八章　主要结论和政策启示

值链的程度不同,全球价值链参与率对出口国内附加值率的影响也不同,其中嵌入程度浅的国家出口国内附加值率受到的促进作用更大;全球价值链参与率对出口国内附加值率的影响作用存在边际差异,随着全球价值链参与程度的增加,能够为出口国内附加值率带来的促进作用是逐渐减小的。

再次,参与全球价值链能够通过中间品进口效应和劳动生产率效应这两个机制影响出口国内附加值率。

然后,前向参与率和后向参与率均能显著促进出口国内附加值率的提升,且前向参与率的影响作用大于后向参与率。

最后,使用中国样本的分析表明,参与全球价值链能够显著促进中国出口国内附加值率的提升,且这一结果经过一系列稳健性检验后依旧成立。

第四,实证研究参与全球价值链对出口技术复杂度的影响,得到如下主要结论。

首先,参与全球价值链能够显著促进一国出口技术复杂度的提升。

其次,参与全球价值链对发展中国家出口技术复杂度的促进作用大于其对发达国家出口技术复杂度的促进作用;参与全球价值链在金融危机前对出口技术复杂度的促进作用要大于其在金融危机后对出口技术复杂度的促进作用;参与全球价值链对劳动密集型行业出口技术复杂度的影响为正,但不显著,对资本密集型行业和知识密集型行业的出口技术复杂度的影响显著为正;参与全球价值链,前向参与的出口技术复杂度所受到的促进作用小于后向出口技术复杂度所受到的促进作用。

再次,参与全球价值链能够通过中间品进口效应和劳动生产率效应这两个机制影响出口技术复杂度。

然后,前向参与对出口技术复杂度的促进作用要大于后向参与对出口复杂度的促进作用。

最后,进一步分析参与全球价值链对中国出口技术复杂度的影响可知,参与全球价值链能够显著提高中国出口技术复杂度。

第五,实证研究参与全球价值链对全球价值链位置的影响,得到如下主要结论。

首先,参与全球价值链能够显著提高一国在全球价值链中的位置。

其次,发展中国家参与全球价值链对其全球价值链位置攀升的影响要大于发达国家;参与全球价值链对制造业的全球价值链位置攀升的影响作用最大，对农业全球价值链位置的影响最小；参与全球价值链对初级产品行业全球价值链位置攀升的促进作用不显著，对知识密集型行业的影响作用最大，资本密集型行业次之，劳动密集型行业最小，对教育服务行业的影响为负，但不显著；对于不同时间段而言，金融危机前世界经济全球化进程正处于快速发展的阶段，因此在该时期内参与全球价值链对一国全球价值链位置攀升的影响要大于金融危机后。

再次，参与全球价值链能够通过中间品进口效应和劳动生产率效应这两个机制影响全球价值链位置。

然后，前向参与率对一国全球价值链位置的提升存在显著的促进作用，后向参与率能够促进全球价值链位置的提升，但促进作用不显著。

最后，使用中国样本进行的实证检验表明，参与全球价值链能够显著提高中国在全球价值链中的位置。

第二节 政策启示

鉴于参与全球价值链能够提升一国出口绩效，特别是针对中国数据的分析表明，在现阶段，参与全球价值链能够提升出口产品质量、出口国内附加值率、出口技术复杂度和全球价值链位置。因此，从进一步提升中国出口绩效的角度出发，本书的政策启示主要在于以下几个方面。

第一，在现阶段，应通过扩大开放，进一步提升中国融入全球价值链的程度。近年来，随着"逆全球化"思潮的崛起、全球化带来的负面作用日益显现以及中美关系的不断恶化，中国到底是否应该进一步扩大开放、进一步融入全球生产体系，已成为未来一段时间，中国改革开放过程中的一个关键问题。而本书的研究结果表明，参与全球价值链能够提高出口绩效，包括出口产品质量、出口国内附加值率、出口技术复杂度和全球价值链位置等方面。因此，从这个角度来说，坚定不移地扩大对外开放，进一步融入全球生产体系，就成为未来中国提高出口绩效的一个必要的手段之一。在参与全球价值链的过程中，相对于后向参与，前向参与对出口绩效的影响更大，因此，出于提高出口产品质量、出口国内附加值率、出口技术复杂度和全球价值链位置的目的，更应关注我国出口给贸易伙伴的境内增加值，即出口中的国内增

第八章　主要结论和政策启示

加值部分对出口绩效所带来的影响,通过提高出口中的国内附加值来提高出口绩效。

第二,在继续扩大开放、通过融入全球价值链提高出口绩效的同时,也应警惕融入全球价值链给中国出口所带来的"低端锁定"问题。不可否认的是,虽然融入全球价值链能够通过更好地利用本国的比较优势和提升本国技术水平,提高一国的出口绩效,但由于全球价值链多由发达国家的跨国公司所掌控,发展中国家往往只能依靠自身相对丰裕的劳动力资源、自然资源,从事全球价值链底端的部分生产环节,从而产生"低端锁定"的问题。在这种情况下,虽然发展中国家出口绩效可能会提高,但这种提高更多是以牺牲本国的环境、经济的长期可持续发展为代价的。因此,中国在融入全球价值链的同时,也应注意融入全球价值链给中国出口带来的"低端锁定"的问题,即在融入全球价值链过程中,更应看重在这一过程中,通过进口高质量中间品和引进、学习国外技术,来提高中国企业的技术水平,进而提高中国的出口绩效。即融入全球价值链给中国带来的出口绩效的提升,更应是通过中国企业技术水平的提升、产业结构优化所带来的,而不是通过中国相对丰裕的生产要素及对其更充分的利用所带来的。

第三,在通过融入全球价值链带动中国出口绩效的提高的过程中,应更加注重数字经济在中国融入全球价值链和出口绩效提升上的作用。以 ICT 为代表的数字技术的快速发展,使数据成为继资本、劳动、土地等生产要素之外的新的生产要素。从数字经济影响出口绩效的角度来看,首先,数字技术由于其所具有的信息传输便捷的优势,可以降低交易成本,促进结构优化升级、全球价值链的深化以及全球价值链地位攀升(江小涓 等,2021;魏昀妍 等,2022);其次,数字经济的发展,将有助于提升中国经济的数字化水平、优化产业结构,进而提升出口产品质量和出口绩效(裴长洪 等,2019);最后,数字经济能够通过于企业持续更新专业技术知识,提高学习和创新能力(沈国兵 等,2020),改进产品的设计理念,提升出口产品质量(洪俊杰 等,2020),从而促进一国出口绩效的提升。因此,在现阶段,应更加注重数字经济在中国融入全球价值链和提升出口绩效提升上的影响,大力发展数字经济,特别是人工智能,以提升中国融入全球价值链的程度和出口绩效。在这一过程中,还要注重数字服务贸易壁垒对中国融入全球价值链和出口绩效的作用。由于数据作为生产要素所具有的特殊性和数字技术在一国经济发展中的重要作用,各国在促进数据使用和数字技术发展的同时,为保护本国在技术、知识产权、国内敏感信息等方面的安全,出台了多项数字服务贸易限制措施。这些数字服务贸易限制措施,在保护了中国敏感信息安全的同时,也限制了中国更好地使用国外数字技术的能力。因此,在未来的数字经济发展过程中,要注重合理使用数字服务贸易限制措施,使其在保护我国数字经济安全的同时,不会对我国融入全球价值链和提高出口绩效产生较大负面影响。

第四,注重服务业和服务贸易在我国融入全球价值链、提升出口绩效中的作用。一方面,服务作为生产过程中的"黏合剂",对于全球价值链的深化,有着不可替代的作用;另一方面,与生产过程密切相关的服务工序往往是高附加值的工序,其对于提高出口绩效有着至关重要的作用。因此,从进一步融入全球价值链和提高出口绩效的角度来看,在未来,中国应进一步发展服务业,特别是与生产密切相关的、具有高技术含量的生产性服务业,从而提高中国融入全球价值链的程度和出口绩效。

第五,通过全球价值链融合国内价值链,促进国际、国内双循环,提升出口绩效。一国出口绩效的高低,在某种意义上,取决于一国整合国内生产要素用于出口的能力。这就要求,在全球价值链背景下,一国要能够充分利用国内各种生产要素,实现国内价值链的整合,通过在国内更加合理地利用各地区的不同生产要素,来提升出口绩效。因此,从提高出口绩效的角度,中国应进一步发展国内价值链整合资源的能力,以"本地化"和"区域化"为主线,通过国内、国际双循环,实现全球价值链和国内价值链的融合,以提高中国出口绩效。

第六,虽然融入全球价值链能够显著提高以出口产品质量、出口技术复杂度、出口国内附加值率和全球价值链位置为代表的出口绩效,但不可否认的是,目前我国的部分法律法规中,仍有阻碍中国融入全球价值链、不适合中国对外贸易发展的因素存在,因此,基于全球贸易形势的新变化,通过对标以跨太平洋贸易伙伴关系协议(Trans-Pacific Partnership AgreementTPP)为代表的高标准区域贸易协定和WTO新规则,完善、修改我国法律法规中不适合全球贸易发展的部分,特别是部分以边境内措施为代表的"WTO-X"(WTO-extra)规则和服务业领域的准入清单,减少阻碍我国进一步融入全球价值链的国内因素,从而进一步提升我国出口绩效。

第七,要基于全球政治经济形势的新变化来考虑全球价值链对出口绩效

第八章 主要结论和政策启示

的影响,将参与全球价值链与诸如劳工标准、环境标准和知识产权争端等新议题相结合,以开放促改革,修改国内相关法规,使中国能够以更高规格参与到全球价值链之中,更多从事全球价值链的高附加值环节,通过技术水平提升、国内附加值提高,促进中国出口绩效的提升。

参考文献

包群，赖明勇，2002. 中国外商直接投资与技术进步的实证研究[J]. 经济评论，06：63-66+71.

[2]鲍晓华，张莉，2011. 中国工业行业外包水平的测度[J]统计研究，4：24-32.

[3]白东北，张营营，王珏，2019. 产业集聚与中国企业出口行为：基于企业劳动力成本的研究[J]. 世界经济研究，11：46-64+135.

[4]北京大学中国经济研究中心课题组. 中国出口贸易中的垂直专门化与中美贸易[J]. 世界经济，2006，(5)：3-11.

[5]蔡宏波，2011. 外包与劳动生产率提升——基于中国工业行业数据的再检验[J]. 数量经济技术经济研究，1：63-75.

[6]陈俊聪，黄繁华，2013. 对外直接投资与出口技术复杂度[J]. 世界经济研究，11：74-79.

[7]陈俊聪，2015. 对外直接投资对服务出口技术复杂度的影响——基于跨国动态面板数据模型的实证研究[J]. 国际贸易问题，12：64-73.

[8]陈泽星，2006. 中国贸易业绩指数——2003年当期值和1999～2003年变化值分析[J]. 国际贸易，04：18-22.

[9]陈启斐，王晶晶，黄志军，2018. 参与全球价值链能否推动中国内陆地区产业集群升级[J]. 经济学家，04：42-53.

[10]程凯，2022. 贸易便利化、进口中间品与企业出口绩效[J]. 暨南学报(哲学社会科学版)，44(10)：1-16.

[11]程惠芳，洪晨翔，2023. 区域贸易协定深度对全球价值链前向参与度的不对称影响——基于制度质量的视角[J]. 国际商务(对外经济贸易大学学报)，(03)：40-60.

[12]戴觅，余淼杰，2012. 企业出口前研发投入、出口及生产率进步——来自中国制造业企业的证据[J]. 经济学(季刊)，11(01)：211-230.

[13]邓世专，2013. 亚洲工厂零部件产品依存度分析[J]. 山西大学学报(哲学社会科学版)

参考文献

4：97-103.

[14] 杜威剑，李梦洁，2015. 对外直接投资会提高企业出口产品质量吗——基于倾向得分匹配的变权估计[J]. 国际贸易问题，08：112-122.

[15] 杜威剑，李梦洁，2018. 反倾销对多产品企业出口绩效的影响[J]. 世界经济研究，09：55-67+136.

[16] 范晓屏，2004. 市场导向与出口绩效关系的研究[J]. 国际贸易问题，03：32-37.

[17] 高运胜，郑乐凯，杨张娇，2017. 异质性产品质量与出口加成率[J]. 统计研究，34(09)：28-35.

[18] 高小龙，张志新，程凯，2023. 知识产权保护、全球价值链嵌入与技术创新的互动效应研究[J]. 宏观经济研究，02：102-117.

[19] 葛明，林玲，赵素萍，2015. 全球生产网络背景下中美贸易失衡透析——基于附加值贸易核算法的研究[J]. 世界经济研究，05：30-41+127.

[20] 耿修林，2008. 出口绩效评估：关于江苏的案例分析[J]. 南京师大学报（社会科学版），02：58-62.

[21] 耿晔强，史瑞祯，2018. 进口中间品质量与企业出口绩效[J]. 经济评论，05：90-105.

[22] 龚三乐，2009. 产业集群对全球价值链内企业升级的影响[J]. 经济与管理，23(04)：42-45.

[23] 郝能，刘德学，吴云霞，2023. 数字产品进口对企业出口国内附加值率的影响研究[J]. 国际贸易问题，07：70-86.

[24] 洪俊杰，蒋慕超，张宸妍，2022. 数字化转型、创新与企业出口质量提升[J]. 国际贸易问题，03：1-15.

[25] 胡昭玲，李红阳，2016. 嵌入全球价值链与制造业企业技术创新——基于2012年世界银行调查数据的研究[J]. 中南财经政法大学学报，05：127-135.

[26] 黄宁，蒙英华，2012. 中国出口产业结构优化评估——基于垂直专业化比率指标的改进与动态分析[J]. 财贸经济，4：90-97.

[27] 霍景东，黄群慧，2012. 影响工业服务外包的因素分析——基于22个工业行业的面板数据分析[J]. 中国工业经济，12：44-56.

[28] 贾依帛，苏敬勤，张雅洁，2023. 全球价值链下我国隐形冠军企业形成过程的多案例研究[J]. 外国经济与管理，45(10)：35-50.

[29] 江艇，2022. 因果推断经验研究中的中介效应与调节效应[J]. 中国工业经济，05：100-120.

[30] 江小涓，孟丽君，2021. 内循环为主、外循环赋能与更高水平双循环——国际经验与中国实践[J]. 管理世界，37(01)：1-19.

[31] 蒋庚华, 2014. 服务中间投入对我国工业离岸货物外包的影响——基于我国工业行业动态面板数据的理论与实证[J]. 国际贸易问题, 1: 108-119.

[32] 蒋庚华, 2014. 服务贸易进口对中国离岸工业外包的影响——基于中国工业行业动态面板数据的实证研究[J]. 世界经济研究, 02: 54-60+88.

[33] 蒋庚华, 曹张帆, 2024. 数字服务贸易壁垒如何影响增加值贸易强度——基于跨国面板数据的实证检验[J]. 南开经济研究, 03: 77-98.

[34] 蒋为, 陈轩瑾, 2015. 外包是否影响了中国制造业企业的研发创新——基于微观数据的实证研究[J]. 国际贸易问题, 05: 92-102.

[35] 蒋为, 孙浦阳, 201. 美国对华反倾销、企业异质性与出口绩效[J]. 数量经济技术经济研究 6, 33(07): 59-76.

[36] 景光正, 李平, 2016. OFDI 是否提升了中国的出口产品质量[J]. 国际贸易问题, 8: 131-142.

[37] 孔祥贞, 覃彬雍, 刘梓轩, 2020. 融资约束与中国制造业企业出口产品质量升级[J]. 世界经济研究, 4: 17-29.

[38] 赖明勇, 包群, 彭水军, 等, 2005. 外商直接投资与技术外溢: 基于吸收能力的研究[J]. 经济研究, 08: 95-105.

[39] 雷日辉, 张亚斌, 朱豪迪, 2015. 金融发展、资本配置效率与工业行业出口绩效研究[J]. 经济经纬, 32(03): 54-59.

[40] 李晨, 王丽媛, 2018. 中国主导的"一带一路"沿线国家区域价值链构建研究——以水产品出口贸易为例[J]. 宏观经济研究, 09: 72-84.

[41] 李宏, 刘珅, 王悦, 2016. 中间品进口结构对最终品出口结构的影响分析——基于中国数据的实证检验[J]. 国际商务(对外经济贸易大学学报), 01: 40-49.

[42] 李磊, 马欢, 2022. 电子政务、贸易成本与企业出口[J]. 财经研究, 48(11): 124-138.

[43] 李坤望, 邵文波, 王永进, 2015. 信息化密度、信息基础设施与企业出口绩效——基于企业异质性的理论与实证分析[J]. 管理世界, 04: 52-65.

[44] 李胜旗, 毛其淋, 2017. 制造业上游垄断与企业出口国内附加值——来自中国的经验证据[J]. 中国工业经济, 3: 101-119.

[45] 李文霞, 金缀桥, 2023. 知识产权保护与中国高技术产品出口质量升级[J]. 宏观经济研究, 06: 56-71.

[46] 李小平, 周记顺, 卢现祥等, 2015. 出口的"质"影响了出口的"量"吗?[J]. 经济研究, 50(08): 114-129.

[47] 李小平, 彭书舟, 肖唯楚, 2021. 中间品进口种类扩张对企业出口复杂度的影响[J]. 统

计研究，38（04）：45-57.

[48]李小平，余远，2022.前端污染治理对企业出口绩效的影响——来自二元边际视角的经验证据[J].山西大学学报(哲学社会科学版)，45(03)：137-147.

[49]李璐，2021.出口产品质量研究综述[J].区域与全球发展，5(01)：72-85＋156-157.

[50]李志远.国际贸易学：现代观点[M].北京：北京大学出版社，2024年7月第1版.

[51]李跟强，姚夏茵，2023.价值链分工、内外互动与全要素生产率[J].世界经济文汇，04：16-37.

[52]梁俊伟，2020.贸易壁垒引致出口边际扩张的机制——基于技术创新的视角[J].中共南京市委党校学报，01：52-58.

[53]凌永辉，刘志彪，2021.全球价值链发展悖论：研究进展、述评与化解[J].经济体制改革，03：100-107.

[54]连玉君，廖俊平，2017.如何检验分组回归后的组间系数差异？[J].郑州航空工业管理学院学报，35(06)：97-109.

[55]林桂军，邓世专，2011.亚洲工厂及关联度分析[J].世界经济与政治，11：124-136.

[56]林令涛，刘海洋，逯宇铎，2019.进口中间品、技术匹配与企业出口能力[J].经济科学，05：31-43.

[57]刘斌，潘彤，2020.人工智能对制造业价值链分工的影响效应研究[J].数量经济技术经济研究，37,（10）：24-44.

[58]刘海洋，林令涛，高璐，2017.进口中间品与出口产品质量升级：来自微观企业的证据[J].国际贸易问题，02：39-49.

[59]刘海云，毛海欧，2016.制造业OFDI对出口增加值的影响[J].中国工业经济，7：91-108.

[60]刘宏曼，李茜茜，2023.全球价值链、市场组合优化与企业出口风险[J].国际经贸探索，39(12)：76-91.

[61]刘慧，彭榴静，陈晓华，2020.生产性服务资源环节偏好与制造业出口品国内增加值率[J].数量经济技术经济研究，37(03)：86-104.

[62]刘慧，2021.中间品进口技术含量与制造业产品国内增加值率[J].国际贸易问题，06：96-109.

[63]刘戒骄，2011.生产分割与制造业国际分工——以苹果、波音和英特尔为案例的分析[J].中国工业经济，4：148-157.

[64]刘琳，2015.中国参与全球价值链的测度与分析——基于附加值贸易的考察[J].世界经济研究，06：71-83＋128.

[65]刘琳，盛斌，2017.全球价值链和出口的国内技术复杂度——基于中国制造业行业数

据的实证检验[J]. 国际贸易问题, 03：3-13.

[66]刘磊, 谢申祥, 步晓宁, 2019. 全球价值链嵌入能提高企业的成本加成吗？：基于中国微观数据的实证检验[J]. 世界经济研究, 11：122-133+136.

[67]刘子鹏, 许培源, 蔡宏波, 2024. 等. 大规模需求市场与全球价值链空间集聚分布[J]. 产业经济研究, 03：29-43.

[68]龙晓柏, 洪俊杰, 2014. 战略性贸易政策与出口绩效的关系研究——基于我国省际效应视角[J]. 南开经济研究, 03：84-99.

[69]卢冰, 马弘, 2024. 出口退税效率与企业出口绩效[J]. 经济学(季刊), 24(01)：67-83.

[70]罗伟, 吕越, 2019. 外商直接投资对中国参与全球价值链分工的影响[J]. 世界经济, 42(05)：49-73.

[71]罗仪馥, 2022. 融入与游离：泰国在全球价值链中的地位困境[J]. 南洋问题研究, 01：126-142.

[72]吕迪伟, 蓝海林, 曾萍, 2018. 企业研发投入对出口绩效的影响——高管持股的调节作用[J]. 软科学, 32(07)：84-88.

[73]吕越, 盛斌, 吕云龙, 2018. 中国的市场分割会导致企业出口国内附加值率下降吗[J]. 中国工业经济, 05：5-23.

[74]吕越, 罗伟, 刘斌, 2016. 融资约束与制造业的全球价值链跃升[J]. 金融研究, 432(6)：81-96.

[75]吕越, 吕云龙, 包群, 2017. 融资约束与企业增加值贸易——基于全球价值链视角的微观证据[J]. 金融研究, 443(5)：63-80.

[76]吕越, 黄艳希, 陈勇兵, 2017. 全球价值链嵌入的生产率效应：影响与机制分析[J]. 世界经济, 40(07)：28-51.

[77]吕越, 陈帅, 盛斌, 2018. 嵌入全球价值链会导致中国制造的"低端锁定"吗？[J]. 管理世界, 34(08)：11-29.

[78]吕越, 张昊天, 2023. 中国制造业企业沿价值链创新模式研究：测度、演化特征与驱动机制[J]. 四川大学学报(哲学社会科学版), (05)：43-63+191-192.

[79]马述忠, 吴国杰, 2016. 中间品进口、贸易类型与企业出口产品质量——基于中国企业微观数据的研究[J]. 数量经济技术经济研究, 33(11)：77-93.

[80]马盈盈, 盛斌, 2018. 制造业服务化与出口技术复杂度：基于贸易增加值视角的研究[J]. 产业经济研究, 04：1-13+87.

[81]马盈盈, 2019. 服务贸易自由化与全球价值链：参与度及分工地位[J]. 国际贸易问题, 7：113-127.

参考文献

[82] 毛海欧，刘海云，2018. 中国 OFDI 如何影响出口技术含量——基于世界投入产出数据的研究[J]. 数量经济技术经济研究，35(7)：97-113.

[83] 毛其淋，方森辉，2018. 创新驱动与中国制造业企业出口技术复杂度[J]. 世界经济与政治论坛，2：1-24.

[84] 蒙英华，蔡宏波，黄建忠，2015. 移民网络对中国企业出口绩效的影响研究[J]. 管理世界，10：54-64.

[85] 倪红福，2016. 全球价值链中产业"微笑曲线"存在吗？——基于增加值平均传递步长方法[J]. 数量经济技术经济研究，33(11)：111-126+161.

[86] 倪红福，2017. 中国出口技术含量动态变迁及国际比较[J]. 经济研究，52(01)：44-57.

[87] 倪红福，2019. 全球价值链位置测度理论的回顾和展望[J]. 中南财经政法大学学报，03：105-117+160.

[88] 倪红福，2020. 全球价值链中的累积关税成本率及结构：理论与实证[J]. 经济研究，55(10)：89-105.

[89] 倪红福，王海成，202. 企业在全球价值链中的位置及其结构变化[J]. 经济研究 2，57(02)：107-124.

[90] 裴长洪，高培勇. 出口退税与中国对外贸易[M]. 北京：社会科学文献出版社，2008 年 6 月第 1 版.

[91] 裴长洪，刘斌，2019. 中国对外贸易的动能转换与国际竞争新优势的形成[J]. 经济研究，54(05)：4-15.

[92] 波特. 竞争优势[M]. 陈小悦，译. 北京：华夏出版社，2005.

[93] 蒲华林. 产品内国际分工与中国外贸增长——理论、实证与对策[M]. 北京：经济科学出版，2011 年 10 月第 1 版.

[94] 齐俊妍，强华俊，2022. 跨境数据流动限制、数字服务投入与制造业出口技术复杂度[J]. 产业经济研究，01：114-128.

[95] 阙澄宇，李金凯，2017. 工资上升、国际油价上涨对中国出口绩效的动态冲击效应研究——基于非线性 Granger 检验和 TVR-VAR 模型的考察[J]. 财贸研究，28(12)：61-71+81.

[96] 上海 WTO 事物咨询中心. 全球化下国际贸易价值链重估和统计方法改革研究[R]. 商务部委托课题"全球化下国际贸易价值链重估和统计方法研究"，2012 年 5 月.

[97] 沈国兵，于欢，2017. 中国企业参与垂直分工会促进其技术创新吗？[J]. 数量经济技术经济研究，34(12)：76-92.

[98] 沈国兵，袁征宇，2020. 互联网化对中国企业出口国内增加值提升的影响[J]. 财贸经

济, 41(07)：130-146.

[99] 盛斌, 苏丹妮, 邵朝对, 2020. 全球价值链、国内价值链与经济增长：替代还是互补[J]. 世界经济, 43（04）：3-27.

[100] 盛斌, 王浩, 2021. 金融开放、自主创新与企业出口产品质量——来自外资银行进入中国的经验分析[J]. 财贸研究, 11：1-15.

[101] 盛斌, 朱鹏洲, 吕美静, 2024. 服务业开放如何促进企业出口国内附加值率提升——两业融合的视角[J]. 国际经贸探索, 40（02）：4-23.

[102] 施炳展, 曾祥菲, 2015. 中国企业进口产品质量测算与事实[J]. 世界经济, 3：57-77.

[103] 施炳展, 王有鑫, 李坤望, 2013. 中国出口产品品质测度及其决定因素[J]. 世界经济, 9：69-93.

[104] 司增绰, 佟思齐, 周坤, 2023. 全球价值链嵌入波动与出口加成率提升[J]. 国际商务研究, 44（06）：12-27.

[105] 水清木华研究中心. 2005—2006年中国笔记本电脑产业研究报告[R]. 水清木华研究中心网站.

[106] 宋灿, 孙浦阳, 2023. 市场可达性、中间品替代与企业出口国内附加值率[J]. 国际贸易问题, 04：124-141.

[107] 宋玉华, 江振林, 2010. 行业标准与制造业出口竞争力——基于中国11大行业面板数据的实证研究[J]. 国际贸易问题, 01：10-17.

[108] 苏丹妮, 盛斌, 邵朝对, 2018. 产业集聚与企业出口产品质量升级[J]. 中国工业经济, 11：117-135.

[109] 孙天阳, 成丽红, 2020. 协同创新网络与企业出口绩效——基于社会网络和企业异质性的研究[J]. 金融研究, 03：96-114.

[110] 陶锋, 李诗田, 2008. 全球价值链代工过程中的产品开发知识溢出和学习效应——基于东莞电子信息制造业的实证研究[J]. 管理世界, 01：115-122.

[111] 唐玲, 2009. 国际外包率的测量及行业差异——基于中国工业行业的实证研究[J]. 国际贸易问题, 8：66-74.

[112] 唐青青, 吕德胜, 王珏, 2023. 数字贸易促进出口产品质量升级了吗？[J]. 现代财经（天津财经大学学报）, 43（08）：64-81.

[113] 唐宜红, 张鹏杨, 2018. 中国企业嵌入全球生产链的位置及变动机制研究[J]. 管理世界, 34（5）：28-46.

[114] 田国强, 李双建, 2020. 经济政策不确定性与银行流动性创造：来自中国的经验证据[J]. 经济研究, 55（11）：19-35.

[115] 童伟伟, 张建民, 2013. 中国对美出口的国内外价值含量分解研究[J]. 国际贸易问

参考文献

题，5：55-66.

[116] 汪琦，2016. 服务与技术创新对中国农产品出口贸易绩效的动态效应分析[J]. 宏观经济研究，03：139-148.

[117] 王滨，2010. FDI技术溢出、技术进步与技术效率——基于中国制造业1999～2007年面板数据的经验研究[J]. 数量经济技术经济研究，27(02)：93-103+117.

[118] 王岚，盛斌，2014. 全球价值链分工背景下的中美增加值贸易与双边贸易利益[J]. 财经研究，40(09)：97-108.

[119] 王海成，许和连，邵小快，2019. 国有企业改制是否会提升出口产品质量[J]. 世界经济，42(03)：94-117.

[120] 王奇珍，朱英明，2016. 技术创新的出口增长集约边际效应——基于企业产品创新的视角[J]. 国际经贸探索，32(02)：48-62.

[121] 王生辉，张京红，2021. 双元创新对国际代工企业出口绩效影响机理研究——从OEM到ODM功能升级的中介效应[J]. 中央财经大学学报，10：108-117.

[122] 王永进，盛丹，施炳展，李坤望，2010. 基础设施如何提升了出口技术复杂度？[J]. 经济研究，45(07)：103-115.

[123] 王永进，黄青，2017. 交通基础设施质量、时间敏感度和出口绩效[J]. 财经研究，43(10)：97-108.

[124] 王永进，黄青，2018. 司法效率、契约密集度与出口绩效：来自高院院长异地交流的证据[J]. 经济学报，5(04)：177-207.

[125] 王直，魏尚进，祝坤福，2015. 总贸易核算法：官方贸易统计与全球价值链的度量[J]. 中国社会科学，09：108-127+205-206.

[126] 王中华，代中强，2009. 外包与生产率：基于中国工业行业物品外包与服务外包的比较分析[J]. 当代经济科学，4：56-62.

[127] 魏昀妍，龚星宇，柳春，2022. 数字化转型能否提升企业出口韧性[J]. 国际贸易问题，10：56-72.

[128] 文东伟，冼国明，马静，2009. FDI、产业结构变迁与中国的出口竞争力[J]. 管理世界，04：96-107.

[129] 邢予青，孟渤，高宇宁，2023. 中美贸易不平衡与全球价值链[J]. 国际金融研究，01：3-15.

[130] 项松林，刘昌龙，2022. 数字化投入对出口增长二元边际的影响[J]. 现代经济探讨，09：85-93.

[131] 肖芍芳，王俊杰，2012. 外包与生产率和就业：基于中国的实证[J]. 国际经贸探索，2：54-66.

[132]席艳乐,贺莉芳,2015.嵌入全球价值链是企业提高生产率的更好选择吗——基于倾向评分匹配的实证研究[J].国际贸易问题,12:39-50.

[133]徐邦栋,李荣林,2020.全球价值链参与对出口产品质量的影响[J].南方经济,12:19-37.

[134]徐美娜,彭羽,2014.出口产品质量的国外研究综述[J].国际经贸探索,30(07):25-36.

[135]徐二明,杨正沛,奚艳燕,2011.技术创新资源对高新技术产品出口绩效的影响:来自52个国家高新区的证据[J].科学管理研究,29(01):10-15+20.

[136]徐毅,张二震,2008.外包与生产率:基于工业行业数据的经验研究[J]经济研究,1:103-113.

[137]徐毅,2011.外包与工资差距——基于工业行业数据的经验研究[J].世界经济研究,1:44-48.

[138]许和连,王海成,2018.简政放权改革会改善企业出口绩效吗?——基于出口退(免)税审批权下放的准自然试验[J].经济研究,53(03):157-170.

[139]许家云,毛其淋,胡鞍钢,2017.中间品进口与企业出口产品质量升级:基于中国证据的研究[J].世界经济,3:52-75.

[140]许家云,2022.外资并购与企业出口绩效——基于全球价值链分工的研究[J].现代财经(天津财经大学学报),42(03):86-100.

[141]杨阳,陆菁,2024.全球价值链网络与制造业出口复杂度——基于增加值贸易的测度与分析[J].国际贸易问题,06:73-89.

[142]杨连星,牟彦丞,2021.跨国并购如何影响制造业全球价值链升级?[J].国际商务研究,42(05):82-98.

[143]杨小凯,张永生,2001.新贸易理论、比较利益理论及其经验研究的新成果:文献综述[J].经济学(季刊),01:19-44.

[144]杨小凯,张永生,2002.新贸易理论及内生与外生比较利益理论的新发展:回应[J].经济学(季刊),04:251-256.

[145]杨易擎,孙浦阳,2023.服务分工升级、需求偏好与企业出口绩效——基于服务视角的理论与经验分析[J].产业经济研究,03:1-15.

[146]杨珍增,郭晓翔,2021.合作研发类型与企业出口绩效——基于世界银行2012年中国企业调查数据的倾向得分匹配分析[J].国际商务(对外经济贸易大学学报),01:18-31.

[147]余东华,田双,2019.嵌入全球价值链对中国制造业转型升级的影响机理[J].改革,03:50-60.

参 考 文 献

[148]喻春娇，胡小洁，肖德，2012.台海两岸ICT制造业的贸易模式及其决定因素分析[J].世界经济研究，3：81-86.

[149]原磊，邹宗森，2017.中国制造业出口企业是否存在绩效优势——基于不同产业类型的检验[J].财贸经济，38(05)：96-111.

[150]岳云嵩，李兵，2018.电子商务平台应用与中国制造业企业出口绩效——基于"阿里巴巴"大数据的经验研究[J].中国工业经济，08：97-115.

[151]张海波，2018.ODI二元边际如何影响制造业跨国企业出口[J].财贸经济，39(02)：86-101.

[152]张纪，2006.产品内国际分工中的收益分配——基于笔记本电脑商品链的分析[J].中国工业经济，7：36-44.

[153]张杰，陈志远，刘元春，2013.中国出口国内附加值的测算与变化机制[J].经济研究，48(10)：124-137.

[154]张杰，郑文平，2017.全球价值链下中国本土企业的创新效应[J].经济研究，52(03)：151-165.

[155]张鹏杨，唐宜红，2018.FDI如何提高我国出口企业国内附加值？——基于全球价值链升级的视角[J].数量经济技术经济研究，35(07)：79-96.

[156]张鹏杨，朱光，2024.供应商创新与下游企业出口绩效[J].国际贸易问题，08：89-105.

[157]张鹏杨，张硕，梁栋，2024.兼顾效率与稳定：全球价值链数字化转型与企业高质量发展[J].产经评论，15(04)：56-72.

[158]张夏，汪亚楠，汪莉，2019.汇率制度、要素错配与中国企业出口绩效[J].中南财经政法大学学报，06：132-141.

[159]赵放、成丹，2012.东亚生产性服务业和制造业的产业关联分析[J].世界经济研究，7：73-79.

[160]郑玉，姜青克，2019.全球价值链双向参与下的生产率效应——基于WIOD数据库的实证研究[J].财贸研究，30(08)：26-42.

[161]郑丹青，2021.全球价值链嵌入、自主创新与企业出口技术复杂度[J].世界经济与政治论坛，06：55-84.

[162]郑方辉，刘晓婕，2020.商品质量、市场信心如何影响出口绩效？——基于2013-2018年广东出口消费品企业的抽样调查[J].南方经济，07：58-74.

[163]郑昭阳，孟猛，2011.基于投入产出法对中国出口中价值含量的分析[J].南开经济研究，2：3-15.

[164]周记顺，洪小羽，2021.进口中间品、进口资本品与企业出口复杂度[J].国际贸易问

题,02:48-62.

[165]诸竹君,黄先海,余骁,2018.进口中间品质量、自主创新与企业出口国内增加值率[J].中国工业经济,08:116-134.

[166]宗毅君.国际产品内分工与中国经济[M].上海:上海三联书店,2010年5月第1版.

[167]Alicke M D. Global self-evaluation as determined by the desirability and controllability of trait adjectives[J]. Journal of Personality & Social Psychology,1985,49(6):1621-1630.

[168]Amador J, Cabral S. Global Value Chains: Surveying Drivers and Measures[R]. WTO Working Paper, 2014.

[169]Amador J, S. Cabral. International Fragmentation of Production in the Portuguese Economy: What do Different Measures Tell Us? [R]. Banco de Portugal Working Paper, 2008, No. 11.

[170]Amighini A. China in the International Fragmentation of Production: Evidence from the ICT Industry [J]. The European Journal of Comparative Economics. 2005, 2(2): 203-219.

[171]Amiti M, Freund C. The anatomy of China's export growth[J]. China's growing role in world trade, 2010, (04): 35-56.

[172]Andrew B. Bernard, J. Bradford Jensen. Exceptional Exporter Performance: Cause, Effect, or Both? [J]. Journal of International Economics, 1999, 47(1): 1-25.

[173]Antràs P, Chor D. Organizing the Global Value Chain [J]. Econometrica, 2013, 81(6): 2127-2204.

[174]Antràs P. Conceptual Aspects of Global Value Chains[J]. The World Bank Economic Review, 2020, 1-24.

[175]Arndt Sven W. Globalization and the Open Economy[J]. North American Journal of Economics and Fininace, 1997, 8(1): 71-79.

[176]Athukorala, P. C. and N. Yamashita. 2006. Production Fragmentation and Trade Integration: East Asia in a Global Context[J]. North American Journal of Economics and Finance, 17(3): 233-256.

[177]Bas M , Strauss-Kahn V. Does importing more inputs raise exports? Firm-level evidence from France[J]. Review of World Economics, 2014, 150(2): 241-275.

[178]Bas M, Strauss-Kahn V. Input-trade liberalization, export prices and quality upgrading [J]. Journal of International Economics, 2015, 95(2): 250-262.

参考文献

[179] Bas M. Input-trade liberalization and firm export decisions: Evidence from Argentina [J]. Journal of Development Economics, 2012, 97(2): 481-493.

[180] Bastos P, Silva J. The quality of a firm's exports: Where you export to matters[J]. Journal of International Economics, 2010, 82(2): 99-111.

[181] Bellone F, Musso P, Nesta L, et al. Financial constraints and firm export behaviour [J]. World Economy, 2010, 33(3): 347-373.

[182] Berman N, Héricourt J. Financial factors and the margins of trade: Evidence from cross-country firm-level data[J]. Journal of Development Economics, 2010, 93(2): 206-217.

[183] Bernard A B, J B. Jensen. Exporters, Jobs, and Wages in U. S. Manufacturing, 1976-1987[R]. Brokings Papers on Economic Activity, Microeconomics, 1995: 67-119, Washington, DC.

[184] Bernard A B, Jensen J B, Redding S J, et al. The margins of US trade[J]. American Economic Review, 2009, 99(2): 487-93.

[185] Bernini M, Guillou S, Bellone F. Financial leverage and export quality: Evidence from France[J]. Journal of Banking & Finance, 2015, 59: 280-296.

[186] Besedeš T, Prusa T J. The role of extensive and intensive margins and export growth [J]. Journal of development economics, 2011, 96(2): 371-379.

[187] Broda, Christian, Weinstein, David. E. Globalization and the gain from variety[J]. Quarterly Journal of Economics, 2006(21): 541-585.

[188] Campa J, L. S. Goldberg. The Evolving External Orientation of Manufacturing Industries: Evidence from Four Countries [Z]. NBER working paper, 1997, No. 5919.

[189] Chor D, Manova K. Off the cliff and back? Credit conditions and international trade during the global financial crisis[J]. Journal of international economics, 2012, 87(1): 117-133.

[190] Chor D., Manova K., Yu Z., The Global Production Line Position of Chinese Firms [R]. WTO Working Paper, 2007.

[191] Daudin G,, Rifflart, C. Who produces for whom in the world economy[J]. Canadian Journal of Economics/Revue canadienne d'économique, 2011, 44(4): 1403-1437.

[192] Dixit, A. K. , V. Norman. Theory of International Trade: A Dual, General Equilibrium Approach[M]. Cambridge University Press, 1980.

[193] Duval R, Li, N. Value-added trade and business cycle synchronization[J]. Journal of

International Economics, 2016, 99(24): 251-262.

[194]Dasgupta K. Learning and knowledge diffusion in a global economy[J]. Journal of International Economics, 2012, 87(2): 425-454.

[195]Daudin. G., C. Rifflart and Danielle Schweisguth. Who Produces for Whom in the World Economy? [J]. Canadian Journal of Economics. 2008, vol(4): 1409-1538.

[196] David Dollar, Ying Ge, Xinding Yu. Institutional Quality and Participation in GlobalValueChains[J]. 2017, http://202.204.172.233:8080/pub/qqjzlyjy/docs/20160407201118816062. pdf

[197]Dean. J., K. C. Fung, and Z. Wang. How Vertical Specialized Is Chinese Trade? U. S[Z]. International Trade Commission Working Paper No. 2008-09-D.

[198]Dornbusch. D., S. Fischer, P. A. Samuelson. Comparative Advantage, Trade, and Payments in a Ricardian Model with a Continuum of Goods[J]. The American Economic Review, 1977, Vol. 67, No. 5, 823-839.

[199]Egger. H. and Egger, P. 2005. "The Determinants of EU Processing Trade[J]. The World Economy 28(2), 147-168.

[200] Ermst D. What Permits Small Firms to Compete in High-tech Industries [J]. Interorganizational Knowledge Creation in the Taiwanese Computer Industry, BRIE, 1998.

[201]Feenstra R C, Hanson G H. Foreign direct investment and relative wages: Evidence from Mexico's maquiladoras[J]. Journal of international economics, 1997, 42(3-4): 371-393.

[202]Feenstra R C, G. Hanson. Productivity Measurement and the Impact of Trade and Technology on Wages: Estimates for the U. S., 1972-1990[Z]. NBER Working Paper, 2003, No. 9717.

[203]Fan, H., Y. Li, and S. R. Yeaple. Trade Liberalization, Quality, and Export Prices [J]. Review of Economics and Statistics, 2015, 97(5): 1033-1051.

[204]Feenstra R C. & Romalis J. International prices and endogenous quality[J]. Quarterly Journal of Economics, 2014, 129(2): 477-527.

[205]Feenstra R. C., G. H. Hanson. Globalization, Outsourcing and Wage Inequality[J]. American Economic Review, 1996, 86(2): 240-245.

[206] Foster-McGregor. N, R. Stehrer. 2013. Value Added Content of Trade: A Comprehensive Approach[J]. Economics Letters, 120, 354-357.

[207]Francesco. D.; J. L. Cecilia. 2008, Off-shoring and Productivity Growth in the

Italian Manufacturing Industries[Z]. CESifo working paper, No. 2288.

[208]Gasiorek M, Lopez-Gonzalez J, Holmes P, et al. China-EU Global Value Chains: Who creates value, how and where[J]. EU Report, 2013(4): 150-154.

[209]Geishecker. I. 2006. Does Outsourcing to Central and Eastern Europe Really Threaten Manual Workers' Jobs in Germany? [J]World Economy, 29(5): 559-583.

[210]Geishecker. I. and H . Gorg, 2008. Winners and losers: a micro-level analys is of international outsourcing and wages[J]. Canadian Journal of Economics, Vol(41), No. 1 243-270.

[211]Gereffi G. Beyond the Producer-driven/Buyer- driven Dichotomy: The Evolution of Global Value Chains in the Internet era[J]. IDS Bulletin, 2001, 32: 30-40.

[212]Gereffi, G. International trade and industrial upgrading in the apparel commodity chain [J]. Journal of International Economics, 1999, 48(1): 37-70.

[213]Gereffi, G. Shifting Governance Structures in Global Commodity Chains, with Special Reference to the Internet[J]. American Behavior Scientist, 2001, 44(10): 1616-1637.

[214]Gereffi, G. The Organization of Buyer-Driven Commodity Chains: How US Retailers Shape Overseas Production Networks[A]. Gereffi G, Korzeniewicz M. Commodity Chains and Global Capitalism [C]. Westport, CT: Praeger, 1994. 95-122.

[215]Gibbon Bair J, Ponte S. Governing global value chains: an introduction[J]. Economy and Society, 2008, 37(3): 315-338.

[216]Goerg. H. Fragmentation and Trade: US Inward Processing Trade in the EU[J]. Review of World Economics (Weltwirtschaftliches Archiv), 2000, 136(3): 403-421.

[217]Gray H P. International trade and foreign direct investment: the interface[C]. In: Dunning, J. H. (Ed.), Globalization, Trade and Foreign Direct Investment, Oxford: Elsevier, 1998.

[218]Hallak, J. C, Schott, P, K. Estimating Cross-country Differences in Product Quality [J]. Quarterly Journal of Economics, 2011, 126(1): 417-435.

[219] Hallak, J. C., J. Sivadasan. Productivity, Quality and Exporting Behavior under Minimum Quality Requirements[R]. NBER Working Paper, 2009.

[220]Hausmann R., Jason, H., Dani R. What you Export Matter[J]. Journal of Economic Growth, 2007(12) : 1-25.

[221]Hummels, D., P. Klenow. The Variety and Quality of a Nation's Exports[J]. American Economic Review, 2005, 95(3): 704-723.

[222]Hummels, D., Ishii, J. andYi, Kei-Mu. 2001. The Nature and Growth of Vertical

Specialization in World Trade[J]. Journal of International Economics, (54): 75-96.

[223] Humphrey J, Schmitz H. Governance and Upgrading: linking Industrial cluster and Global value chain research[R]. IDS Working Paper 120, Brighton: Institute of Development Studies, 2000.

[224] Humphrey J, Schmitz H. How does Insertion in Global Value Chains Affect Upgrading in Industrial Clusters[J]. Regional Studies, 2002, 36 (9): 1017-1027.

[225] Humphrey, J Hubert Schmitz. Governance in Global Value Chains[J]. IDS bulletin, 2001, 32(3): 19-29.

[226] Johnson, R. C., G. Noguera . 2012. Accounting for Intermediates: Production Sharing and Trade in Value Added [J]. Journal of International Economics, 86: 224-236.

[227] Johnson, R. C., G. Noguera. Accounting for Intermediates: Production Sharing and Trade in Value Added[Z]. FREIT Working Paper, 2011, No. 063.

[228] Kaplinsky R, Morris M. Governance Matters in Value Chains [J]. Developing Alternatives, 2003, 9(1): 11-18.

[229] Khandelwal, A. K., P. K. Schott, and S. J. Wei. Trade Liberalization and Embedded Institutional Reform: Evidence from Chinese Exporters [J]. American Economic Review, 2013, 103(6): 2169-2195.

[230] Kogut, B. Designing Global Strategies: Comparative and Competitive Value Added Chains[J]. Sloan Management Review, 1985, 26(4): 15-28.

[231] Koopman, R., Z. Wang, S. J. Wei. 2008. How Much Chinese Export Is Really Made in China: Assessing Foreign and Domestic Value-added in Gross Export[R]. NBER Working Paper No. 14109.

[232] Koopman, R., Z. Wang, and S. J. Wei. 2012. Estimating Domestic Content in Exports When Processing Trade Pervasive [J]. Journal of Development Economics, vol. 99: 178-189.

[233] Koopman. R., Z. Wang and S. J. Wei. Tracing Value-Added and Double Counting in Gross Exports[R]. NBER Working Paper, 2012, No. 18579.

[234] Koopman. R., Z. Wang and S. J. Wei. 2010. Give Credit Where Credit Is Due: Tracing Value Added in Global Production Chains[R]. NBER Working Paper , 2010, No. 16426.

[235] Krugman P. Scale economies, product differentiation, and the pattern of trade[J]. The American Economic Review, 1980, 70(5): 950-959.

参考文献

[236] Lall. S., M. Albaladejo, and J. K. Zhang. Mapping Fragmentation: Electronics and Automobiles in East Asia and Latin America[Z]. Queen Elizabeth House (Oxford University) Working Paper Series, 2004, NO. 115.

[237] Lawrence J. Lau 等. 非竞争型投入占用产出模型及其应用——中美贸易顺差透视[J]. 中国社会科学, 2007(5): 91-103.

[238] Linden. G., Dedrick. J, Kraemer K. L. Innovationa and Job Creation in a Global Economy: the Case of Apple's Ipod[R]. Working Paper, Personal Computing Industry Center, UC Irvine, 2009.

[239] Lipsey R E, Ramstetter E, Blomström M. Outward FDI and parent exports and employment: Japan, the United States, and Sweden[J]. Global Economy Quarterly, 2000, 1(4): 285-302.

[240] Liu X P, Mattoo A, Wang Z, Wei S J. Modern Service Development as A Source of Comparative Advantage for Manufacturing Exports[R], working paper, 2014.

[241] Maurer, A. and C. Degain. Globalization and Trade Flows: What You See is Not What You Get![R]. WTO Staff Working Paper, 2010, No. ERSD-2010-12.

[242] Ming, Y., Meng, B., Wei, S. J. Measuring Smile Curves in Global Value Chains [R]. IDE Discussion Paper, 2015, No. 530.

[243] Melitz, M. The Impact of Trade on Intra-Industry Reallocations and Aggregate Industry Productivity[J]. Econometrica, 2003, 71(6): 1695-1725.

[244] Miroudot, S. Global Supply Chains, the Great Trade Collapse and Beyond: More Elasticity or More Volatility [J]. Global Forum on Trade Statistics, 2011, April (8). 2-4.

[245] Miroudot, S. Global Forum on Trade Statistics, 2011. April (8). 2-4

[246] Miroudot, S., R. Lanz, A. Ragoussis. Trade in Intermediate Goods and Services [Z]. OECD Trade Policy Working Paper, No. 93, 2009.

[247] Ng, F, A. Yeats. Production Sharing in East Asia: Who Does What for Whom, and Why?[R] The World Bank Trade, Development Research Group, Policy Research Working Paper, 1999, No. 2197.

[248] Ng, F, A. Yeats. Major Trade Trends in East Asia: What are Their Implications for Regional Cooperation and Growth? [R]. The World Bank Trade, Development Research Group, Policy Research Working Paper, 2003, No. 3084.

[249] Pain N, Wakelin K. Export performance and the role of foreign direct investment[J]. The Manchester School, 1998, 66(S): 62-88.

[250] Raikes, P, Friis, F. M, Ponte S. Global Commodity Chain Analysis and the French Filière Approach: Comparison and Critique[J]. Economy and Society, 2000, 29(03): 390-417.

[251] Robert. C. Feenstra, Gordon. H. Hanson. Globalization, Outsourcing, and Wage Inequality[J]. American Economic Review, 1996, 86(2): 240-245.

[252] Robert C. Feenstra, Gordon H. Hanson. Globalization, Outsourcing, and Wage Inequality[J]. The American Economic Review, 1996, 86(2).

[253] Roper S, Love J H. Innovation and export performance: evidence from the UK and German manufacturing plants[J]. Research policy, 2002, 31(7): 1087-1102.

[254] Swenson. D. L., Overseas assembly and country sourcing choices [J]. Journal of International Economics, 2005(66): 107-130.

[255] Taylor K, Driffield N. Wage inequality and the role of multinationals: Evidence from UK panel data[J]. Labour Economics, 2005, 12(2): 223-249.

[256] Timmer M P, Dietzenbacher E, Los B, et al. An illustrated user guide to the world input-output database: the case of global automotive production [J]. Review of International Economics, 2015, 23(3): 575-605.

[257] Timmer M P, Erumban A A, Los B, et al. Slicing up global value chains[J]. Journal of economic perspectives, 2014, 28(2): 99-118.

[258] Timmer, M. P., Los, B., Stehrer, R. and de Vries, G. J. An Anatomy of the Global Trade Slowdown based on the WIOD Release [Z]. GGDC research memorandum number 162, University of Groningen, 2016.

[259] Timmer, M. P., Dietzenbacher, E., Los, B., Stehrer, R. and de Vries, G. J. An Illustrated User Guide to the World Input-Output Database: the Case of Global Automotive Production [J]. Review of International Economics, 2015, (23): 575-605.

[260] Timothy J. Sturgeon. How do we define value Chains and production networks? [J]. IDS bulletin, 2001, 32(3): 9-18.

[261] UNCTAD. Global Value Chains and Development: Investment and Value Added Trade in the Global Economy[R]. Technical Report United Nations Conference on Trade and Development(UNCTAD), 2013.

[262] Wallerstein, I. The Modern World System[M]. New York: Academic Press, 1974, 66-129.

[263] Wang Z, Wei S J, Yu X D, et al., 2017a. Measures of Participation in Global Value

Chains and Global Business Cycles[R]. NBER Working Paper, No. 23222.

[264] Wang Z., Wei S J, Yu X D, et al., 2017b. Characterizing Global Value Chains: Production Length And Upstreamness [R]. NBER Working Paper, No. 23261.

[265] Wolfmayr Y, 2012. Export Performance and Increased Services Content in Manufacturing[J]. National Institute Economic Review, 220(1): 36-52.

[266] Yeats A J. Just How Big is Global Production Sharing? In Sven W. Arndt and H. Kierzkowski, ed,., Fragmentation: New Production Patterns in the World Economy [M]. Oxford: Oxford University Press, 2001. 108-143.

[267] Yi. K. M. 2003. Can Vertical Specialization Explain the Growth of World Trade? [J]. Journal of Political Economy, 111(1): 52-102.

[268] Zeddies . G. Determinants of International Fragmentation of Production in the European Union[Z]. Halle Institute for Economic Research (IWH) Discussion Papers, 2007, No. 15.

后　记

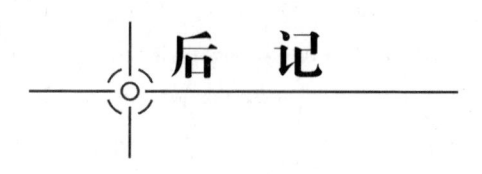

　　自 2001 年以来，随着全球价值链的发展，对全球价值链贸易的相关研究成为世界经济和国际贸易领域研究的热点问题；从现实的角度来看，中国改革开放取得重大成功的一个重要因素就是通过融入全球价值链，与世界经济接轨，在短短 40 余年的时间内，中国创造出世所罕见的经济发展奇迹。虽然国内外学者对于参与全球价值链对一国出口影响有着诸多的论述，在研究范式上，已经形成了理论研究、实证研究、案例研究并重的格局；在数据使用方面，形成了以国家间投入产出表为核心，国家、行业、企业多个维度数据并重的数据库体系；在研究层面上，从最初的国家层面和行业层面的研究过渡到目前国家、行业、企业三个层面并举的格局；形成了一整套比较完整的测算全球价值链的指标体系。但在现有研究中，较少有研究能够基于不同指标，较为系统的研究参与全球价值链对出口绩效的不同方面的影响，这也是作者撰写本书的初衷。

　　本书从拟定提纲到最终定稿，历时两年有余。作为山西大学经济与管理学院教师蒋庚华在全球价值链方面的第三部专著，由蒋庚华负责拟定提纲、第一章、第二章第八章的撰写；山西大学经济与管理学院世界经济专业硕士研究生李铭雍负责撰写第三章和第四章至第七章中第每章第一节和第二节相关内容的撰写；山西大学经济与管理学院世界经济专业硕士研究生曹张帆主要负责第四章至第七章中实证部分内容的撰写；最后，由蒋庚华负责全书的修改工作。

　　在本书的撰写过程中，得到了众多世界经济和国际贸易理论界专家学者的支持。对于本书的顺利完成，首先要感谢的是教育部长江学者特聘教育、南开大学副校长、经济学院院长、我的博士后合作导师盛斌教授，正是盛老

后　记

师，将我未来的研究方向选定在了全球价值链这一前沿领域，让我在此后的未来十余年间，有了稳定的研究方向，并获批相关国家级和省部级项目。其次，要感谢为本书的最终完成提出参考意见的专家学者，包括东北财经大学国贸学院蓝天副教授、南开大学毛其淋教授、李磊教授、天津财经大学王岚教授、江苏省社会科学院世界经济与政治研究所黎峰研究员等。再次，感谢山西大学经济与管理学院的各位领导、同事对我的帮助以及为本书的完成提供的支持；最后，感谢吉林大学出版黄国彬老师对于书稿校对所做出的大量工作。本书的完成，归功于上述专家、学者、老师对于本书作者的帮助，本书的错误，由本书作者独自承担。